让 我 们 一 起 追 寻

FOUNDING BROTHERS

奠基者：独立战争那一代

THE REVOLUTIONARY GENERATION

〔美〕约瑟夫·J. 埃利斯/著
（Joseph J. Ellis）

邓海平 邓友平/译

社会科学文献出版社
SOCIAL SCIENCES ACADEMIC PRESS (CHINA)

本书获誉

生动而富有启发性……让读者对美国建国阶段有了深刻的了解……一部一针见血的、富有洞察力的著作。

——《纽约时报》(*The New York Times*)

大师级的……引人入胜的……埃利斯是一个行文优雅的作家……他抓住了革命事业的奠基者们的激情……一部非常精妙的著作。

——《芝加哥论坛报》(*Chicago Tribune*)

绚丽……富有启发性……一部杰作。它那富有洞见的结论是建立在广泛研究基础上的，作者行文生动、简洁。

——《圣路易斯快邮报》(*St. Louis Post-Dispatch*)

埃利斯在这部著作中展示了他渊博的知识……他为读者将问题抽丝剥茧，揭示了美国人民第一次遭遇"党派"这种有组织的意识形态和利益集团时所面临的各种核心假设和主要担忧。

——《华盛顿邮报书评世界》（*The Washington Post Book World*）

简明扼要……活泼生动的故事……揭示了我们共和国早期"看起来和感觉起来"是怎么样的……《奠基者》对耳熟能详的话题翻陈出新，并补充了许多启发性的细节……埃利斯对这个主题有着独到的把握能力，使得它看起来非常新鲜，从心理学到政治学，甚至再到身体状态分析……埃利斯的叙述帮助我们更清晰地听到了建国之父们的声音。

——《商业周刊》（*Business Week*）

壮丽……埃利斯生动地展现了错综复杂的人际关系和重要问题，这种关系和问题塑造了国家的进程……严谨的研究，优雅的行文。

——《书评月刊》（*BookPage*）

简洁明快又富有启发性的描述……即便是那些对独立战争那一代了然于胸的人，也会……发现这本书不仅把握了他们对这个国家早期阶段的认知，而且极大丰富了这种认知。

——《纽约时报书评》（*The New York Times Book Review*）

精巧……喜爱侦探故事的读者……会满心欢喜地跟随埃利斯提出的线索……喜欢解剖思考过程的读者，会欣喜地看到埃利斯是如何剖析其笔下人物言辞背后的深刻含义……杰出的作品。

——《新闻与观察者》（*The News & Observer*）

渊博、杰出且富有洞察力……埃利斯不仅在展现美国独立战争核心人物的历史面貌方面无与伦比，在展现这些人物的悲喜、妥协、遗憾、释怀、家庭悲剧以及他们对其他人和独立战争的最终评价方面，同样无出其右。从头至尾，埃利斯很好地处理了历史上罕见的，写作上同样罕见的主题：他把握住了友谊那不可言喻的特质。

——《俄勒冈人报》（*The Oregonian*）

埃利斯一直以来都是研究独立战争年代以及共和国早期历史的人的指路明灯……他的结论是平衡的，他的行文不留痕迹，每一页都值得细读。

——《休斯敦纪事报》（*Houston Chronicle*）

壮丽……一部杰出的作品……埃利斯触动人心的描绘可谓精美绝伦……埃利斯拥有学者的头脑，却有一个作家的心灵……他简明扼要地对这些英雄人物进行了人性化描绘，每一章都可以独立成篇，他拥有选取最好的细节来展示一个重要特征或事件的天赋。

——《亚特兰大新闻宪政报》（*The Atlanta Journal-Constitution*）

生动、令人难忘……一部传世之作。

——《波士顿环球报》（*The Boston Globe*）

《奠基者》是一部优秀著作，是有关建国之父的作品中的最佳作品之一……埃利斯确立了在建国历史研究方面的当代权威历史学家的地位。

——戈登·S. 伍德，《纽约时报书评》

这是一本杰出的著作，它显得文雅而精深，不仅文笔优美，而且充满冷静的智慧。甚至那些熟悉"独立战争那一代"的人会发现……其中有不少篇幅会让他们着迷，会让他们对我们国家早期岁月的理解更加深刻。

——本森·鲍布里克，《纽约时报书评》

这本书能够激发人们的浓厚兴趣……活泼而富有启发意义……埃利斯写下了一本精深的、富有洞察力的著作。

——米契克·卡图坦尼，《纽约时报》

这真是一种奇迹：独立战争那一代人能够以他们的个人品格为原材料，塑造出比他们自己还要宏大的东西：一种不朽的思想。……约瑟夫·J. 埃利斯将这个几乎不可能的过程描写得生动活泼，令人废寝忘食，这算得上他本人的一项能够不朽的成就。

——大卫·M. 施利布曼，《波士顿环球报》

埃利斯最突出的地方，就是他有一个历史学家的热诚。这种热诚是具有感染力的。就像一个精力充沛的导游或者一个富有敬业精神的侦探，他毫无疑问热爱那种搜寻出枯燥的事实并将它们组织成一个活生生的故事的工作……他为……我们富有激情却不感情用事、质朴却深刻地描述了独立战争那一代人：这种描述不仅从现代人的角度展开，而且同样重要的，也是从他们那一代人的角度展开。

——杰伊·维尼克，《华尔街日报》

作为杰斐逊和亚当斯的杰出传记作家……埃利斯在这里不再只描述一个人，而是一群人。他眼光独到地选择了那一群人职业生涯中的几个生动时刻，对这些爱国者进行了灵巧而深刻的描述……若在一个平庸一点的人手中，这些国家创立者之间的宗派式分歧和歇斯底里的论辩，可能会被描述为一种夸张的卑鄙行为。埃利斯无疑要比这些人强出不知多少倍，他将真正的问题展现在读者眼前，并揭示了那一代人种种强烈的假设和令人不可思议的恐惧感：正是这些假设与恐惧感，推动了美国人第一次与被我们称为政党的那种有组织的意识形态和利益集团发生冲突。

——乔伊斯·阿普尔比，《华盛顿邮报书评世界》

献给艾伦

致　谢

　　让本书以现在的面貌呈现给读者的灵感，最初源于我重
读利顿·斯特雷奇（Lytton Strachey）诙谐又机智的《维多
利亚女王时代的四名人传》（*Eminent Victorians*）。当时我面
临的问题，至少就我个人的理解而言，是如何把握本书的范
围和规模。我想做的是，写一本篇幅适中的书来描述一个重
大的历史主题。我希望我能够把握好美国开国之初的关键历
史阶段，同时力争不落入先辈们的窠臼之中。我希望这本书
能够让已经被后人神化并被定位为"开国之父"的那一代
政治领袖们的生活，重新活生生地回到读者中间。

　　斯特雷奇的《维多利亚女王时代的四名人传》透露出
作者的诸多偏见，该书的题目本身就颇具讽刺意味。但是，
我要感谢他给了我写作本书的勇气。他的一个富有启发意义
的思想（这种思想认为应当将悬念和素材选择结合起来）
是，写得越少，可能意味越多。斯特雷奇写道："致力于探
究过去的人，是不能指望通过战战兢兢地平铺直叙，来描述
一个非同寻常的时代的。若他足够明智的话，就应当采取一

种更为微妙的策略。他应当从出其不意的角度来叙述主题。他会从这个主题的侧翼和后翼着手。他会将探照灯突然打到某个模糊不清的角落中去，让尚未神化的一切大白于天下。他会划着小船来到资料的海洋上，时不时地将小水桶放下去，用它从深不见底的海水中汲取一些具有代表性的水样，然后进行仔细而深入的考察。"

X   正是基于这样的想法，我才驾着小舟，出没在美国建国时代那由无数资料构成的汪洋大海之上。我尽力将我的小水桶放到水下去，绳子能放多长就放多长。然后，依凭我掌握的全部讲故事技巧，同时尽力发挥想象力，对我汲取上来的水样进行分析，并力争做出简明生动的叙述。

那些水样是从过去半个世纪中编辑们发表的大量信件和文件中汲取出来的。就像任何曾经试图理解美国革命历史的人一样，我要感谢这些现代编者们的辛勤劳作。我主要参考了某些作品，不过，我要在这里说明的是，我深深得益于由联邦和私人出版资金支持的美国文献保存和出版事业，正是这项事业使我们今天仍然能够领略美国建国时期有些混乱却宏大非凡的图景。

刚刚写完第一章的草稿时，我就将它发给对其中叙述的具体故事有专门研究的学界同仁，让他们提出批评意见。下面这些同事让我避免了无数的错误：理查德·布-鲁克海泽、安德鲁·伯斯坦、罗伯特·达尔泽尔、大卫·布赖恩·戴维斯、乔安·弗利曼、唐纳德·希金波萨姆、波林·梅尔、路易斯·马祖、菲利普·摩根、彼得·昂纳夫和戈登·

伍德。正如任何熟悉历史学界的人所能证实的一样，我从历史学界最优秀学者的批评中获益匪浅。

我的三位良师益友阅读了全书并提出了一些内容或者结构上的整体性意见。一位是艾里克·麦克吉特里克，他对美国早期历史的了解无人能敌。另一位是埃德蒙·摩根，是他将我引导到美国历史的研究上来，而且他在这方面依然是最杰出的。最后一位是史迪芬·史密斯，他目前担任《美国新闻和世界报道》的主编，这个职位在某种程度上掩盖了他作为历史学界最佳作者的声望。

整部书是手写的，我使用的不是鹅毛笔，而是中号的圆珠笔。辨认我的潦草笔迹并将它们录入电脑的工作，最初由海伦·康尼承担。我与她在此前的三本书上进行了良好的合作，但在本书工作的早期阶段，她就被调走了。霍利·沙拉克接替了她的工作，而且毫不逊色。

我的代理人杰罗德·麦考利负责处理了出版合同事宜，并且成了我的"一人啦啦队"。阿士贝尔·格林则是诺普夫 xi
出版社负责本书的编辑，他的工作没有辱没他的高尚声名。他那能干的助手阿西亚·马契尼克则尽心尽责地监督了整个编辑出版过程。

当我正在为这本书爬格子的时候，我的两个儿子，彼得和司科特，都各自漂流到世界不同的角落。我最小的儿子亚历山大则在其中几页手稿上乱涂乱画，他当时正在练习书法。总的来说，我的孩子们之间的关系算得上相互竞争、相互爱护的兄弟关系的典范。

　　我当时就像一个身在现今但心在十八世纪的人，但我的妻子任劳任怨地忍受了这一切。为了这一点，但不仅仅是这一点，我将这本书献给她。

约瑟夫·J. 埃利斯

阿默斯特，马萨诸塞州

目　录

前　言

那一代

　　美国历史上，除了美国独立战争之外，再没有哪个事件 3
在当时看起来是如此不可能，但事后却被认为是不可避免的
了。就美国独立战争的必然性而言，当时确实有人鼓动那些
爱国者将美国独立看作美国服从天定命运的第一步。例如，
托马斯·潘恩就宣称，一个岛国不可能统治一片大陆，这不
过是个常识问题。而托马斯·杰斐逊富有激情地为整个独立
运动抒写理由，强调有关原理是不证自明的。

　　其他几位著名的美国独立人物谈到独立战争时的口气，
好像他们不过是根据某种神授剧本上演历史剧的演员而已。
约翰·亚当斯晚年时回忆，很早他就意识到某种神秘力量在
起作用。"在我的记忆中，没有什么东西……"他在1807
年这样写道，"比我通过观察得出的这个结论更古老了：艺
术、科学和帝国总是在向西前进。而且在平日交谈中，从我
还是个乳臭未干的孩子起，我就总是强调，历史将越过大西
洋来到美利坚。"亚当斯甚至在独立战争开始以前，就让妻

子阿比盖尔仔细保管他的所有信件。后来在 1776 年 6 月，他购买了"文件夹"来保存所有的往来信函。正如他自己所言，这样做的目的是记录"已经发生的伟大事件以及正在发生的更为伟大的事件"。当然，我们总是倾向于记住那些被证明做出了正确预言的预言家，但在独立战争时期，人们确实有一种广泛的共识：他们处在"创造历史的现场"。[1]

这些对美国命运的早期预言因美国独立战争实现了"一个真实的世界"（用杰斐逊的话来说）的政治理想而得以强化，并且已经封存在我们的集体记忆之中。整个亚洲、非洲和拉丁美洲，欧洲强权的前殖民地都纷纷赢得了独立。它们独立的过程如此一致，以至于其殖民地地位不过是往昔遗留下来的一点奇怪遗迹，不过是国家兴起过程中的一个小小驿站而已。美国独立战争那一代人大胆开创的共和政府实践，在随后的两个世纪中遇到了顽固的抵抗，但这一实践完全击溃了 19 世纪的君主王朝，以及如杰斐逊预言的那样，击溃了之后 20 世纪的极权专制政体。当代某位政治哲学家宣称"历史的终结点"已经到来，这虽然听起来有点极端，但至少有一点是千真万确的：所有其他的政治组织形态，看起来都不过是在与美利坚合众国于 18 世纪初次开创的自由制度和思想，做着徒劳无益的对抗。至少可以这样说，建立在人民主权原则之上的某种代议制政府，以及由公民积极推动的某种市场经济形态，已经成了全世界成功国家普遍接受的真理。这些遗产对我们来说是如此熟悉，我们习惯于将它们的成功视为理所当然，以至于不可避免地认为，成就这些遗产的年代，不过是预料之中的一环而已。[2]

　　尽管潘恩、杰斐逊和亚当斯等领袖做出了自信的、顺应天意的宣言，但是这个在我们看来结局已定的年代，对他们而言，却是茫然未知的。如古谚云：人类创造历史，独立战争那一代的领袖人物意识到了他们正在创造着历史，然而他们不可能知道他们正在创造怎样的历史。我们可以往回看并认定美国独立战争是历史的中间点，从这一点我们既可以回溯历史，也可以展望历史，但是他们却只知道此前的历史。费城医生、《独立宣言》签署人之一本杰明·拉什晚年喜欢讲的一则轶闻，就清楚地表明了这一点。1776 年 7 月 4 日，当时大陆会议已经修改完成《独立宣言》并送交印刷，拉什无意间听到了弗吉尼亚的本杰明·哈里森和马萨诸塞的格里之间的对话。"到时候我的情况会比你有利多了，格里先生，"哈里森这样说道，"若我们都因为我们现在从事的事业而被绞死的话。我身躯庞大，在几分钟之内就会咽气。而你身躯轻盈，到时候你非得在空中晃荡上一两个钟头才会死去。"拉什回忆说，这句话"让格里微微笑了一下，但马上又恢复了修改《独立宣言》时那种庄严肃穆的神色"。[3]

　　根据我们目前对美国独立战争时期军事历史的了解，若英国指挥官在早期更有魄力地作战，大陆军可能早早地就被摧毁，美国独立运动也就可能被扼杀在摇篮之中。那些《独立宣言》的签署人就会遭到追捕、审讯，然后以叛国罪处死，这样美国历史就可能朝完全不同的方向前进了。[4]

　　长远来看，在大英帝国的保护之下，美国在 19 世纪将逐步发展自己的政治和经济力量，从而演化成一个独立的美洲国家，这看起来似乎也是不可避免的。这是潘恩的观点。但是，历史并不是这样演进的。一个独立的美国是突然之间被创造出来的，不是缓慢形成的，美国脱胎于革命而不是演化：塑造这个新兴国家的政治思想和制度的决定性事件，全都惊心动魄地发生在 18 世纪的最后 25 年。当时没有人知道历史最终会如何。事后看来不过是顺应上帝意志、注定要发生的美国独立战争，实际上只是一个即兴事件而已：纯粹的偶然和运气（有好有坏），以及那一代人在特定的军事和政治危机下做出的具体决定，决定了历史的最终结果。新世纪或者更确切地说新千年的曙光到来之时，美利坚合众国已经成了世界历史上现存最古老的共和国了，它有着一整套经过时间检验的政治制度和传统。所有这些制度和传统的基本框架，都是在 18 世纪最后几十年中，在灵感和权宜之计下，带着阵痛突然冒出来的。

如果说后见之明让我们能够更好地体会共和国遗产的殷实和稳定的话，它同样也蒙蔽了我们，使我们无法真正了解取得这一成就的极端不可能性。所有的重大成就都是史无前例的。尽管自美国独立战争以来，发生了许多成功反抗帝国主义统治的殖民地起义，但没有任何此类成功的先例。总体而言，英国的陆军和海军是世界上最强大的军事力量。这种力量注定使英国要在随后的一个世纪中击败所有的竞争对手，成为当代历史上第一个霸权国家。尽管共和政府——建立在人民主权基础上的代议制政府——已经成了 20 世纪的

政治标准，但美国独立战争以前，除了瑞士的几个州和古代
希腊的城邦国家之外，没有哪个共和政府长期存续，更没有
哪个共和政府在拥有十三个殖民地的广袤土地上实践过。
（只有一个例外，但是这一例外证明了上述结论的正确性：短
命的西塞罗罗马共和国，屈服于尤利乌斯·恺撒的帝国统治
之下。）而且，这十三个殖民地——从东部沿海延伸至阿勒格
尼山脉，以及居住着充满敌意的印第安部落的原始森林——
以前也没有长期而稳固的合作历史。"美国独立战争"这个
词传达了一种当时完全不存在的所谓国家凝聚力的虚假信
息：后来研究美国独立战争、探明其美好结局的历史学家所
隐约看到的，也只不过是这种国家凝聚力的潜在形态而已。

因此，后见之明是一种很微妙的东西。一方面，我们若
过于依赖它，就会忽视这样一个事实：偶然性是无所不在
的，而且独立战争那一代人所面临的选择都是不确定的；另
一方面，我们若没有后见之明的帮助，若丧失从当前位置全
景式观察过去的能力，就会失去历史学所能提供给我们的
一个重大优势——或许是唯一优势，进而像深嵌于时代中的历
史事件参与者一样，陷入毫无章法的事件旋涡之中。我们需
要的是这样一种后见之明，它不会让我们对独立战争那一代
人的精神状态武断地做出评价，同时也不假定我们所见证的
是一个美洲强权的不可避免的诞生。我们需要这样一种历史
视角，这种视角既让我们关注当时微妙的可能性，又不至于
让我们忽略各种历史事件的扩张性后果：局囿在彼时彼地的
人们只能隐约地看到这种后果。

7

奠基者：独立战争那一代

从长远视角看，独立战争中少数几位领袖人物所持有的一个核心见解是，北美大陆与其他大陆的地理隔离及其丰富的自然资源，为这个蹒跚学步的国家提供了巨大优势，使其具有无限的发展潜力。1783年，当时对大英帝国的军事胜利刚刚在《巴黎条约》中得到确认，乔治·华盛顿以最雄辩的词语描绘了这个大陆的美好前景。"美国公民，"他这样写道，"正置身于最令人嫉妒的良好条件之下。他们作为这一整片物资丰富、生活便利的大陆的唯一所有人，现在已经被刚刚签订的和约承认，拥有绝对的自由和独立。从现在开始，他们就是这个世界中最引人注目的舞台上的演员。上帝让这个舞台成为展示人类伟大和幸福的特别存在。"如果初生的共和国能够避免夭折，如果它能够在足够长的时间内作为一个团结的国家实体，将自己的各种自然优势整合起来，那么它就具有成为世界上一支主导力量的潜力。[5]

从当时短期视角看，独立战争那一代中的大部分先锋成员都赞同一个核心观点：那些用来证明美国独立于大英帝国的合理性的理由，破坏了任何一个能够管理如此分散的人口的全国政府的合法性；破坏了任何能够制定统一法律，将十三个殖民地和三四个独特的地理及经济区域整合起来的全国政府的合法性。因为当时人们用来否定英国议会和君主对美国的权力的核心理由——这个理由是"辉格原则"的主要来源——是人们对任何远程运作、无法接受公民直接监督的中央政治力量的过度怀疑。独立战争中根据《邦联条例》（Articles of Confederation）成立的全国政府，就完全体现了独立战争时代的共和主义主流思潮。这种共和主义认为，不能允许任何有权力强迫或惩罚其公民的中央权威的存在，因为这样的中央权威不过是独立战争中人们努力要逃脱的君主和贵族政治原则的简单复制而已。[6]

　　这种长远和短期视角的结合，构成了独立战争时代的核心悖论，而这个悖论显然也是那一代人所面临的两难境地。简言之，这个刚刚独立的美洲共和国的长远前景是充满希望的，而且这种前景几乎是无限的。但是，其短期前景却是极端困窘、黯淡的，因为给这个国家的未来带来勃勃生机的地理范围和规模，恰恰超越了独立战争所认可的共和机构的管理能力。除了詹姆斯·麦迪逊之外，最关注这个问题的约翰·亚当斯时不时地就想举手投降，宣布这是个不可能完成的任务。"古代的立法者……都是为单个城市立法，"亚当斯这样说道，"谁能够为二三十个州立法呢？更何况每个州都大过希腊或罗马。"由于取得长远辉煌的唯一路径就是要突破这个短期瓶颈，因此最合理的可能性是，这个新成立的美洲共和国分解为由一群州或地区主权构成的松散结构，共和国将像此前的所有共和政体一样，在充满希望的土地上早早消亡。[7]

　　至少从纯粹的法律和制度角度来看，这种糟糕的情况没有发生的主要原因是，1787 年几个核心州的少数政治领袖密谋要制定并批准一份文件，这份文件的目的是将共和原则应用于全国范围之内。随后的两个世纪中，制宪会议的批评者呼吁人们注意这次会议的几个很不得体的特征。首先，这

8

次会议是违法的，因为原来明确授予它的任务是修改《邦联条例》，而不是取而代之；其次，历次会议都是在秘密情况下举行的，55 位与会代表是一群有产精英人物，很难代表全体人民；再次，南方代表利用这次会议赢得了多个保障，其中包括波托马克河（Potomac）以南的奴隶制不会被取消；最后，批准制宪会议制定的联邦宪法的机制并不是《邦联条例》所要求的全体一致同意。所有这些指责都是有理有据的。

9　　然而，与之对立的说法也同样是真实的：制宪会议应当被称作"费城奇迹"。这里并不是说一群半神半人的英雄集聚在一起，得到了神启，从而产成了习惯性的、准宗教意义上的奇迹。相反，之所以称它为奇迹，更多是出于世俗原因：制宪会议制定了旨在解决政治难题的宪法。宪法既要创立一个强化的联邦政府，让它有足够的权力来迫使各州服从全国性法律——实际上就是有权管理一个真正的大陆联盟，同时又没有违背 1776 年的共和主义原则。至少从逻辑上说，这是不可能的，因为这些共和主义原则的核心脉络，即最初的"1776 年精神"，是对任何形式的强制性政治权力的本能厌恶，是对政府因得不到监督和制衡而导致腐败的异常恐惧。反对宪法的反联邦主义者明确指出了这些，但是他们在策略上失败了，又在辩论中落入下风，最终被批准宪法的九个州内的联邦主义支持者击败。

　　这样，美国独立战争就进入了第二阶段，1787～1788年的制宪阶段成了第二个"国家缔造时刻"，第一个国家缔造时刻是 1776 年。第一个时刻宣布了美国独立，第二个时刻则宣布美国真正成为一个国家。这两个时刻的不相容性体现在宪法学者们的分歧上。不论是现在的还是过去的宪法批评者，都认为宪法是对美国独立战争核心原则的背叛，是法国"热月政变"的美国版本。严格地说，就历史角度而言，过去和现在的批评者都是正确的。然而，不论是现在的还是过去的宪法辩护者，都认为宪法是自由与权力的良好结合，是自由与国家统治的现实妥协。历史长河已经证明宪法是正确的，尽管在当时，即使是鼓吹宪法的人也并不确定自己是否走上了正确的道路。

　　实际上，不确定是当时人们的普遍心态。历史学家们强调，聚集在费城的代表们为在宪法问题上取得一致而做出了几个妥协：大州和小州利益之间的妥协；联邦管辖权和州管辖权之间的妥协；对实行奴隶制区域的谈判。这种妥协最具启发意义的特征是，就每个问题而言，双方都有理由认为自己获得了最好的交易结果。就国家主权这个极端重要的问题而言，与会者同样进行了巧妙的模糊处理：国家主权既不在联邦政府，亦不在各州政府，而是由"人民"享有。这所指为何，可以尽由人们自己猜测，因为在美国的国家形成阶段，是不存在所谓的美国"人民"的。实际上，宪法的主要目的是提供一种框架，将分散的人口集合成一个更团结的、配得上"美国"这一称谓的集体。

　　关于后一点，有必要回顾一下学术界对美国复杂起源的研究成果。就我们现在知道的独立战争以前英美之间的联系

10

（也就是在这种联系被切断以前）而言，最初将殖民地人民称作"美国人"的是英国作家。他们在负面意义上使用这个词语，意指一种边缘人群，他们不配与生长在大英帝国本土的纯种英国人享有同等地位。这个词语在说者和听者看来，都是对某种下等或从属民族的辱骂。殖民地人民为自己的独立所找到的正当理由，全部来源于他们对这种称谓的拒斥：他们认为自己享有英国公民的所有权利。而且，这些权利的终极渊源，并不是美国本土，而是一个据称是由全人类共享的自然权利所组成的超验王国。至少从语言层面，我们需要站在 18 世纪的语境上，而不是将这些词语在随后一个世纪中逐步获得的神圣意味强加给它们。"美国人"一词就像"民主人士"一样，起初都是侮辱性词语。前者指代一个下等而粗俗的民族，后者指代任何试图迎合粗俗而无知的大众幻想的人。总而言之，让美国成为一个国家还是一项非常不稳定、前途未卜的事业，至多也只能算是一项尚在进行中的事业而已。[8]

1789 年的情况在很大程度上就是如此，当时新当选的联邦政府成员汇集在纽约市，开始检验这样一个命题，用亚伯拉罕·林肯在葛底斯堡演说中的话来说，就是"这样构想并依此构想成立的国家是否可以存续久远"。我们已经提到他们所拥有的一些"资产"和"负债"。就当时历史资产负债表的资产一栏来说，全部内容如下：与欧洲隔着大洋、免受欧洲干预的一片资源丰富的大陆；近四百万人口，其中大约一半是 16 岁及以下的年轻人，整个人口将在随后的几十年之中发生大规模增长；白人享有广泛的财产权，且都是建立在可以自由买卖的可用土地之上；人们对植根于殖民地议会的权威和实践的共和制度有着明确的遵从，这种共和制度在独立战争胜利后就被奉为唯一的政治模式，而且在各州宪法中得以确认；人们在选举乔治·华盛顿为首任行政首脑这一点上，几乎达成了一致共识。没错，华盛顿不过是一个人而已，但毫无疑问，他是无价的资产。

就当时历史资产负债表的负债一栏来说，最主要的内容有四项：其一，以前从来没有人在如此广袤的美国建立过共和政府，而且大部分受人尊敬的权威人士都认为这是不可能的。其二，体现在《独立宣言》中的革命智慧遗产是，所有集中的政治权力都是令人厌恶的，甚至将政府权威描述为一种异己力量：所有负责任的公民都应当唾弃之，而且若可能就应当竭力推翻之。其三，除了各州在独立战争中都支持了大陆军（大陆军本身是松散的、不稳定的，不足以确保战争胜利）之外，构成这个新生国家的各州和各地区之间从来没有作为一个国家的共同历史，也没有作为一个团结集体共同行动的经历（例如，1776 年在费城撰写《独立宣言》时，杰斐逊就给弗吉尼亚的朋友写信说，在他置身于那个受到上帝垂爱的时刻，却离"我的国家"有三百英里之远，这让他觉得非常不安）。其四，根据 1790 年大陆会议进行的第一次人口调查，共和国人口中有近 70 万人是黑人奴隶，其中 90% 集中在切萨皮克及其以南地带，而且人数仍然在迅速增长。可以说，这是从人口上对自 1776 年人们就不断

鼓吹的全部共和理论发起的挑战。⁹

　　若允许我不太严谨地定义一个年代的话，那么接下来的十年就是美国历史上最关键、最具影响力的年代。其他年代，包括 1855～1865 年和 1940 年代，确实是这个称谓最强有力的竞争者，但美国历史的第一个年代，凭借自身的开创性，总是能在此种竞争中获得一定的优势地位。它为后来者开创了先例，明确了宪法故意含混设计的理论架构，从而既为此后的全部历史提供了诸多选择，又关上了诸多选择。例如，美国内战就是共和国最脆弱的年代中，人们故意避开并拖延奴隶制问题的一个直接后果。同样，若美国没有在早期就建立稳定的国家制度，从而得以巩固并扩张其在美洲大陆的统治，那么它要在 1940 年代成为世界性支配力量，是不可能的。（当然，从美洲原住民的角度看，这种扩张就是征服。）大张旗鼓地宣扬这个国家形成阶段中的著名人物，并将他们神化为"开国之父"，这是一种显而易见且无法抵制的强烈欲求。这种欲求既有历史根基，也有心理基础，因为从最现实的角度来说，我们至今仍然生活在这些人的遗产之下。同样，这也可以解释为什么人们渴望将他们妖魔化，因为对他们丰功伟绩的任何讨论，都隐含了美国在国内外推行帝国主义的鲜明特征。

　　因此，本书的主题就好像被某种电磁场围绕着，对绝大部分当代美国人而言，这个主题犹如一层金色薄雾或者一个金色光环。然而，对美国的建国历程和结果颇为不满的批评家（他们为数不多但声音洪亮）来说，这个主题仿佛是一朵污染性放射云。近年来学术界的主要趋向是后一种，或者以完全忽略主流政治的方式回避围绕这段历史的争论。大部分好作品都是在全力再现独立战争那一代中失落的声音，比如马莎·巴拉德在缅因边境地区相夫教子并帮人接生，默默无闻地生活；温彻·史密斯——之前是一名奴隶——一直牢记自己在非洲的经历，并于 1798 年将这些经历写成回忆录。这种趋向是如此强大，以至于任何初露头角的历史学家若宣称自己要集中研究共和国的早期政治及其最重要的实践者，都会被认为是不经意间承认了自己智识上的贫乏。[10]

尽管我已经不再是什么初露头角的历史学家，我还是希望自己近些年的努力，包括本书此后的篇什，算得上对这种历史学术陈规的一种礼貌反驳。这种学术陈规建立在一套早已过时的假设之上，正因如此，它们在当代看上去似乎还有些许新意。在我看来，独立战争年代和共和国早期阶段的主要事件和成就都是政治性的。这些事件和成就之所以具有显著的历史意义，是因为它们塑造了美国后来的历史，包括我们自己的当代史。这部历史剧中的主要演员并不是那些边缘或者外围的平凡人物（他们的生活在当时是很普通的），而是那些处于全国政治中心、手握权力的政治领袖。更重要的是，政治制度的形态和特征是由少数政治领袖决定的，他们相互熟识、相互合作又相互冲突，这种合作与冲突在个人性格和理念层面上，塑造了宪法中的制衡原则。

这些公众人物大部分是男士，而且全部是白人，根本无法代表当时的全体人民。同样，这些人也算不上英格兰或者欧洲的那种政治精英阶层。不仅是本杰明·富兰克林和亚历山大·汉密尔顿这样出身贫寒的著名人物，实际上，这些人若在英格兰或者法国，都会黯然失色。是美国独立战争带来的压力和危急局势，将这些人的才智汇集在一起。当时既不存在什么有头衔的世袭贵族身份来阻碍他们的晋升，也不存在什么充分发展的民主文化使这些精英人物的勇气显得黯淡无光。他们是美国的第一批贵族，而且在许多方面是美国唯一的天然贵族阶层。他们都算得上美国历史上最具政治才能的一代，尽管近些年人们试图将这个头衔安在 20 世纪的政治家们头上。他们创造了美国这个共和国，并且让共和国安然无恙地度过了动荡、脆弱的早期年代。用前文所做的区分来说，他们让我们从短期的成功迈入了长远的成功。

有两种为人熟知的方法来讲述那一辈人的故事。这两种方法都是从独立战争年代的政治派别和意识形态阵营展开叙述，均出现于独立战争年代早期，而且相关作品写成之时，独立战争中的一些著名人物依然健在。莫西·奥蒂斯·沃伦的《美国革命史》（*History of the American Revolution*，1805 年）提出了一种"纯粹的共和主义"历史观，这也是当时共和党所推崇的，后来又被称作"杰斐逊式历史观"。这种历史观将美国独立战争描述为一种自由主义运动，称其不仅与英格兰统治完全决裂，而且与欧洲腐朽的君主和贵族政体彻底分道扬镳。因此，联邦党人在 1790 年代获取权力，就成了腐朽朝臣和财阀们篡夺独立战争果实的反动行动，而汉密尔顿就是这次反动行动的元凶。这次敌对行动最终被挫败了，独立战争的真正精神终于在 1800 年选举中借助共和党人的获胜而重振。这种历史解释路径认为，独立战争的核心原则是个人自由。这个原则具有激进的、自由主义的意味，因为它认为任何让个人自由服从政府规制的行为都是危险的。这项原则的极端形态就是无政府主义原则，它对任何明确的政治权力集中化的表达，都可能进行偏执狂般的抵制。

另一种解释路径的完整形态则首先出现在约翰·马歇尔撰写的五卷本《乔治·华盛顿生平》(*The Life of George Washington*) 中。这种解释路径认为，美国独立战争是一次有着深刻但隐含的殖民地时代渊源的初步国民运动。因此，1787～1788 年制定的宪法就成了独立战争的自然成就，而联邦党人中的领袖人物，包括亚当斯、汉密尔顿以及更重要的华盛顿等，就成了独立战争遗产的真正继承人。（这里杰斐逊就成了元凶。）依据这种观点，独立战争的核心原则是集体主义原则，而不是个人主义原则，因为真正的"1776年精神"是使个人利益、州利益和宗派利益服从让美国成为一个国家的更宏大目标。美国的国家形态首先体现在大陆军上，后来又体现在新成立的联邦政府上。这种观点既有保守的一面，又有典型社会主义的一面，因为它并不认为个体是政治等式中的主权因素，相反，它认为政府规制是一种促进国家发展的集中式导向工具。就其极端形态而言，它让个人权利和自由屈从于国家的更高权威——国家是"我们"而不是"他们"，因此它既带有公社意味，也带有专制意味。[11]

关于独立战争年代和共和国早期的历史争论不过是重复

了当时的意识形态争论，历史学家们一直以来都在一次次进行同样的战斗，即最初发生在独立战争那一代人之间的战斗。这真是让人汗颜，甚至让人气馁。尽管许多历史学家在之后的年代中都采取了一种妥协或折中的立场，但他们的基本选择还是一样的，历史学家在很大程度上还是与当时的人们做着相同的事情：要么宣称自己是杰斐逊主义者，要么宣称自己是汉密尔顿主义者；要么宣称自己是个人主义者，要么宣称自己是虔诚的国家主义者；要么宣称自己是自由主义者，要么宣称自己是保守主义者。然后，他们著书立说偏袒其中一个阵营而贬低另一个阵营，或者从一个阵营的角度来丑化另一个阵营。尽管我们可以预先宣称，潜在价值不受时空局限和最重要的问题往往都是经典的，以避免陷入知识上的尴尬境地，但是这个真相仍然令人难堪：我们一直都在循着党派主义线路，徒劳无益地追逐着自己的尾巴。或许这是由于我们现在仍然生活在他们的遗产之下，还无法以一种真正的历史视角来看待独立战争那一代的风云人物。[12]

但是，就潘恩所谓的常识或杰斐逊所谓的不证自明的意义而言，争论双方都可以合理地宣称自己把握了历史真相，触及了独立战争的真正脉搏。美国独立战争就像任何革命一样，不同的派别为了推翻统治阶级这个共同事业而捐弃前嫌、通力合作，然而在获胜之后发现，在这一切到底是为了什么之上，他们有着根本不同且互不相容的政治观念。在由一系列令人炫目的事件构成的 1790 年代政治史中，他们之间的意见分歧完全暴露出来，他们为美国设计的不同进程迎面相撞。在这场争论中选定自己的立场，就好像是在美国独立战争的歌词和音乐之间做出选择一样。

让美国独立战争有别于之后大部分（若不是全部的话）名副其实的革命的是这样一个事实：在争夺优势的战场上，在争夺美国独立战争"真义"到底为何的战斗中，没有哪一方取得了完全胜利。这里我不是指美国独立战争没有"吞食自己的孩子"，没有出现断头台和行刑队，尽管这确实是真实的。相反，我指的是，独立战争那一代人找到了持续辩论或对话的方式，以这种方式包容了他们之间争吵的爆炸性能量，而且这种辩论或对话最终因政党的创建而被制度化，变得安全了。美国后来的历史都不过是在独立战争那一代旧有紧张关系的各种新版本之间左右摇摆而已，这种摇摆只在美国内战中才以暴力形式呈现出来。这种紧张关系最为人熟知的形态，即主导 19 世纪的形态是，宪法作为州主权与联邦主权间冲突的结果出现。然而，这种意见冲突有着更深层的根源，涉及人们对政府本身的相互敌对的态度、对公民权的不同理解和对自由与平等这两大目标的不同立场。

但关键的一点是，这场争论并没有得到解决，而是深深植入了美国的身份构造之中。如果这意味着美国是建立在矛盾之上的话，那么，确实如此。除了历史上那场流血冲突之外，我们已经成功地与这一矛盾和平共处了两百多年。林肯曾经说，美国建立在杰斐逊于 1776 年写下的一个命题之上。而实际上，我们是建立在关于这个命题到底所指为何的争论之上。

这并不意味着共和国早期的政治历史可以这样理解：一群举止良好的半神半人进行着一场彬彬有礼的辩论。我们也不能称他们是一个交响乐团，或者考虑到参与最高政治活动的人数是有限的，称他们是一个室内合奏乐团：每位建国之父都弹奏着自己的乐器，而且各自的演奏都和谐融合成共同的曲谱。实际情况是，根本就不存在这样的共同曲谱，不存在什么指定的乐器，更不存在什么融汇一体的和谐。1790年代的政治实际上是一场失谐演奏。以前的历史学家曾将之称为"激情年代"（the Age of Passion），这是很有道理的。因为就那时出现的尖刻指控、意识形态冲突、个人对抗和大难临头的夸张言论而言，美国历史上没有哪个阶段可以望其项背。独立战争那一代最高层人物之间的政治对话，实际上是一场长达十年之久的相互谩骂。[13]

那么，他们最后是如何成功的呢？为什么阿尔弗雷德·诺思·怀特海（Alfred North Whitehead）的观点很可能是正确的？怀特海认为，新兴帝国的领导层，就事后看来，达到了人们合理期望的程度，历史上只出现过两次这样的情况。第一次是恺撒·奥古斯都统治下的罗马帝国，第二次就是18世纪末的美利坚合众国。为什么人们对美国独立战争的描绘不是大规模屠杀的恐怖场景，而是一群衣着体面、姿态优雅的人物形象呢？[14]

17　　我对这些问题的回答包含在后文讲述的故事之中，这些故事将竭力再现共和国早期八位杰出的政治领袖眼中的紧迫和仓促，以及他们的所见所感。他们是阿比盖尔和约翰·亚当斯、阿伦·伯尔、本杰明·富兰克林、亚历山大·汉密尔顿、托马斯·杰斐逊、詹姆斯·麦迪逊和乔治·华盛顿。后面的每个章节都算得上展现一个受上帝垂爱的历史时刻的独立故事，我尽己所能将它们写得生动有趣。总的来看，这些故事具有以下几个共同主题。

其一，独立战争那一代人取得的成就是一项集体事业，这项事业的成功缘于他们个性和意识形态的多样性。他们的交往和相处产生了一种动态平衡。这并不是因为他们是完美的或者一贯正确的，而是因为各自的不完美和瑕疵，以及古怪之处和过分行为，使他们相互之间产生了制约，就像麦迪逊在《联邦党人文集》第十篇中所写的，一个大共和国中可以存在多个政治派别。

其二，他们相互之间都很熟悉，这意味着他们一同进餐，在无数会议中并肩而坐，就私人和公共问题通信。当时的政治，哪怕是在早期共和国的最高层，都是面对面进行的。政治上的竞争对手们都不得不处理这种频繁的人际交往所带来的亲密情感和关系。这里，亚当斯和杰斐逊之间的对立与友谊是最合适的例证。在其他几个关键时刻，重要的妥协之所以得以达成，就是因为他们之间的信任。尽管美国早已成长为一个法治国家，但在早期阶段，它还是一片人治之土。

其三，他们成功将那个最具威胁性、最有争议的问题排除在政治议程之外。显然，这个问题就是奴隶制。不论我们认为美国独立战争的原则是什么，它显然都与这些原则水火不容。奴隶制问题在这个新生国家有着深刻的社会和经济根源；消灭奴隶制，可能会打乱这个国家刚刚开始形成的脆弱融合。让奴隶制自行消亡是否会导致这个国家的灭亡，这是一个开放性问题，也是书中一则故事的主旨。不论人们以事后之明和现代种族观念为道德指导，对这个假设问题最终做出何种结论，独立战争那一代人都认为，解决奴隶制问题的风险远远高于成功的可能性。因此，他们拒绝在国家或联邦层面上讨论这个问题，刻意将解决奴隶制问题推迟了。

其四，在约翰·特朗布尔、吉尔伯特·斯图尔特和查尔斯·威尔逊·皮尔完成的肖像画中，那些注视着我们的人，是如此庄严、高贵；那些穿越历史长河到达我们耳际的声音，是如此抑扬顿挫、具有英雄气概。这可能是因为他们知道，我们会来瞻仰他们，聆听教诲。独立战争那一代人中的所有先锋人物，都敏锐地觉察到他们在历史上的重要地位，尽管他们当时正在创造着能让他们流芳百世的历史。他们开始为后代做出姿态，给我们写信，就好像他们之间相互通信一样，尤其在各自职业生涯的后期。若他们有时候看起来像大理石雕像，这正是他们所期望的样子。（约翰·亚当斯是我最喜欢的人物之一，因为他生来就没有能力一直保持那种尊贵的姿态。他那醍醐灌顶但有些无礼的坦率，为我们提供了最明亮的窗口，使我们可以更深刻地窥探这些人深藏的野心和骚动不安的空虚。）若他们有时候看起来像历史剧中的演员，这正是他们经常自认的形象。实际上，我们是他们取得成就的同谋，因为我们正是观看他们表演的观众。知道我们一定会来观看表演，这促使他们展现自己行为最好的一面。[15]

　　编年史，正如谚语所说，是心灵脆弱者的最后避难所，是历史学家的唯一招数。我的叙述尽管故意编排得像一个个插曲——它们不是对全部事件的完整记录，但依然遵循了编年史路径。其中只有第一则故事，即阿伦·伯尔和亚历山大·汉密尔顿之间的决斗，不是按照年代顺序叙述。它不仅是一个令人着迷的故事，还引入了在之后所有故事中回荡的主题，可谓例外恰恰证明了规则的存在。这是独立战争年代因政见不一而最终导致暴力和死亡的唯一事例。对于伯尔，若我说得没错，是共和国早期精英阶层中唯一一位与整体格格不入的人物。他是一位丰富多彩、迷人的人物，这没有错，但是他的品性不够格。

19

　　为这段历史涂光抹彩和定调定性的著作已经很多了。若后文中的故事确实汇聚为某个更宏大意义的话，那么把握这个意义最可靠的方法，就是阅读这些故事本身。那是 1804 年夏季一个炎热的早晨。阿伦·伯尔和亚历山大·汉密尔顿正各自划着船穿过哈德逊河，前往他们约好的地点——维霍肯（Weehawken）① 的平原。河水显得格外宁静，空气中弥漫着浓重的雾气……

----

　　①　与纽约市隔着哈德逊河相望的一座小镇。（本文脚注均为译者注）

1
决　斗

这个故事最简明的叙述是这样的：　　　　　　20

> 1804 年 7 月 11 日早晨，阿伦·伯尔和亚历山大·汉密尔顿当时正乘着不同的划艇，横穿哈德逊河，他们要去的是新泽西州维霍肯镇附近的一个隐秘地点。就在河岸上某处，根据决斗规则，他们在相隔十步远的地方相互用手枪射击。汉密尔顿被击中右肋，第二天就死掉了。伯尔尽管没有受伤，却发现自己的声名受到了致命损害。在这场美国历史上最著名的决斗中，汉密尔顿和伯尔都成了牺牲品。

尽管这段叙述的全部信息都是正确的，但它那令人敬佩的精练导致了不幸的历史错误。不论如何，若伯尔和汉密尔顿之间的决斗算得上美国历史上类似交锋中最著名的一例，那么我们就应当能够想象出这个戏剧性的时刻，想象出一个文字内容更加丰富的"决斗"图景。只有更详细的描述，才能让这个被称为"维霍肯见面"的事件，在诸如《O. K.镇大决斗》（*Gunfight at the O. K. Corral*）或者经典电影《正

· 1 ·

午》（*High Noon*）这样备受吹捧的竞争对手面前，获得其

应有的地位。对这种事件而言，简洁的叙述是绝对不行的。

因此，为了让这段历史插曲呈现出必要的细节，为了再现当

21 时的场景，我在下文对其进行了全面描述，并试图将所有留

存下来与之相关的、无可争议的证据囊括其中。[1]

　　1804 年 7 月 11 日，第一道曙光刚刚划破天际，阿伦·伯
尔就离开了他靠近曼哈顿南部、位于里士满山（Richmond
Hill）上的住所。那天晚上他和衣睡在长沙发上，这位美利
坚合众国的副总统毕生都是切斯特菲尔德勋爵①如下这句格
言的忠实信徒：绅士可以做任何他想做的事情，只要他做这
些事情的时候有自己的风度。因此，伯尔上校——这个军衔
是他参加过美国独立战争的骄傲象征——就这样体面地穿着
类似丝绸的衣服（实际上是羽绸做的），带着冷淡沉静的表
情来到了哈德逊河岸边，就好像一位天生的贵族正在赶赴一
次与命运的约会一样。

　　他的祖父、著名的神学家乔纳森·爱德华兹曾经说过，
我们都是可怜的动物，都不过是悬在永不熄灭的火焰上面不
断挣扎的蜘蛛而已。但是，伯尔的一生可谓是一只精明的蜘
蛛，他可以让自己跳出地狱般的困境，同时编织好罗网让其
他人落网。没有人确切知道，当桨手划着小船，送伯尔及其

---

　　① 英国政治家和作家，最有名的著作为《致儿书信》（1774 年），书中
　　描绘了 18 世纪的理想绅士。

追随者威廉·范·内斯去对岸时，伯尔心里到底想了什么。后人的判断是，伯尔终于用自己的恶魔之网捉到了汉密尔顿，现在他开始行动，准备杀死自己的猎物了。[2]

与此同时，里士满山北部、靠近如今华尔街的地方，汉密尔顿登上了一艘小船，船上有两个桨手，其中一位是他的医生大卫·霍萨克，另一位则是他的忠实朋友纳撒尼尔·潘德尔顿。与伯尔一样，汉密尔顿穿着得体，脸上带着绅士般的冷傲。他也有自己的荣誉军衔——"汉密尔顿将军"。这个称呼得于他的最后一次任命，即1799年他被任命为新军"督察将军"，这样他的军衔就高于伯尔的军衔。他已经四十九岁了，比伯尔年长一岁。同时，和伯尔一样，他身材矮小，身高为五英尺七英寸，只比伯尔高一英寸，手脚都不大，骨架有些柔弱，但头部和面部非同寻常。他被称作"联邦主义的小狮子"，就是因为他的确比较矮小。

然而，上帝认为按他俩的头颅把他们区分成对立的两 **22** 极，再合适不过了。伯尔遗传了爱德华兹家族的特点，肤色较深，黑发从前额向后生长，眼睛的黑褐色看起来就像鹰眼和乌鸦眼的混合色。汉密尔顿的肤色则是淡黄色的，眼睛是紫蓝色的，头发是红褐色的，所有这些合在一起就像一团摇曳的火焰，伯尔却像一个固定不动的影子。如果说伯尔的整体仪态是压抑的，就好像新英格兰清教主义正挤压、盘绕着他的内心，那么汉密尔顿则好似一股活力四射的能量，这股能量不断地以一次次色彩明亮的爆发来展示自己。

他们不同的家族背景也造就了气质上和风度上的反差。

伯尔血统高贵，这让他的贵族式举止显得底蕴深厚、与生俱来。相反，汉密尔顿那种锐气、无畏的风度，是他有意识培养出来以克服自己的贫贱出身。看不起汉密尔顿的约翰·亚当斯曾说他是"一个苏格兰小贩的乳臭未干的私生子"。尽管亚当斯这句话的目的是要侮辱他，但从字面上看，亚当斯的确是正确的。

汉密尔顿出生在西印度群岛的尼维斯岛，是一个运气不佳的、具有法国血统的美女和一个嗜酒成性、破产的苏格兰商人的私生子。可能是因为他的卑贱出身，汉密尔顿似乎总是要证明自己，他需要向上司证明自己的卓越能力。不论是带领一队步兵攻打约克镇的英军据点（当时他第一个跨过矮墙与英军展开刺刀搏斗），还是向不那么情愿的联邦政府推销自己设计的全国财政计划，汉密尔顿都将现实问题看作个人挑战，看作可以一展身手的目标。这时，他往往会做出略显浮夸的勇敢举动。尽管并不是他提议要与伯尔决斗，但是，汉密尔顿一生中没有什么东西会让他以冷静而极度优越的姿态拒绝这种挑战。因此，他之所以默默地穿过哈德逊河沉寂无言的河水，是因为他不认为自己能够拒绝伯尔发出的挑战。[3]

23　　关于汉密尔顿这个时候的所思所想，我们确实知道很多。前一天晚上他草拟了一份个人声明，并将它和自己的遗嘱放在一起。在这份个人声明中，他说自己诚心希望避开这次交锋。他还宣称自己"除了政治分歧之外，对伯尔上校并无任何恶意；而且，政治意见上的不一致，我相信也完全是出于纯粹的、正当的动机"。另外，他决定让自己置身于伯尔的射击之下而不予还击："我已经下定决心，若我们之间的交锋是按通常方式进行，我相信上帝会很高兴给我一个机会，让我保留或射偏自己的第一枪，我甚至打算放弃自己的第二枪，这样就可以给伯尔上校一次冷静思考的机会。"他并不认为这种行为等同于自杀，而是认为这不过又是一场他一定能获胜的、勇敢的赌博而已。[4]

人们通常认为的决斗地点，即维霍肯平原，是具有误导性的。实际上，人们若沿着伯尔和汉密尔顿的路线前进穿过哈德逊河，然后在现在的林肯隧道上游不远处登陆的话，人们将看到一座高 150 英尺的悬崖峭壁。任何试图翻过这座峭壁的人，到达顶部后都不可能再进行什么决斗了。决斗的真实地点是一个狭窄的平台，大约 10 英尺宽、40 英尺长，离水面只有 20 英尺。这是个经常发生决斗的地点，因为它相对来说与外界隔绝，而且要到达这里也比较困难。根据事先约定，伯尔一方于早上将近 7 点时先到。他们一到达就开始清除平台上那些杂乱的灌木和石块。[5]

不久之后，汉密尔顿一方也到了。伯尔和汉密尔顿双方的助手，也就是范·内斯和潘德尔顿一起重新审查了事先约定的见面规则。之所以称作"见面"，是因为决斗在许多州都是非法的，纽约州也是如此。因此，除了早已确定的决斗礼仪之外，那些资深决斗者还发展出了一套难懂的术语，现在我们称之为"否认之语"。这样一来，所有的决斗参与者若事后被法院审判的话，都可以宣称对决斗并不知情。例如，桨手们当时就不被允许走到这个平台上来观看决斗。汉密尔顿的医生大卫·霍萨克，也被要求不得知晓此次决斗的程序。[6]

24   由于是伯尔向汉密尔顿提出决斗的，因此由汉密尔顿来选择武器。他选择了一对定制的、装饰精美的手枪，这对手枪的主人是他的妹夫约翰·丘奇。除了华丽的外表之外，它们还有两个特别之处。第一，它们已经在两次决斗中使用过了，其中一次发生在 1799 年，当时丘奇射落了伯尔外套上的一枚纽扣；另一次发生在 1801 年，当时汉密尔顿的大儿子菲利普，就是在离维霍肯决斗点只有几码远的地方，为了捍卫他父亲的尊严，受了致命伤。第二，它们都内设了一种秘密装置，即可以扣动的微力扳机。若没有微力扳机，要大约 20 磅的压力才能扣动并射击。配以微力扳机后，就只需要 1 磅的压力了。汉密尔顿知道微力扳机的存在，但是伯尔并不知情。

这两把手枪是滑膛枪，用的是很大的点 54 口径子弹。潘德尔顿和范·内斯给它们上膛之后，潘德尔顿对汉密尔顿耳语道："我是否要设置好微力扳机呢？"汉密尔顿回答说："这次就不必了。"因此，在伯尔和汉密尔顿准备好去各自的指定地点之前，他俩都带着火力十足却极易走火的武器。若被这样的武器在近距离击中要害，受重伤甚至丧命的可能性极大。但是，滑膛枪固有的射击不精确性，以及启动击锤、点燃火药以将子弹推向目标所产生的强烈震动，都意味着与当时的大部分决斗一样，决斗双方即使受伤，也不可能是重伤。[7]

接着，伯尔和汉密尔顿来到平台中央，听取对他们的最后指示。汉密尔顿作为被挑战方，优先选择位置。他选择了上游方向或者说靠北的那边。这可是一个糟糕的选择，因为早晨的阳光和河面反射的阳光会正面照射在他的脸上。按规定决斗双方必须相隔十步远，因此他俩几乎都到了这个平台的边缘。根据事先约定，当两个决斗者都准备好时，潘德尔顿会说"举枪！"，接着两个人都可以举起手枪，朝对方射击。若其中一人开枪先于另外一人，那么未开枪一方的助手会说"一、二、三，射击！"若决斗者在这之后还是没有开枪，那么就丧失了一次机会。当出现这种情况或者双方都射击但均未击中对方时，双方则要开会决定，是继续下一轮决斗，还是认定决斗的光荣义务已经完成。[8]

在到达指定位置之后、发出最后命令之前，汉密尔顿要 25
求先暂停一会儿。他从胸前的口袋中掏出了眼镜，调了调后戴上。然后，他逆着炫目的阳光，眯起眼睛，举起手枪，对着几个假想目标做瞄准动作。最后，他说自己已经准备好了。整个过程中，伯尔都耐心、冷静地等待着。没有证据表明，伯尔知道汉密尔顿放弃第一次射击或故意射偏的意图，而且，汉密尔顿在这个最后时刻的举动，显然似乎并非出于善意。若他不想击中伯尔，为什么要戴眼镜呢？这一直是一个难解之谜。

接下来发生的事情则是一个更难解的谜。实际上，关于之后四五秒时间的各种矛盾的叙述，可以作为后现代主义观点的证据：根本不存在所谓的客观真实，历史真实不过是一系列不可思议的谜和无数不确定的观念。为了让我们的叙述沿着一开始就确立的无可争议的路线继续下去，我们现在必须跳过这个最关键的时刻，在叙述完这段历史插曲之后，再回过头来探讨这四五秒钟的情况。

人们听到了两声枪响，汉密尔顿被击中了。那颗一盎司重的子弹击中了他的右肋，形成了一个直径两英寸的洞，这个洞离臀部四英寸。子弹击毁了他的胸腔，从肋骨上弹离，接着向上穿过肝脏和横膈膜，击裂了第二节腰椎，并最终停留在那里。即使利用现代医学的全部知识，汉密尔顿体内受到的伤害也足以让他死亡，最乐观的情况也不过是终身残疾。考虑到当时医学的局限，汉密尔顿根本没有任何生还的希望。汉密尔顿也立即意识到了自己的处境。当霍萨克医生冲过来检查他的伤势时，他平静地说道："这是个致命伤，医生。"然后，就不省人事了。[9]

与此同时，伯尔似乎有些惊讶，并对自己开枪射击造成的后果感到懊悔。他冲向倒下的汉密尔顿，但是范·内斯拦住了他，并且引领他离开现场，向划艇走去。整个过程中，内斯都用一把伞遮住伯尔，这显然是出于否认知悉决斗的目的，以使汉密尔顿一方可以在法庭上宣称他们根本就没有见过他。沿着那条通往河边的路走到一半的时候，伯尔停了下来，坚持要回去看一下。他央求道："我必须回去，和他说上几句话。"但是范·内斯拒绝了他的要求，继续领着他上了船，穿过河面，回到了纽约市。[10]

26

霍萨克几乎认为汉密尔顿就要死在现场。然而，经过几分钟的抢救之后，失去意识的汉密尔顿开始正常呼吸了。因此，他们抬着他来到了河边。在回去的途中，汉密尔顿曾经醒过来一次，对霍萨克咕哝着："潘德尔顿知道我第一次并不想射中伯尔上校。"当一个桨手想移开汉密尔顿的手枪时（当时手枪放在椅子上），汉密尔顿警告他说："小心这把手枪。它还没有退膛，扳机还没有扣下去。它可能会走火伤人。"这显然意味着汉密尔顿自己并没有意识到这把枪已经开过火了。到达靠近纽约市那边的河岸后，他们抬着汉密尔顿来到附近的詹姆斯·贝阿德家中。贝阿德是汉密尔顿的老朋友，也是他的政治追随者。在那里，霍萨克给他用了大量的鸦片酊，然后就只能束手无策地等待最后时刻的到来。汉密尔顿在 1804 年 7 月 12 日下午两点溘逝，当时他的周围有纽约市大主教本杰明·摩尔、大卫·霍萨克、妻子伊丽莎白和七个不幸丧父的孩子。[11]

两天后的葬礼是一场声势浩大的哀悼活动。红木棺材由汉密尔顿的那匹灰马拉着，空荡荡的马鞍上横放着汉密尔顿的靴子和马刺。棺材后面是他的妻子和孩子、纽约市的政治和法律领袖、哥伦比亚学院师生、银行总裁、陆海军军官、地方神职人员和外国显要人物。此外，还有几百名普通市民跟随在他们身后。汉密尔顿一家的老朋友、联邦党人加瓦尼尔·莫里斯，在人潮涌动的三一教堂发表了葬礼演说。[12]

公众的普遍看法是，伯尔残酷无情地谋杀了汉密尔顿。报纸上充斥着反伯尔论调，激起了民众的愤怒。新闻文章编造出各种看法（比如伯尔当时为这次决斗特别制作了一套衣服，这套衣服的布料可以使子弹发生偏转），还添油加醋地讲述了一些戏剧化的阴谋情节（例如，当汉密尔顿的遗孀和孩子为汉密尔顿的死而悲痛欲绝时，伯尔所表达的唯一遗憾就是，他当时没有击中汉密尔顿的心脏）。一幅决斗的蜡制品将当时的场景刻画成汉密尔顿遭到了伯尔和一个躲藏起来的共犯的伏击，中弹身亡。蜡制品底部的说明文字是这样的：

27   哦，伯尔。哦，伯尔。你到底做了什么？

                你开枪打死了伟大的汉密尔顿。

                你躲在一片蓟丛后面，

                鬼鬼祟祟地伸出一支大口径手枪，

                置他于死地。

由于当时面临着因决斗和谋杀而定罪的危险，由于报纸编辑们将他比作本尼迪克特·阿诺德①这样的叛国贼典范，由于牧师们都在布道中称他的行为是中世纪正义观念的粗暴再现，伯尔灰溜溜地逃离了纽约，声名扫地，马不停蹄地逃往佐治亚州。[13]

因此，现在我们看到的是，汉密尔顿得到了安葬，而且

——————————

① 美国独立战争时的将领和叛徒，他试图以 20000 英镑将西点要塞出卖给英方，后遭到挫败，逃往纽约，接着逃往英国。

变成了具有传奇色彩的烈士；伯尔偷偷溜出纽约，最终在美国西部有了一番奇异经历，然而在政治上已经被人遗忘了。这似乎是我们试图再现"决斗"这幅著名历史图景的最恰当结局了。

　　当然，前面叙述中缺漏了两次枪响之间的四五秒钟时间。推迟对这个最重要时刻的分析，不仅是不可避免的，因为在这个问题上根本就没有一致意见，而且也与我们的叙述所基于的唯一证据——那场辩论——的历史时间相符。也就是说，在决斗发生不久之后，决斗现场的目击证人之间发生了一场言语决斗。这种决斗起初主要发生在潘德尔顿和范·内斯之间，然后就不可避免地扩大到支持汉密尔顿和支持伯尔的人之间了。这些人的叙述充斥着当时的报纸和传单，他们各自都找出证据来佐证己方观点。

　　然而，就在事后对决斗的不同叙述最终变成另一场决斗之前，两位目击证人潘德尔顿和范·内斯发表了一份"联合声明"。这份声明的主要目的是要说明汉密尔顿和伯尔都严格遵照决斗规则行事，因此尽管决斗本身是违法的，但是他们的行为完全符合正人君子之道。在说明这一点的过程中，潘德尔顿和范·内斯在几个重要细节上达成了一致意见。这几个细节之所以值得注意，是因为它们给我们理解具体事实经过带来了一丝光亮。

　　首先，潘德尔顿和范·内斯同意，两个人都开枪了。有两次枪响，而不是一次。这是一个需要确立的重要事实，因

28

为汉密尔顿的朋友对这次决斗的多种叙述，都想当然地认为汉密尔顿根本就没有开枪。这很显然受到了汉密尔顿在决斗之前写下的决定不向伯尔开枪的影响。由于霍萨克和桨手们都听得到枪响，即使他们看不到，因此这一点是不大可能错的，除非当时两次射击是同时发生的。而潘德尔顿和范·内斯都认为，两声枪响并不同步。

这就将我们引到了第二个也是最重要的共识上——两声枪响之间的确间隔了"几秒钟"。至于到底是几秒钟，他俩意见不一。然而，他们确实一致认为，两声枪响之间的时间间隔是可以明显辨别的。其中一个人先开了枪，而另一人则故意等了一点时间，然后再开枪。这两声枪响不是在瞬间同时发出的。[14]

就这些达成一致意见的方面来看，要完全解释汉密尔顿一方对决斗的叙述，并不那么容易。汉密尔顿一方的关键点是，伯尔先开了枪。如果我们赞同这个假设前提（潘德尔顿和汉密尔顿的追随者认为事实就是这样的），那么，既然汉密尔顿来维霍肯决斗时已经下定决心不向伯尔射击，他就不可能先开枪。相反，是伯尔在汉密尔顿还举着手枪的时候，开了枪。接着，伯尔射来的子弹给汉密尔顿带来的冲击让他扣在扳机上的手指不由自主地抖动了一下，从而射出了子弹。但是，子弹却越过了伯尔的头顶，没入了树丛中。范·内斯宣称，自己曾在第二天重返那个决斗平台，发现伯尔站立点后方约 4 英尺远、12 英尺高的地方，一棵雪松的一根树枝被打断了。这种叙述和汉密尔顿后来在船上说的话相吻合，当时他似乎认为自己的手枪中还有子弹。显然他没有意识到伯尔的射击已经让他不经意间也开了枪。然而，若我们接受汉密尔顿一方的叙述，又应该怎样解释两次枪响的时间间隔呢？如果汉密尔顿一方的说法是正确的，两次枪响就应当几乎是瞬时同步发生的。

　　尽管伯尔一方的叙述也有问题，但与前文提到的目击证 29 人达成一致的内容更相容。根据范·内斯的说法，汉密尔顿瞄准了伯尔并先开枪射击，但是射偏了。接下来伯尔停了大约"四五秒钟"，让汉密尔顿周围的烟雾消散，同时他也在等潘德尔顿开始说"一、二、三，射击"。但是，潘德尔顿当时只关注汉密尔顿的情况了，根本就不记得要在这个时间里说什么。这样，伯尔自作主张地开枪射击，而不是放弃射击。汉密尔顿应声倒下。范·内斯坚持自己对事情经过的看法："我认为，当时能听到枪响的人都认同，两声枪响之间有时间间隔。大家还认同的是，汉密尔顿将军在伯尔先生开枪的瞬间就倒下了。这与那种称伯尔先开枪的说法相矛盾。"范·内斯继续说道：

　　　　就谁开了第一枪而言……我是最有信心的。若人们还存有任何疑问的话，那么这种疑问也将因下面的情况而烟消云散：当汉密尔顿将军开枪时，我注意到伯尔先生的身体抖动了一下，或者说轻微晃动了一下，我当时认为他肯定被击中了。但当我马上看到他仍岿然不动地站在原地时，我想他受的伤可能不是那么严重。带着他已经受伤的印象，后来我有机会问他被击中了哪里。当我向他解释我认为他受伤的原因时，他说当时站在了一颗石子或者一块木头上，让他感觉痛，脚踝也扭伤了。

换言之，伯尔对汉密尔顿射击的反应是向后退缩和身体不由自主地颤抖，事后他为了表明自己当时并没有丧失镇定，于是就将之怪罪于脚下的一颗石子或者一块木头。[15]

尽管伯尔一方的描述听起来颇有道理，尽管更符合两次射击间有短暂间隔的判断，但还是存在两个问题。其一，如何解释后来上船之后，汉密尔顿对潘德尔顿和霍萨克说他根本就没有开枪，而且当时他显然是出于诚挚的信念呢？其二，若汉密尔顿确实向伯尔射击了，如何解释伯尔后方的一根雪松树枝被打断了呢？

对于第二个问题，我们可以给出一个合理且非常有说服力的答案，而这个答案将使我们能够合理但更具猜测性地回答第一个问题。这个可能解开决斗谜团的关键答案是，双方都在利用对自己有利、具有误导性的假设来组织叙述。汉密尔顿一方需要将倒下的汉密尔顿塑造成一名烈士：到达维霍肯时，汉密尔顿已经下定决心吃伯尔的子弹而不回击。伯尔一方则需要宣称他们的英雄在当时的举动是体面的，是完全符合决斗规则的，而且在差点丧命于汉密尔顿的子弹的情况下，他不过是以眼还眼，瞄得更准罢了。汉密尔顿一方需要歪曲交火过程，以维护汉密尔顿死后的显赫声名。而伯尔一方则需要歪曲汉密尔顿那令人起敬的意图，为伯尔做出的致命反击提供正当性。极有可能的是，两方都曲解了当时的实际情况。

汉密尔顿确实是有意识地开了枪，而且是先开枪的。但他故意不瞄准伯尔，让子弹射向伯尔身后上方的雪松。这样，虽然他没有保留自己的第一枪，但确实故意射偏了，从而遵守了他在决斗之前写下的决心。同时，不了解汉密尔顿想法的伯尔，确实知道汉密尔顿的子弹已经呼啸地从他的头顶飞过，击中了他身后的雪松。根据决斗规则，伯尔此时做出反应，瞄准汉密尔顿的要害并开枪射击，是完全合理的。[16]

但他真的是这样做的吗？这是一个我们永远无法明确回答的问题。可以说，在那个重要时刻，这个秘密就已经永远锁在伯尔那谜一般的心里了。但还要考虑以下一些间接证据：杀死汉密尔顿，伯尔不仅得不到任何东西，反而会丧失一切。当时他肯定知道这一点，而且事后发展也完全证实了这一点。伯尔对汉密尔顿应声倒下的主要反应，如潘德尔顿和范·内斯描述的那样，明显是惊讶和后悔，后来还坚持要和负伤的汉密尔顿说话。此外，在决斗前协商时，当汉密尔顿一方提议让大卫·霍萨克担当双方的医生时，伯尔同意了，说一个医生就足够，随后又补充道："甚至连医生都不必要。"当决斗者希望让对方轻微受伤时，他们最经常瞄准的是臀部和腿部。因为偏离了大约二三英寸，伯尔的子弹未能仅造成汉密尔顿臀部的皮肉之伤，而是击中汉密尔顿的肋骨后反弹，从而击伤了他的要害器官。[17]

31

到了最后，我们还是无法下定论。极有可能的情况是，伯尔内心郁积的对汉密尔顿的憎恨当时已经达到极点，以至于当那个人站在自己的视野之内时，伯尔根本就无法理性计算自己的得失。几乎可以肯定，也与所有可以获得的证据相吻合的是，汉密尔顿先开枪了，但故意射偏。他在船上说手枪中依然有子弹的唯一合理解释是，他当时处于半昏迷状态，根本不知道自己在说些什么。或者，可能性更小一些的是，这是潘德尔顿和霍萨克编造出来支撑他们对决斗的叙述。有可能但无法获得相关证据的是，伯尔自己也射偏了。也就是说，他那致命的一枪是一次意外。实际上，伯尔一方的叙述最能解释疑问的特征之一是（这个特征提高了该方叙述的总体可信度），该方认为伯尔是经过思考之后才有意识地开枪。（若想减轻伯尔的罪责，为什么要强调两次射击之间的时间间隔呢？）在瞬时即逝但致命的几秒钟，伯尔脑海中的想法能够解开人们对其个人品格的全部疑问。但是，这些想法和伯尔的大部分隐秘想法一样，永远地遗失了。

我们集中精力讨论决斗平台上究竟发生了什么，具有重大的历史意义，因为汉密尔顿一方的叙述在历史记载中占据了统治地位，而这种叙述却极可能是错误的。当我们顺藤摸瓜地来挖掘这个历史插曲中的事实因素时，不经意间忽略了一个最明显的问题。这两位美国著名政治家为什么要到那个平台上来？没错，他们之所以到了那里，是因为伯尔向汉密尔顿发起挑战，而汉密尔顿认为，若拒绝伯尔，自己的名誉将会受损。问题是，汉密尔顿到底做了什么而激怒了伯尔？到底是什么东西让两个人都甘愿冒这么大的风险？

对此，最简明的答案是，正如真正决斗之后发生了言语决斗一样（这场决斗的最终获胜者是汉密尔顿的追随者），决斗之前也发生过言语决斗，而在这次决斗中取得决定性胜利的则是伯尔。更详细一些的答案是，两人在决斗之前进行的言语交锋是长期个人敌意和政治分歧的高潮。这种敌意和分歧是共和国早期那种超动力政治文化的自然产物，而且事后看来，几乎是必然产物。

毫无疑问，决斗之前的那场言语交锋是伯尔先开火。1804 年 6 月 18 日，伯尔让汉密尔顿注意两个月前发表在《奥尔巴尼快报》（*Albany Register*）上的一封信。这封信的作者是查尔斯·库珀博士，他回忆了汉密尔顿在 1803 年 2 月的一次指责伯尔的演说。伯尔当时正在竞选纽约州州长，汉密尔顿攻击他不够资格。汉密尔顿到底说了些什么，库珀并没有细说。然而，信的结尾这样写道："我可以细谈汉密尔顿将军表达过的认为伯尔先生更卑劣的看法。"让伯尔感觉被冒犯的是"卑劣"这个词。伯尔要求汉密尔顿解释或者否认这个词："尊贵的先生，你可能也认为有必要马上不附任何条件地确认或者否认，曾经使用过任何足以让库珀博士提出此种说法的任何言语。"[18]

接下来发生的事我们都知道，伯尔的要求引发了一系列连锁反应，最终导致了那场致命决斗。然而，具有启发意义的是，库珀的信和伯尔的要求中，都没有提到汉密尔顿到底说过哪些中伤之语。毫无疑问，"卑劣"绝不是什么恭维之词。它到底所指何物，或者汉密尔顿到底说了伯尔什么，却是不清楚的。这种指控的核心完全是空洞的。因此，在这个时刻，汉密尔顿必须做的就是否认说过任何关于伯尔的、可以被称作"卑劣"的话。汉密尔顿还可以说，新闻界将这种可鄙的暗示归咎于他，他个人表示万分遗憾。这样，伯尔除了接受这种解释之外，几乎没有任何其他选择了。

33 　然而，汉密尔顿却选择了另一条道路。实际上，他利用这种冒犯性言论的内在模糊性，来回避对伯尔做出任何正面回答。他解释道："我做出任何在您看来必要的承认或者否认，都会显得不合时宜。"而且，那个关键词"有无数含义，从最光明正大的到最黑暗可耻的，应有尽有。我们如何能判断该词所指的程度呢？"在对语法和句法的多样性进行简要论述之后（这种论述就是为了激怒伯尔），汉密尔顿开始进攻。他感到自己必须"从原则上"反对"接受因别人推断或引申我说的话而进行的调查。此种推断或引申可能是他人在我十五年的政治生涯中，从对任何一个政治对手所说的任何话中摘录出来的"。因此，伯尔写给他的信本身就是一种严重的侮辱，因为信中提出傲慢要求的理由"含混不堪，您居然据此给我写了这封信"。汉密尔顿确信，若伯尔恢复了理智，"您将以和我一样的眼光来看待这个事件"。如果伯尔无法恢复理智，那么"我只能对此表示遗憾，并甘愿接受任何后果"。假如伯尔的目的是要以决斗来威胁汉密尔顿，那么，汉密尔顿可不是那种会消极屈从于这种威胁的人。他会发出自己的威胁。[19]

　　在汉密尔顿寄出这封信的一瞬间，他的命运就已经注定了。他不仅错过了否认自己对伯尔说过冒犯性话语的机会，还以轻蔑的语调和毫无必要的挑衅性威胁，加剧了言语攻讦。伯尔的回复简洁锋利。"经过认真的考虑，"他写道，"我发现您坦言珍视的诚实与优雅风范，在您的信中没有丝毫的体现。"然后，他将这种攻讦提升到更激烈的层面："我原来相信，军人的坦率和绅士的真诚会让我看到一份直率的声明。"但是，将此种希望寄托于汉密尔顿这样一个口是心非的人身上，无异于与虎谋皮。汉密尔顿缺乏"敢做敢当的精神和宽宏大量的胸怀"。[20]

　　此外，汉密尔顿的抱怨——他不可能记住在"过去十五年的政治斗争生涯"中说过的每一句话——不经意间又打开了另一个新的、更大的冲突领域。在给范·内斯的指示中（这次决斗中范·内斯是伯尔的代表），伯尔解释道，库珀那封信是汉密尔顿诽谤他的最近事例。伯尔宣称，尽管被政敌攻击时，他总是尽力保持克制，然而"汉密尔顿先生却从来没有任何友好的表示。几年中，他的名字总是被用来支持对我的恶意诽谤"。实际上，两年前，伯尔称自己曾因为汉密尔顿不断污蔑自己的人格而与他交涉过，当时汉密尔顿承认自己言语不慎。尽管汉密尔顿道了歉，而且明确承诺不会再发生类似的事情，但不久后他又重新开始了对伯尔的诬陷。根据伯尔的说法，最近这次事件只是表明，汉密尔顿的诽谤行径已经无可救药。现在，"这些事情必须有个了结"。[21]

34

结果是，伯尔此时要求汉密尔顿做出的补偿已经不仅仅局限于让汉密尔顿在报纸上发表简单声明了。范·内斯于1804 年 6 月 25 日转达了伯尔提出的新条件："伯尔上校要求汉密尔顿将军公开否认，在他的各种谈话中，曾经有过任何损害伯尔先生的意图。"伯尔现在已经要求汉密尔顿对此前所有的轻率言词做出全面道歉。他承认自己提高了要求，但是考虑到汉密尔顿傲慢的回避态度，"现在必须比最初做出更多要求"。[22]

这时，潘德尔顿已经作为汉密尔顿的代理人介入了谈判。他试图利用自己的影响——事实上，这也是决斗规矩所要求的——来找到一个打破僵局的办法。在潘德尔顿的敦促下，汉密尔顿同意发表一份声明，否认记得库珀在信中提及的任何针对伯尔品格的谈话。那次谈话，按照他现在的记忆，"纯粹是对政治原则和伯尔上校观点的一些评论……根本就没有提及伯尔先生过去的任何行为或个人品格"。汉密尔顿认为强调一下他的核心意思是必要的，"库珀博士提到的那次谈话完全是关于政治话题的讨论，我并未谈及伯尔上校有过任何不体面的行为，更未提及其个人品格"。[23]

严格说来，汉密尔顿的退让应当让整个事件平息下来。当时，名誉纷争应当只包含人身攻击。至于政治或者意识形态上的歧见，不论分歧有多深，也完全落在一个绅士可以要求对方做出补偿的范围之外。汉密尔顿对人身攻击和政治批评做出区分，目的就是要让他与伯尔之间的争议由一个荣誉问题转变为一个政见分歧问题。从技术上来说，根据决斗规则，伯尔应当接受汉密尔顿相当于道歉的解释。

现在伯尔已经气血上涌了。若汉密尔顿早些时候对人身35
攻击和政治批评做出区分，这个事件可能会被扼杀在摇篮之
中。然而，现在除了全面、无条件地对此前关于其个人品格
和政治观点的所有言论道歉之外，伯尔是不会满意的。"现
在，单纯的否认或者声明已经不顶用了，"范·内斯解释
道，"除非这种否认或声明是全面的，可以完全打消人们的
这种观念：那些有损伯尔上校名誉的谣言是从汉密尔顿将军
那里开始的，或者是从他所说的话正当引申出来的。"汉密
尔顿没有任何回旋的余地了。他必须进行一揽子道歉。"以
不具体指明时间和地点的方式，撤回或者否认所有此类声
明，或者否认有任何指责伯尔上校的意图，"范·内斯最后
说道，"是汉密尔顿将军可以做的唯一补偿。"此后，当双
方通信中的这部分内容被公开时，脾气古怪的弗吉尼亚州政
治家、决斗老手约翰·伦道夫评论道，汉密尔顿当时已经成
了"一只垂死挣扎的狐狸"，伯尔则是"一只健壮的老猎
犬"，坚决要捕获它的猎物，"要坚定不移地追捕下去……
绝不让自己被引开或者迷惑"。24

正如那个年代的大部分决斗最终都不是以死亡或严重受
伤结束的那样，那个年代中大部分荣誉问题的谈判，最终也
不是以决斗结束的。伯尔和汉密尔顿之间的争论注定要在这
两个方面都成为例外。当伯尔将要求扩展到他的整个政治生
涯，接着又拒绝接受汉密尔顿对人身攻击和政治批评的传统
区分时，汉密尔顿实际上已经陷入了困境。双方又交换了更

多信件，这个过程中潘德尔顿一直在寻找一个体面的退出途径。他抗议说，伯尔的要求"已经改变很多了，并扩大了原来提出要求的基础"，实际上是要求汉密尔顿为"自他与伯尔认识之日起出现的任何谣言负责"。但是伯尔没有退让，反而再三强调汉密尔顿十多年里"说的那些有损他名誉和荣誉的话"，要求他做出无条件的道歉，而汉密尔顿所坚持的区分和限定"就是他确实给我造成了那些伤害的证据"。1804 年 6 月 27 日，伯尔的耐心已经耗尽。"双方往来通信的时间已久，这就证明令我方满意的补偿……是不可能获得的，"范·内斯解释道，"他认为除了我在这里有幸传达的简单信息之外，再提出任何其他建议都是徒劳无功的。"这个简单的信息是："到维霍肯见面。"[25]

　　汉密尔顿要求推迟这次见面，这样他可以完成一些尚未完成的法律事务，并且安排好个人事务。两个人都立下了遗嘱，留下了让我们看到当时他们内心图景的足够证据，尽管这种图景上弥漫着一层迷雾。伯尔给他心爱的女儿西奥多西娅和她丈夫写了信，并让女儿承诺会继续学习拉丁文、希腊文和古典文学。接着，伯尔又提出了这样的要求：若发生了任何未预见的事情，他的女儿和女婿一定要将他的敬意转达给他以前的情人——当时她已婚，住在古巴。[26]

　　7 月 4 日，在辛辛那提协会举办的一年一度的独立日宴会上，伯尔和汉密尔顿坐在同一桌。艺术家约翰·特朗布尔也在场，他叙述了当时的情景："他们奇怪的举止吸引了所有人的注意，但是几乎没有人知道这到底是为什么。伯尔一

36

反常态，一直沉默不语，脸色阴暗、愁眉不展。而汉密尔顿则兴致盎然地加入宴会中来，甚至还唱了一支老军歌。"汉密尔顿唱的是《沃尔夫将军之歌》，据称这支歌是沃尔夫这位杰出的不列颠将军于 1759 年光荣战死在魁北克外的亚伯拉罕平原的前一天写下的。因此，这支歌就成了一支不祥的预言之歌，特别是如下一节：

> 为什么，士兵们，为什么
>
> 我们忧郁伤怀，朋友们？
>
> 为什么，士兵们，为什么？
>
> 我们的使命就是死亡！
>
> 什么！叹气？呸！
>
> 去他妈的害怕，继续饮酒作乐吧，朋友们！
>
> 不是他，就是你，要么就是我。[27]

汉密尔顿生命的最后几天还发生了几件同样让人感到辛酸的事情，尽管在决斗马上就要到来时人们才意识到这一点。7 月 3 日，也就是辛辛那提协会举行宴会的前一天，汉密尔顿在自己的新农庄举行了一次宴会。赴宴的客人包括威廉·肖特，他曾在巴黎担任托马斯·杰斐逊的私人秘书，是杰斐逊的终身门生。被邀请的人还包括阿比盖尔·亚当斯·史密斯及其丈夫，他们是约翰和阿比盖尔·亚当斯夫妇的女儿和女婿。杰斐逊是汉密尔顿的主要政敌，亚当斯则是他在联邦党内的最主要反对者，汉密尔顿曾经公开宣称亚当斯精神

37

错乱，根本就不适合担任总统。从对客人的选择上可以看出，汉密尔顿以这种方式向人们声明个人攻击和政治批评并不等同。大约同一时间，他还为长子写下了《论谨慎》一文。这篇文章说，若谨慎"算不上什么杰出的美德……它至少也是一种非常有用的美德"。接着，他写下了自传式的警告："有时候最杰出的人就是因为缺乏这种美德而黯然失色，或者无法获得他们本应获得的成功。有待养成这种美德的人，还易于结下众多敌人，而且有时候还会陷入……莫大的困境和险境之中。"[28]

所有这些都表明，就要到来的决斗让汉密尔顿重新思考自己过去秉持政治异见的激烈程度，以及在高度个人化的辩论中所表现出的不谨慎。那些倾向于从汉密尔顿的最后一些日子中寻找自杀意图的人，可能会对此类花絮大做文章。然而，外人可见的、可获得的主要证据，不过表明了汉密尔顿正在质疑自己那种过分张扬的个性，这种个性在一定程度上让他陷入了今天的僵局。汉密尔顿并不认为去维霍肯与伯尔见面就意味着他要见上帝了。但是隐约迫近的受伤甚至死亡的危险，使他将注意力放在了自己那种好挑起事端的处世风格之上。他并不是想自杀，而是感到后悔；他脑海中出现的不是死亡，更多的是反省。

然而，这种后悔和反省并没有出现在阿伦·伯尔身上。这里我要列举的证据，根本就不需要人们做出什么猜测或者费尽心思的细致分析。汉密尔顿写下了《关于即将到来的决斗的声明》来回答人们提出的这个问题：像他这样成熟而杰出的政治家，怎么会受伯尔驱使，最终与其相距十步之遥玩相互射击的幼稚游戏呢？"这个事件具有内在困难性，"汉密尔顿在他的声明中写道，"这种困难根植于现实。不可否认，我对伯尔上校的政治原则、个人品格和观点的指责一直都是非常严厉的，以至于对这位绅士的某些具体私人行为也进行了非常不受欢迎的批评。"换言之，伯尔称汉密尔顿多年以来一直在诽谤他，基本上是正确的。因此，"伯尔上校要求我做出全面的、无条件的否认声明，我是无法做到的"。他若道歉，就势必撒谎。最终，让汉密尔顿无法道歉或者收回以前说过的话的原因是，汉密尔顿坚信自己对伯尔的全部指责都是正确的。"我并没有因为一些鸡毛蒜皮的小事或者不可靠的推断而责难他，"汉密尔顿最后写道，"我所说的一切，都是有理有据的。"[29]

这么一来，那个重要问题——这两位著名政治家为什么要到维霍肯见面呢——的答案就比较清楚了。伯尔之所以到达决斗地点，是因为汉密尔顿在他们重叠交叉的职业生涯中一直诽谤他。尽管此前承诺不再进行类似的诽谤，但汉密尔顿还是本性难移。伯尔的忍耐已经到了极限。

汉密尔顿之所以到那里，是因为他无法真正否认伯尔的指控，他相信自己的言论把握了这个人的品格核心。而且，汉密尔顿还相信，正如他自己说的那样，他"要在未来的公共事务危机（这种危机看起来是很可能发生的）中发挥自己的能力。不论是以这种能力来抵御伤害还是从事善行，都很可能受到社会公众对决斗这件事的偏见的影响"。换句话说，他如果不回应伯尔的挑战，就相当于否认自己已经广为人知的信念，进而可能会丧失他所仰仗的那些政治同僚的尊敬。这无异于要他退出公共生活，而他还没有打算这样做。如果说伯尔是带着沮丧去维霍肯，那么汉密尔顿则是带着雄心和不安全感。[30]

这一切意味着什么呢？对于当时的人们来说，这意味着汉密尔顿变成了日渐衰微的联邦主义事业的烈士，伯尔则成了自本尼迪克特·阿诺德以来最为人不齿的全国政治领袖。实际上，决斗后不到一年，伯尔就与不列颠官员进行了秘密接触，这种接触的目的是要占据密西西比河流域的大部分，使其落入不列颠的控制之中，并由伯尔担任这片土地的总督。或许伯尔这样做的理由是，既然他已经被人们看作又一个本尼迪克特·阿诺德了，何不好好享受一下类似叛国行为所能带来的丰厚果实。[31]

同时，牧师、大学校长以及其他一些自封的公共道德代言人，利用伯尔和汉密尔顿之间的决斗，在北部各州发动了一场反对决斗行为的运动。曾经虽然非法但很光荣的决斗，不久前还萦绕着贵族式魅力，披着中世纪武士的盔甲，现在却被人们看作一种病态的仪式：那些所谓的绅士在这种仪式中相互开枪射击，双方的幼稚与不成熟尽显其中。尽管当时决斗在南方被保留下来，而且还以更加平民化的连续射击形态存在于西部边疆，但伯尔与汉密尔顿决斗的污名，让决斗行为陷入了被动挨打的局面。这并不是说决斗会完全消失，决斗还会因某些非理性的欲求而苟延残喘：这些非理性欲求藐视任何文明的约束，在边疆地带、地下犯罪世界和少数民族聚集区盛行不衰，这些地方的法律权威根本就不名一文。然而，伯尔和汉密尔顿的决斗，确实使潮流转到了反决斗的一边，因为这次决斗为决斗反对者们提供了一个聚焦点，并且提供了决斗是自我毁灭的生动教训。伯尔和汉密尔顿的决斗之所以成为美国历史上最著名的决斗并蒙上传奇色彩，原因之一就在于，它是警告人们不要进行决斗的最难忘的事例。[32]

然而，它的传奇地位的主要原因，也就是我们可以直接将此次事件称为"决斗"而不用担心别人会混淆、误解的主要原因，则在于决斗双方的显赫地位。伯尔是联邦政府的第二号人物，汉密尔顿则是继乔治·华盛顿之后，联邦党人中最有影响力的人物。此外，汉密尔顿的拥护者还会加上一点：他是以华盛顿为象征的政治能量的知识源泉。他们之间的交锋，代表着美国独立战争那一代中非暴力对抗模式的一次短暂崩溃。

其他国家在民族主义运动之后，比如法国、俄国的革命运动及非洲、亚洲和拉丁美洲许多国家的独立运动，取得成功的革命领导层都开始以大规模杀戮来打击报复，而且这种杀戮往往达到了种族大屠杀的程度。但是美国独立战争那一代人的冲突，尽管激烈却并未流血，国家独立所释放出来的能量并没有使它将自己的孩子吞食掉。伯尔和汉密尔顿的决斗构成了这个一般规则的唯一例外。或许这就是亨利·亚当斯以其独特的风格描述这次事件时的所思所想："夏日早晨

40

的阳光照射在岩石堆叠、树木散布的高地之上，河水宁静安详，天空淡薄遥远，隐藏着所有的……道德阴暗、双重背叛和政治绝望。"他将这个时刻称为"合众国早期政治最引人注目的时刻"。[33]

在亨利·亚当斯看来，使决斗如此引人注目的并不是纯粹私人争执所带来的沉痛后果，而是其政治文化背后的价值观念，它们让这次交锋显得那么沉重，那么具有象征性。除非能够恢复合众国早期遗失的价值观念，正是这些观念的遗失使伯尔和汉密尔顿互不信任、相互憎恨，否则人们不可能把握这次决斗的全部意义。这次决斗牵扯了更多东西，远不止这两位争夺个人荣誉的野心政治家那悸动的自我。汉密尔顿认为——他有大量的理由来支持自己的这个观点——这关涉尚在襁褓之中的合众国的生死存亡。理解他为什么会有如此强烈的想法，是理解这次决斗的核心意义的关键所在。

当伯尔最初要求道歉时，汉密尔顿拒绝道歉，称自己不可能记住过去十五年中说过的每一句关于伯尔的话。实际上，从年轻时担任大陆军军官算起，伯尔和汉密尔顿相识几乎有三十年了。汉密尔顿所说的"十五年"是对他们成为政敌的历史的精确估算。两人之间的敌意产生于 1789 年，当时伯尔在协助汉密尔顿竞选纽约州州长之后（汉密尔顿失败了），从新任纽约州州长乔治·克林顿那里接受了纽约州司法部长的职务。伯尔在忠诚于谁这个问题上的快速转变——这是伯尔政治生涯中多次类似行为的第一次——引起了汉密尔顿的注意，致使他发表了第一次有记录的斥责伯尔的言论，他认为伯尔是个缺乏政治原则的人。

若说第一次关系破裂发生于 1789 年的话，那么真正的决裂则在两年之后。1791 年，在竞选美国参议员的过程中，伯尔击败了汉密尔顿富有的岳父菲利普·斯凯勒——他通常 41 被人们视为汉密尔顿的支持者。当时纽约州宗派式、准封建式的政治生活中派别林立，各个派别联合起来将在任的菲利普·斯凯勒赶下了台。两人的关系自此就每况愈下了。伯尔利用自己在参议院的地位来反对汉密尔顿的财政计划，然后又对纽约州内一次有争议的（可能是非法操纵的）州长选举做出了对汉密尔顿支持的候选人不利的决定。因此，汉密尔顿于 1792 年反对伯尔竞选副总统，两年之后又成功阻止他被提名为美国驻法国大使。最具戏剧性的冲突发生在 1800 年，当时伯尔与杰斐逊共同参加总统竞选。伯尔作为杰斐逊的竞选搭档，拉来了纽约州选举团的大多数选票，最终使杰斐逊竞选获胜成为可能。由于选举团选举出现了巧合（这种巧合已经被第十二修正案修正），伯尔和杰斐逊得到了相同数量的选举团票，这样就无法确定到底是谁获胜，致使选战最后打到了众议院。汉密尔顿游说众议院的联邦党人议员，让他们支持杰斐逊而不是伯尔。这个举动可能对最终结果有着决定性影响。最后，1804 年，在纽约州州长竞选中，汉密尔顿又成功阻止伯尔竞选一个他本来就没有希望获得的职位。[34]

简要回顾伯尔和汉密尔顿之间的敌对历史，为我们提供了有益的背景知识，但是要充分明白伯尔最后为什么会提出那些指控，以及汉密尔顿为什么私下承认这些指控是正当的，我们就必须知道，汉密尔顿究竟具体说了伯尔些什么。这整个期间，汉密尔顿结下了大量政敌，他对他们提出了极端严厉的批评（反之亦然）。实际上，汉密尔顿的主要政敌是杰斐逊而非伯尔，其次是约翰·亚当斯。这不仅符合逻辑，也符合政治，因为杰斐逊是当时处于反对党位置的共和党的名义领袖，而亚当斯则是联邦党内温和派的领袖。这些人认为汉密尔顿的政策有时候过分了，而且他那种好炫耀卖弄的处世风格总是令人不快。但是在汉密尔顿的无赖名册中，伯尔总是占据着头号位置；汉密尔顿对他的评价，确实非同一般。

汉密尔顿对杰斐逊的主要指责是，他是一个秉持一套误导民众的政治原则的空想政治家；对伯尔的主要批评是，他根本就没有任何原则。伯尔是"毫无原则的，不论是作为一个公众人物还是私下里，都是如此"。汉密尔顿宣称："这个人唯一的政治原则是，利用一切机会爬上全国政治的最高层，现实能让他爬多高，他就会爬多高。"汉密尔顿对伯尔品格的零星指控几乎也是同一腔调："在私人生活中毫无原则，在经济上陷入绝望之境""日常举止是暴君式的""已经无可救药了"。这些言论都散见于汉密尔顿1790年代的书信中，而且它们可能不过是他向联邦党同僚表达的、未记录的对伯尔全部评论的一小部分。[35]

汉密尔顿对伯尔全面且记录更完整的指责发生在1800年末和1801年初，当时众议院正在就伯尔和杰斐逊的总统竞选僵局进行辩论。每个人都知道杰斐逊是汉密尔顿不共戴天的政敌；杰斐逊简直就是上帝安排的让汉密尔顿难以捉摸的人物，其使命就是颠覆汉密尔顿旨在建立一个强大联邦政府的宏大计划。因此，汉密尔顿对杰斐逊的强烈支持，并称"目前来看并不是一个那么危险的人"，而且拥有"还算正直的品格"，都不过是他蔑视伯尔的潜台词。"至于伯尔，则几乎一无是处，"汉密尔顿这样说道，"甚至他最亲密的朋友也对他的个人品格不敢苟同。除了打劫国家，他无法在经济上翻身。除了个人扩张之外，他的政治原则没有任何其他源泉或目标……只要可能，他肯定会搅乱我们的制度，以获得永久权力和随之而来的财富。他就是美国的喀提林。"[36]

我们有必要在汉密尔顿提到喀提林的地方做个短暂停留。一方面是因为当代读者可能对这个名字不熟悉，以至于无法把握他的意思；另一方面在于独立战争那一代的政治领袖们对这个词是如此熟悉，以至于根本就不需要做什么解释。将伯尔比作喀提林，汉密尔顿实际上已经提出了终极指控。喀提林腐化堕落、奸诈阴险，几乎颠覆了罗马共和国；其举止作风放肆、浪荡，致使西塞罗发表关于美德的演说，这次演说被数代美国学生熟记于心。共和国早期的政治领袖中，没有人需要被提醒喀提林到底是什么人。他才华出众，却是共和政府的恶意颠覆者。如果独立战争那一代的每位政治领袖都自认为是古代希腊或罗马英雄的当代化身，那么华盛顿会是加图或辛辛纳图斯，亚当斯会是梭伦或西塞罗，但是绝没有人会希望自己是喀提林。

43

伯尔符合喀提林这一角色吗？汉密尔顿对伯尔的指控是真实的吗？这是一个令人着迷的问题，然而考虑到伯尔那无与伦比的掩盖动机、隐蔽路线和销毁私人信件的技能，要清楚明确地回答这个问题，是不现实的。但引起汉密尔顿注意的伯尔的政治行为，绝对容易让他被人指责为美国的喀提林。不论是在纽约州的政治迷宫中，还是全国层面上联邦党人和共和党人的党争中，伯尔都有着让自己处在敌对派别中间位置的绝对天才：这样他就可以随时投靠最需要他的那一边了。

1800 年的总统选举是伯尔此种行为最显著也最具政治意义的例子。伯尔让众议院对选他还是杰斐逊为总统进行了三十六次投票，但在整个过程中，选举团的大多数人早已明确表明倾向于选择杰斐逊。伯尔可能以没有积极寻求联邦党的帮助来为自己辩护。然而，他也从来没有拒绝这种帮助。毫无疑问，他这种难以理解的沉默带来了不良后果，因为这使众议院做出安排的时间延长了，而且也使杰斐逊确信伯尔是永远不可信任的。[37]

他将自己置于政治派别斗争的中间地带，可以说这是他具有独立性的迹象。就像华盛顿一样，为伯尔辩护的人可能这样说，伯尔拒绝让自己的政治信念为任何党派服务。然而，当华盛顿试图超越 1790 年代的意识形态战争时，伯尔似乎倾向于在敌对阵营幕后活动，然后突然出现在承诺给他更多好处的一方中。若华盛顿是那种将公共利益置于个人利益之上的道德典范式领袖，那么在某种程度上，伯尔就是华

盛顿的对立面：他利用公共利益来为自己高深莫测的目的服务。³⁸

至少在汉密尔顿看来是这样。好像是为了证明他在1801年总统选举危机中的可疑行为并无任何不妥，伯尔在1804年竞选纽约州州长时又重复了这种行为。尽管当时还是杰斐逊的副总统，伯尔已经意识到，共和党人打算在杰斐逊竞选总统连任时甩掉他。因此，当纽约州的联邦党领袖找到他，希望他能够成为纽约州州长竞选的候选人时，他表示愿意改变党派关系、以联邦党人的身份参加竞选。就是这个决定让汉密尔顿再一次将伯尔比作美国无原则的喀提林，而这番话又导致了含有"卑劣"这一冒犯性词语的报纸文章。

但是，这不过是这个故事的一半而已。那些新英格兰的联邦党领袖之所以愿意招纳伯尔，是将伯尔当作他们一个更大计划的一部分，其目标无异于要瓦解美利坚合众国。（当亨利·亚当斯说"合众国早期政治生活中最引人注目的时刻"时，他指的就是这个计划。）他们计划让新英格兰在杰斐逊连任之后脱离出去，同时占领纽约；接着与分离主义运动联合起来，建立一个联邦党控制的、由北部诸州组成的邦联。伯尔在形式上的确拒绝做出将纽约交给分离主义者的任何承诺，但他同样也不会拒绝这种阴谋。³⁹

汉密尔顿知道这些联邦党人的计划。这个计划可不是什么由边缘人物炮制的半生不熟的计划。实际上其参加者包括新英格兰的几位联邦党参议员，而且前任国务卿蒂莫西·皮克林也卷入其中。"我这里要表达的只有一个观点，"汉密尔顿警告那些联邦党同僚，"这个观点是，分化我们的帝国将是一个重大损失……不会有任何可以抵消这种损失的好处。"当汉密尔顿被告知，新英格兰的联邦党人正在等待他这位老牌领袖做出支持这个分离主义计划的表示时，汉密尔顿清楚表达了自己的反对意见："告诉他们，这是我说的，也是我请求的。看在上帝的份上，请停止这方面的讨论，停止分裂国家的威胁。只要可能，联邦就必须在尽可能长的时间内以联合整体的形式存在。"决斗前一天晚上，汉密尔顿写了最后一封信，这封信的目的是要驳斥那种萦绕在那些联邦党人脑海的组建独立北部邦联的妄想。事实上，这个妄想直到 1815 年哈特福德会议使之暴露无遗，才彻底失败。[40]

因此，汉密尔顿似乎认为伯尔在很多方面都和自己很像：野心勃勃、精力充沛，具有一种天生的战略直觉，而且愿意45 冒政治风险。汉密尔顿清楚伯尔的影响力，因为他感到自己体内悸动着相同的个人品质。两个人都对这个刚刚建立的共和国的不稳定性和脆弱性有着敏锐的把握。汉密尔顿反对伯尔时使用的夸张语调，很大程度上不是来自对伯尔的强烈厌恶本身，而是源于这种担忧：这个不稳定的襁褓国家可能无法抵御伯尔的聪明才智。在这个向一个稳定形态摸索前进的政治文化中，伯尔呈现出汉密尔顿那样肆意的勇气和能量。

汉密尔顿区分人身攻击和政治批评的核心原因就在于此。在一定意义上，这是对汉密尔顿意图的精确表达。伯尔好色之徒的名声和总比债权人早一步、大手大脚花钱的风范，并不让汉密尔顿感到忧虑。而让汉密尔顿无尽担忧的是伯尔的政治手腕，这种手腕与一个法律和制度尚未健全的国家简直是天作之合，因为国家为它提供了为非作歹的温床。[41]

然而，汉密尔顿的区分是有问题的，因为那种假定的人身攻击和政治批评或者私人行为和公共行为之间的界限，总会被现实选择所超越。要抵御公共生活中的各种迷惑，个人品格是至关重要的。例如，就伯尔而言，政治生活中的诱惑包括：1801 年，支持还是背叛杰斐逊；1804 年，决定与其他联邦党人密谋促成北部邦联；或者几年之后，将美国西南部从美国分离出去。在这些选择之中，个人品格都发挥了作用，因为共和国形成时期的政治形势所造就的种种诱惑，让国家领袖的道德素质接受了真正的考验。

至少，在汉密尔顿看来，是伯尔的独特之处才让他每次都未能经受住考验。尽管独立战争那一代中没有人希望扮演喀提林的角色，然而，伯尔似乎在每个机遇到来之时都试着扮演了这个角色。换句话说，若伯尔和汉密尔顿之间的纠纷在法院而不是在决斗场上解决的话，若人们承认这一法律原则，即所言为实就能成为对诽谤指控的合法抗辩（有趣的是，这个原则正是汉密尔顿在生前最后一个案件中坚决主张的），汉密尔顿几乎肯定会取得胜利。[42]

我们要完全理解在汉密尔顿眼中伯尔到底带来了多大危险，是很困难的。因为我们知道，美国人的共和政府实践是注定要成功的。我们知道，这样设想和建设的国家可以而且确实存活了下来，并且日益繁荣，成了世界历史上存活时间最长的共和国。汉密尔顿及其同时代人不仅不知道这些，而且他们眼前的政治图景是一片危险的流变地带，国家法律和制度都没有形成稳固的架构。或者，如果人们愿意从生物学角度而不是建筑学角度来思考的话，政治机体还需要发展自己的免疫系统，以抵御会侵害所有新成立国家的各种政治疾病。因此，汉密尔顿对伯尔的批评若显得过分夸张，这并不是因为汉密尔顿是个妄想狂，而是汉密尔顿对这个被称作美利坚合众国的幼小植物的真实脆弱性所做的切实反应。这场决斗确实关涉良多。[43]

探索这场决斗的全部意义引导我们回溯历史，超越了纯粹的个人嫉恨，穿过了许多在那个致命之日、在维霍肯平原上发生的不解之谜（这些不解之谜只能得到部分解答），并最终超出了决斗这一奄奄一息的制度的历史。我们游历了早期美利坚合众国问题重重的政治世界：当时这个国家盛行种种真实的而不仅仅是想象的阴谋，这个政治实体的生命力还处在飘忽不定的状态。就深深植根于某个特定历史时空的任何事件而言，或多或少正确的是，这次决斗的真实意义超出了事件本身，超出了俯瞰着哈德逊河的那个平台。它延伸至伯尔威胁的但汉密尔顿认为自己正在保卫的整个新兴世界。

奥利弗·温德尔·霍姆斯曾说："一个伟大人物就是一次历史运动中的战略要点，而他的伟大部分缘于他适时出现在了彼时彼地。"伯尔与汉密尔顿都认为他们是这样的伟人：正好在那场被称为美国独立战争的历史运动中成年并成为战略要点之一。到 1804 年夏天，历史已经离他们远去。伯尔这位副总统背离了杰斐逊及获胜的共和党，他以联邦党

人身份竞选纽约州州长时遭受了大溃败。汉密尔顿当时已经 47
九年没有担任国家职务了，他领导的联邦党人事业已经深深
陷入了被人遗忘的境地。即使在他的家乡纽约州，如约翰·
昆西·亚当斯所言，联邦党人都只算"少数派，而且这个
少数派中，只有少数人是汉密尔顿先生真实的崇拜者和追随
者"。两个人都没有太多的政治前景了。[44]

但是到维霍肯平原下见面的时候，他们都对自己所处时
代的时势做了最后声明。荣誉之所以是重要的，是因为品格
是重要的。而品格之所以重要，是因为美国共和政府实践的
命运还依赖于有道德风范的领袖能够存活下去。最终，美利
坚合众国会发展成为一个法治之邦，并确立能够抵御腐败或
无能政府官员的制度。但是，当时还没有到达这种地步。它
需要可敬的、尚德的政治领袖。伯尔和汉密尔顿之所以到那
里见面，都是因为他们希望自己能够被后人视为这些人中的
一员。

2
晚　宴

48　　　托马斯·杰斐逊对这则故事的叙述证明了在一个理想的杰斐逊世界中，历史是以自然、平淡的方式展开的。1790年 6 月中旬的某天，他与汉密尔顿不期而遇。他们都是华盛顿政府的内阁成员，杰斐逊是国务卿，汉密尔顿是财政部长。两人当时都在总统办公室外面等候华盛顿。汉密尔顿不像平日那样自信和光彩照人。杰斐逊认为，他看起来"阴暗、消瘦，而且极度沮丧"。至少按照杰斐逊的描述，汉密尔顿是一个失魂落魄的人。

　　他们站在华盛顿寓所外面的大街上时，汉密尔顿对杰斐逊说，他为恢复公共信用而提出的整个金融计划陷入了国会僵局之中。这份计划于当年 1 月提交至国会。以詹姆斯·麦迪逊为首的南部议员，竭力阻挠汉密尔顿计划中关键一条的通过，这条规定由联邦政府来接管州债务。这几乎瓦解了汉密尔顿的整个财政改革计划。汉密尔顿显得既消极又情绪化。若他的财政计划最终被拒绝，当时看来这几乎是确定无疑的，那么"他将没有什么用处了，并且下定决心辞职"。没有他的改革计划和领导——这两样东西在他心中似乎难解难分——联邦政府和整个国家就必定会崩溃。

杰斐逊提议或许他能帮上什么忙。"考虑到这件事情当时面临的局面，"杰斐逊回忆道，"我认为达成某种观念调和的第一步是，让麦迪逊先生和汉密尔顿上校对这个问题进行一次友好的讨论。"尽管当时杰斐逊还忍受着一个多月的偏头痛所造成的经久不消的后遗症，尽管他不久前才搬到位于纽约市少女巷 57 号的新寓所中，杰斐逊依旧提出在家里举行一次私人晚宴，以便让几位主要局中人单独会面，试着让那些棘手的政治障碍在酒精和绅士般谈话的温和影响下，被化解于无形。

杰斐逊对那天晚上（最可能是 6 月 20 日，星期天）真实情况的叙述，具有某些误导性和为自我服务的特征，但由于这是唯一留传下来的历史记录，再加上杰斐逊那简洁迷人的用词，呈现出晚宴本身的优雅情调，因此值得我们给予更多的关注：

> 他们如约而至。我向他们摊开了这个话题，承认自己由于生病，还没有完全理解这件事情，但是鼓励他们一起来讨论。他们确实这样做了。最后的结果是，麦迪逊先生默认了这样一个建议，那个问题（由联邦政府接管州债务的问题）可以重新以参议院提出的修正案的方式提交众议院审议，然而他不会投赞成票，不会完全撤回他的反对意见，但也不会在这一点上过于执着，而是采取一种听之任之的态度。其间他们中有人说道，我忘记到底是谁了，由于这个法案对于南部诸州来说有

些严苛，所以应当做点什么来安抚它们。将联邦政府驻地迁移到波托马克河，应该是一个正当的补偿措施，而且很可能受到南部诸州的欢迎，是可以在联邦政府接管州债务之后提出的一个适当措施。

换言之，杰斐逊促成了一个具有深远影响的政治交易：麦迪逊同意让汉密尔顿财政计划的核心条款通过，作为回报，汉密尔顿则同意让国家首都建在波托马克河。若真实情况的确如此的话，那么这个故事就应当和《密苏里妥协案》和《1850年妥协案》平起平坐，可算作美国政治上标志性的政治和解之一了。而且，几乎确定的是，被我们称为"1790年妥协"的这次事件，也算得上美国历史上最有意义的晚宴了。[1]

但是否真的如此？历史的结论或至少大部分历史学家的主要观点是，这个故事基本上是真实的。汉密尔顿和麦迪逊确实在1790年6月末在杰斐逊的寓所中见了面。7月9日，众议院通过了《建都法案》，该法案在建都于费城达十年之久之后，将国家首都定在波托马克河地带，这是以32票对29票通过的。7月26日，众议院以34票对28票通过了联邦接管州债务的法案。麦迪逊投了反对票，但是，与杰斐逊描述的一致，他没有以之前表现出的"执着"来领导该法案的反对派。当时一些政治观察家和新闻编辑都明确认为，一定做了什么秘密交易，才使投票发生逆转，从而打破在这两个问题上的长时间僵局。例如，一位对此不满的纽约编辑说得非常明白:"让国会从这座城市迁移出去的真正原因,只需凭借这几天发生的事情就可以向人们解释清楚了。我们看到,将永远让参众两院多数派感到耻辱的是,宾夕法尼亚和波托马克河利益集团已经被 2150 万美元收买了。"这个数目恰巧是被联邦政府接管的州债务总额。[2]

而且,达成交易当天,杰斐逊给他弗吉尼亚州的忠实追随者詹姆斯·门罗写了一封长信,提前告诉他这个与后来发生的妥协精确一致的消息。就像麦迪逊和大部分弗吉尼亚人一样,门罗坚决反对债务接管。杰斐逊让门罗相信,他同样认为这个措施是令人厌恶的,"但是,在目前的情况下,我看到了屈服的必要……这是为了整个联邦,为了让我们免遭所有灾难中的最大灾难"。他甚至清楚说明了自己为什么使用这些预警词语。国会对汉密尔顿的财政计划和国家首都选址的辩论导致了全面的立法瘫痪。如果这是对宪法下新联邦政府的第一次检验,那么政府实际上已经悲惨地失败了。除非出现突破性进展,否则整个国家层面上的共和政府实践都会"溃决并消失,各州又将各行其是"。美利坚合众国要么和平瓦解,要么发生内战,除非能够达成某种政治交易。51 "这里,我们不必屈尊去谈论那些交易。"杰斐逊这样写道(暗示要让此种交易奏效,就不能公开讨论)。正在秘密进行的谈判,将让债务接管对持门罗那种观点的弗吉尼亚人觉得更可口一些:债务接管与永久建都波托马克河进行交换。"若不做出这种妥协的话,"杰斐逊警告说,"我担心我们就必须做出一个比这更糟糕的妥协。"收到杰斐逊的信之后,门罗立即回了一封信，提出了警告。杰斐逊描述的政治交易不可能被弗吉尼亚州接受。在弗吉尼亚州，债务接管被认为是一剂"致命毒药"，建都波托马克河则"重要意义甚少"。[3]

两年之后，杰斐逊得出结论，门罗是正确的。1792年他告诉华盛顿，那天晚上与汉密尔顿达成的交易，是他一生中犯下的最大政治错误。事实上，前文引述的杰斐逊对那次餐桌交易的描述，就是他向华盛顿表达悔意后写下的，或许就是在1792年。当时他对自己卷入其中表达了深深的忏悔。"那是不公正的，"他终于认为，"只是出于一种纯粹的对联邦瓦解的担忧才默认的，当时我们的政府还处在婴幼期。"那位从来都动作敏捷的汉密尔顿成功地让杰斐逊支持了债务接管，而这种接管当时已经成了"那个投机集团赖以成长的主要基础"。用杰斐逊的话来说，这个投机集团后来还实施了险恶的阴谋，"试图改变美国政府的政治局面"。因此，或许我们承认杰斐逊对这个故事的描述具有可信性的最后一个理由是，他写这些话的时候不是在吹嘘自己的政治影响力，而是在坦露自己的深深悔意。当一个人最终自认为是傻瓜时，还有什么必要去编造故事吗？[4]

要回答这个问题，我们就必须进入杰斐逊那难以捉摸、迷宫一般的头脑走廊中。我们足以认为，杰斐逊描述餐桌交易的核心是真实的，尽管这种描述过分简化了那个关键时刻所发生的历史。也就是说，当时还同时进行着好几个秘密会议，而且政治关系网络甚至比杰斐逊的不完美记忆还要错综复杂。最重要的是，杰斐逊寓所中的讨论，只不过是正在进

行的更大讨论的一部分而已。而这场更大的讨论似乎关系到
共和国的生死存亡及其后来的政治形态。我们对这个场景中
的人物观察得越久，对他们的声音聆听得越多，我们面临的
主要问题的变化就越大。这个问题不是杰斐逊说的是否为真
话，而是为什么杰斐逊、麦迪逊和汉密尔顿这样比较明智的
政治家，都确信这个刚刚成立的美利坚合众国政府是不稳定
的、成问题的。为什么批准债务接管法案具有威胁性？为什
么波托马克河具有象征性？尽管杰斐逊对这个故事有相反的
描述，我们还是要问：到底发生了什么？

52

　　如我们所料，这几位历史当事人对这个决定性问题的回
答，很大程度上取决于他们所选择的立场。这反过来又意味
着，汉密尔顿、杰斐逊和麦迪逊是带着不同议程、不同经验
和不同故事来赴宴的。从麦迪逊开始述讲这三位令人敬畏的
巨头，是最合适不过的了。

　　麦迪逊当时处在最核心的位置，领导了众议院对债务接
管和建都地点这两个问题的辩论。他享有著名的国家主义者
和弗吉尼亚天赋之子的盛誉，在三十九岁时，就作为 1780
年代宪法混战中最精明、最有见识的老手而声名远播。实际
上，1790 年麦迪逊已经度过了其美国政治家生涯中最具创
造力的时期。诸多后世历史学家认为，麦迪逊在那一时期对
美国历史上的政治科学做出了最具创造力的贡献。[5]

　　失望于 1780 年代州政府的政治混乱和《邦联条例》的
先天脆弱，麦迪逊着力推动要求召开"制宪会议"的运动。

他对建立一个强大的国家政府的论证，成了所有妥协和最终宪法文件全部修正意见的核心，这使麦迪逊当仁不让地享有了"宪法之父"的荣誉。然后，在约翰·杰伊的适当推动下，他与汉密尔顿联合起来，撰写了《联邦党人文集》，这本著作当即被认定为美国的经典之作，尤其是书中坚持的共和政府若扩展到广阔的疆域和多样化人口之上，会比其他政府形式更稳定的观点。在弗吉尼亚州宪法批准会议上，他战53 胜了由帕特里克·亨利领导的、似乎是不可战胜的反对派。这让弗吉尼亚联邦党人约翰·马歇尔认定，亨利可能是历史上最雄辩的、最具说服力的斗士，但麦迪逊在使人信服的能力上更胜一筹。接着，麦迪逊起草了《权利法案》并提交至第一届国会。总之，在 1790 年，麦迪逊处在自己的权力巅峰，人们普遍认为他是继乔治·华盛顿和本杰明·富兰克林（于当年逝世）之后，这个新生国家中最有影响力的政治领袖。[6]

他长得可不像个领袖。身高只有五英尺六英寸，体重不足 140 磅，"矮小的杰米·麦迪逊"具有图书管理员或学校校长那种单薄虚弱的外表，永远挣扎在某种致命疾病的边缘，没有能力过日常生活。他于 1769 年离开他父亲在弗吉尼亚蒙彼利埃市的中等规模种植园，到普林斯顿读书（阿伦·伯尔是他的同班同学）。年轻的麦迪逊曾经暗示自己可能马上就要死了。（事实证明，他比所有独立战争那一代的领袖都长寿。他在生命晚期这样说道："我比这么多同时代人活得更久，因此，我不应当忘记，我可能被人认为活过了天命。"）他不仅看起来像那种无足轻重的人——身材矮小、面无血色、体弱多病——还极度害羞，就像在聚会场合总是本能地要躲在房屋角落里的客人。[7]

麦迪逊的外表不仅具有欺骗性，而且实际上帮助他获得了权力。在弗吉尼亚王朝那些张扬的演说家中，他是不起眼的，不具有威胁性的，但也是公认的不会恶意伤人的辩论大师；这种论辩一次次地被证明具有决定性作用。他似乎没什么个人议程安排，他看起来也没什么个性，然而当开始统计选票时，他那一方几乎总会获胜。他在论辩中表现出来的羞怯会让人在几个方面放松警觉：他是如此温文尔雅，如此愿意赞扬他人，尤其是他的对手，因此任何人都不可能将自己的全部怒气发泄在他的身上，除非这个人想被人当作一个好斗的大傻瓜；他是如此克制，以至于给人留下内心隐藏着无尽信息的印象，让人觉得这个演说者不会以他的博学来压得你喘不过气来；然而，若你允许，他完全能够再说上好几个小时，或者直到你方投降为止。他的身体缺陷意味着，麦迪逊式论辩没有任何常见的情绪上的矫揉造作，但以其纯粹的、流畅的思路沁人心脾。或者，如一位观察家后来所言："我从未见过如此弱小的身体内隐藏着如此博大的心灵。"实际上，他的风格就是没有什么风格。[8]

人们都习惯性地认为麦迪逊是杰斐逊的忠实副手，是那个被称为"伟大的合作"中年幼的一方。的确，在 1790 年代的政党斗争中，麦迪逊成为杰斐逊的政治先头兵，接着担任了杰斐逊的国务卿，后来又继任杰斐逊的总统职位，这些都与麦迪逊的性格有着很大关系。他们之后的关系模式是，杰斐逊提供宏大设想，麦迪逊则处理那些混乱的细节问题。（正如当时的俗语所言，若上帝被包括在麦迪逊要处理的细节之内，他也总是能够在上帝莅临地球时前往迎接。）然而，即使是那个时候，麦迪逊习惯性的害羞和躲在杰斐逊影子下的意愿，可能也掩盖了他对二人合作关系的独立影响。最公正的说法应当是，两人的合作之所以如此顺利，就是因为麦迪逊从未想过到底谁占主导这个问题。或者，如约翰·昆西·亚当斯在描述这种亲密无间的伙伴关系时所说的，这是"一种奇特的现象，就像磁性物质在物理世界中隐形的神秘运动一样"。[9]

然而在 1790 年，若人们要谈论"伟大的合作"，肯定指的是麦迪逊和汉密尔顿之间的合作。毕竟，杰斐逊在 1784~1789 年担任美国驻法国公使期间，是麦迪逊和汉密尔顿二人领导了一场旨在扩大联邦政府对州政府的主权权力的斗争。他们以"普布利乌斯"为笔名共同完成《联邦党人文集》，这两位弗吉尼亚政治家后来的完美联合可谓天衣无缝。当汉密尔顿于 1789 年 9 月开始撰写《关于公共信用的报告》时，他首先征询意见的人之中就有麦迪逊。就是在那个时候，杰斐逊从法国给麦迪逊写信，对联邦政府获得的处理国内事务的权力表示了极大怀疑，制宪会议上麦迪逊比任何人都更强烈地支持联邦政府享有这些权力。[10]

杰斐逊还将自己的一个极端乌托邦的建议告诉了麦迪逊，说每一代人都是一个主权体，因此为一代人制定的法律可能在大约二十年之后就失效了。麦迪逊以其温文尔雅、不装腔作势、逻辑性极强的方式指出，这个建议确实不错，确实是一个令人神往的概念。但是若认真思考，它就不过是一副无政府主义药方，与麦迪逊个人努力建立一个稳定的宪法架构的政治方向完全背道而驰了，这个架构将被当代和未来的美国人民持久地信任和尊崇。由于我们知道麦迪逊不久就要成为历史上最热诚、最强大的杰斐逊主义者，因此如下一点就更富启发意义了：1790 年以前，他们在宪法问题上走向了不同的立场。[11]

在杰斐逊晚宴前的六个月中，麦迪逊经历了一次转变，或者说是再转变，从国家主义的信仰转变为弗吉尼亚传统的革命信念。我们很容易纯粹从个人角度来解释他的转变：杰斐逊从法国返回美国，并让他的老同事回想起了真正事业的色彩，接着就一同向历史进军。只是事情并不这么简单。麦迪逊对这个新生共和国所面临的选择的理解，比独立战争那一代中的任何人，都更加精妙、更加成熟。任何对其抉择的粗糙解释，都无法恰当说明他的多重忠诚问题，也无法理解他思考和解决它们的"麦迪逊方式"。[12]

若我们对历史的时间顺序给予适当的尊重，麦迪逊的思想在杰斐逊回到美国政治舞台之前，就已经开始发生变化了，这一点是很清楚的。促使麦迪逊思想发生变化的因素是汉密尔顿的《关于公共信用的报告》，这份报告于 1790 年 1 月提交给国会。（杰斐逊直到 3 月才回到纽约。）汉密尔顿的财政目标与麦迪逊在制宪会议和《联邦党人文集》中极力提倡的国家观点是一致的。根据汉密尔顿的计算，美利坚合众国的总债务已经达到了令人生畏的（至少就当时情况来说是这样的）7710 万美元。其中，外国政府债务为 1170万美元；国内债务为 4040 万美元，这些国内债务主要发生在美国独立战争时期；另外 2500 万美元是州债务，这些债务在很大程度上也是独立战争遗留下来的。让麦迪逊开始担忧，接着又害怕的，不是汉密尔顿恢复公共信用的目标，而是他实现这个目标的方式。[13]

当麦迪逊开始研究汉密尔顿提出的偿付国内债务的建议时，第一个让他担忧的问题出现了。一方面，汉密尔顿的建议看起来非常直接：所有持有政府债券的公民都应当得到政府以债券面额做出的补偿，也就是得到政府最初承诺的全额补偿。但是许多政府债券的原始持有人（这些人大部分是美国独立战争的老兵，债券是对他们在战争中服役的补偿）已经将债券以部分面值的价钱卖给了投机者。而且，汉密尔顿计划的公布导致了一阵购买政府债券狂潮，当时知悉这个计划的银行家和投资者全力买进，希望能够获得可观的利润。麦迪逊注意到了这次购买狂潮，并抱怨说，那些肆无忌惮的投机者"依然在联邦内部和边远地带搜索，希望能够将政府债券从那些原始持有人手中购买过来"。因此，这幅图景在他心目中就凝固成一种本质上的不公正：那些在独立战争中身经百战的老兵，被金融家骗走了他们应当获得的公正报偿。著名的费城医生、杰出的革命家本杰明·拉什则敦促麦迪逊阻止这种对"1776 年精神"的出卖。"独立战争中，我所看到的人们对压迫者的愤怒，"拉什愤怒地说道，"都不及现在我每天听到的对这些人的愤怒……这些人马上就要收获独立战争的全部利益了，而这一切都是以丧失独立战争获胜的勇气和财产为代价。"[14]

当麦迪逊站出来反对他的偿付计划时，汉密尔顿感到惊讶又迷惑。2月11日，麦迪逊在众议院发表了长篇演讲，认为汉密尔顿的计划是对独立战争的否认，并提出了自己的偿付计划，称之为"区别偿付"。这是一个典型的麦迪逊式表演：完全是理性的，在逻辑上无懈可击，而且带着那种让人放松戒备的温和。他指出，正义在政府债券的原始持有人一边，而且正义是必须实现的。当前的持券人有契约义务的理据，这种义务也是必须遵守的。因此，麦迪逊以律师般的精确提出了选择方案："我们必须从以下三种方案中选择一种。同时偿付两类人；偿付一类人，而拒绝偿付另一类人；依据某种平等原则在他们之间做出妥协。"（20世纪研究这种推理模式的人称之为"金发姑娘原则"，后来称为"三角分析原则"。）当然，麦迪逊倾向于第三种方案。但是，众议院以36票对13票否决了他的动议。这是他在取得了一系列的胜利之后，第一次遭遇的重大立法失败。[15]

问题并不在于麦迪逊不愿意失败。（与杰斐逊不同的 57 是，麦迪逊能够真正从容地接受失败。）相反，是因为麦迪逊内心形成了这样一幅不祥图景：爱国的士兵们遭到了一群只关心利润的投机者的巧取豪夺。或者说，他内心形成了一幅与此略微不同的图景，这幅图景关于这个初生的全国政府。按照麦迪逊的设想，全国政府应当是汇聚最能干、智力上最杰出的官员的高贵竞技场，这些人是从鱼龙混杂的州政府中挑选出来的最优秀者。然而，现在却被一群可憎的金融家和银行家占据了。耶稣曾经将这些人视为社会蛀虫，从神庙中赶走。美国独立战争的果实，至少在麦迪逊看来，正在落入敌人之手。

在投票决定政府债券偿付办法之后，是对债务接管的辩论。这场辩论加强了那种被出卖感，从而使事情变得更糟了。同样，表面上看来，汉密尔顿的建议是简单、诱人的。联邦政府将承担，或者说接管，各州政府的全部债务，其中大部分都源自独立战争年代。美国不再有十三个不同的债务账簿了，现在只有一个；这将使这个新生国家的财政政策能够依凭对金融债务和解除债务所需税收的整体把握而推行下去。2月24日，麦迪逊从自己在众议院的席位上站了起来，指出这个问题比乍看起来要复杂得多，而且这个表面上合理的"债务接管"建议，在他看来，是一个非常不祥的主意。[16]

如果读者们读过麦迪逊于1790年春天在众议院发表的反对债务接管的演讲，那么你们可能会产生这样的印象：他主要的反对意见都是经济上的。大部分南部各州，也包括弗吉尼亚州，已经偿还了大部分战时债务。因此，债务接管计划就给它们带来了不公正，因为"迫使它们在已经履行责任之后，承担那些尚未履行责任的其他州的债务"。麦迪逊顺带提出了一个想法（这个想法是经济性质的，但显示了麦迪逊内心更大的怀疑），呼吁在债务接管之前进行"结算"。正如麦迪逊所言："我真诚地认为，只有当我们先以我们掌握的方式和手段，尽最大可能地处理好债务问题，然后再开始接管，这才是正确的和公正的。"换句话说，首先需要对各州应当被"接管的"具体债务数额进行官方估算，然后各州就必须向联邦缴纳相应的税款以偿还债务，最后才应就债务接管进行投票。根据他自己的粗略估计，弗吉尼亚州大约会将 300 万美元的债务转给联邦政府，然后要通过缴纳新税种的方式向联邦政府支付大约 500 万美元。就像未能公正地补偿政府债券的原始持有人一样，这也是不公正的。

58

如果读者们读过麦迪逊同一时期的通信，你们肯定会产生一个很强烈的印象：这里的问题比账簿清理要深刻得多。让弗吉尼亚州和南部大部分州遭受如此的经济不公正——南卡罗来纳州是个例外，因为它还未偿还大部分债务——是非常糟糕的。债务接管是一种超越了纯粹金钱问题的邪恶征兆，它涉及的是权力。联邦政府打着承担各州债务、为各州做好事的幌子，隐晦地甚至是偷偷摸摸地享有了对所有州的经济主权。正如麦迪逊以其典型的含蓄方式向杰斐逊所说的那样，债务接管"将给弗吉尼亚州造成特别的困难"，而且"由于债务接管增加了对联邦立法机构的力量及其人员的信任，该措施就更应遭到反对"。简而言之，弗吉尼亚州实际是被要求将自己的命运托付给联邦政府的集体智慧和美德。按照麦迪逊的看法，债务接管主要关涉的并不是金钱，而是控制、信任和独立。[17]

这些都是大部分弗吉尼亚人牢记于心的独立战争时的信

念。例如，亨利·李就告诉麦迪逊，有关债务接管的辩论让他想起不久前那些光荣的日子：当时弗吉尼亚议会拒绝承认英国议会对殖民地征税的权力。"在我看来，"亨利·李写道，"我们南部人民将必定成为奴隶，除非我们以快刀斩乱麻的方式解决这个问题。"因独立战争的胜利而被神圣化的1760年代和1770年代的激进思潮，现在从与麦迪逊通信的弗吉尼亚人口中奔涌而出。他们将债务接管等同于《印花税法案》①，将联邦国会等同于英国议会，将所谓的"固执、傲慢的北方多数派"等同于大不列颠。"您的感受如何呢？"李这样煽情地问麦迪逊，"难道您对宪法的热爱是如此强烈……以至于它应当给您的祖国带来毁灭吗？"李所谓的"祖国"，指的是弗吉尼亚州。[18]

债务接管辩论的整个氛围变得具有电磁一般的吸引力。以让自己成为所有政治风暴的平静中心而闻名的麦迪逊，不断受到双方厉声指责的夹击。以马萨诸塞州的菲舍·艾姆斯为首的北方国会议员，指责麦迪逊阻挠汉密尔顿财政计划的核心内容，威胁了共和国的生存。他们认为，若丧失这部分核心内容，联邦就会瓦解。南部国会议员主要来自弗吉尼亚州，他们告诉麦迪逊，债务接管计划证明了那些联邦党人的反对者、宪法的反对者，现在看来是多么具有预见性，而他此前在批准宪法会议上做出的种种保证，以及《联邦党人文集》中关于联邦宪法将被证明是美国独立战争的顶峰而

①　英国政府于1765年强加于美洲殖民地的一个法案。

不是背叛的腔调，现在看来多么像虚假的承诺。

抓住弗吉尼亚人政治情结的核心词是"合并"："新政府的朋友们否认要进行合并时，实际上却正在考虑合并。"这个词表达了一种政治恐惧，这种恐惧感在反对1788年宪法和解的反联邦主义者中间是如此强烈，以至于他们认为，各州会被新成立的联邦政府无形吸收。这个词还与意识形态上的恐惧感遥相呼应。这种意识形态上的恐惧感，是反对英国议会和乔治三世政令强行收缴税款的一种有效武器，使人们认识到一旦存在专制权力，那么所有的自由将烟消云散。最主要的是，这个词代表了一种对被大怪物吞噬、被生吞活剥、最后被彻底消化的潜意识恐惧。若麦迪逊曾劝说自己相信，这些有历史根据的恐惧感已经因为新政府的建立而被消除了的话，那么债务接管辩论则表明，它们依然非常鲜活地存于人们心间。实际上，因为这些恐惧感与那场成功的反英战争具有历史和修辞上的关联，所以它们成为整个政治文化中一支最强大的力量。[19]

麦迪逊对弗吉尼亚人不信任情绪的狂热表达到底做何感想，我们很难知道。和约翰·亚当斯一样，在把握热情作为一种政治力量的作用方面，麦迪逊是美国国内最在行的。然而，与亚当斯不同的是，麦迪逊对自己的热情采取了一种完全压制的方式。他寄回老家弗吉尼亚州的那些信，都倾向于承认债务接管的威胁是真实存在的，但同时仍建议人们要有耐心。而且，它们从内容和形式上都敦促人们放弃那种认为末日即将到来的态度。汉密尔顿的财政计划确实是笼罩在新落成的联邦大楼之上的不祥阴云。但是现在就谈论从联邦中分离出去，不仅为时尚早，而且还会产生反作用。毕竟，当**60** 华盛顿担任总统，杰斐逊担任国务卿，而埃德蒙·伦道夫担任司法部长（麦迪逊或许还应当将自己在国会的显著存在加上去），弗吉尼亚州的利益就不大可能被忽视。至于联邦政府中北方同僚们的威胁性辱骂，就听之任之吧。"若我们要继续成为多数，"麦迪逊自信地写道，"我们就应当甘冒他们预言的那种危险。"与此前关于偿还政府债券的辩论不同，这次在州债务接管问题上，麦迪逊有足够的票数。债务接管的法案永远不会通过。[20]

毫无疑问的是，亚历山大·汉密尔顿对财政计划所引发问题的理解，以及对弗吉尼亚州强大的政治编队为反对他的财政计划而在波托马克河以南集结的理解，完全没有麦迪逊式的模棱两可。一旦汉密尔顿在自己信仰的前进道路上碰到了重大障碍，他会本能地让自己进入攻势状态，而且从来不会回头，也从不等候落伍者。不论目标是约克镇的英军据点、纽约州法律界和商界精英对自己的崇拜，还是批准宪法，汉密尔顿采取的模式都是一样的：以高效率的爆发来释放自己的强大能量；以那种张扬的、别挡我的路的方式（这种方式恰巧与麦迪逊偏好的秘密行动相悖）将自己的个性强加于相关事件之上；以那种认为自己的总体设想和细节把握都更优秀的态度，来激怒温和谨慎的同僚们；当事情发展证明他是正确的时候，就更加激怒他们。

批评他这种攻击性脾性和"救世主汉密尔顿"般鲁莽举止的人，或许可以合理地宣称，这些都是汉密尔顿对自己低贱出身（实际上是私生子）的过度补偿。一些采取相同解释路径的传记作家曾提出，那种根深蒂固的不安全感驱使着他来到维霍肯，与阿伦·伯尔进行了致命决斗。然而，如果说不安全感是汉密尔顿那令人难以置信的能量的主要来源的话，那么我们的结论就必须是，美国历史上这种最具创造力的缺点，是上帝在最恰当的时刻谋划制造出来的。[21]

就像 1790 年的麦迪逊一样，汉密尔顿当时也处在权力巅峰。他在三个月内一口气完成了《关于公共信用的报告》中的四万字，而且又以同样的速度撰写了《联邦党人文集》中的五十一篇论文。探索汉密尔顿思想渊源的学者们总会发现这种渊源的多样性：亚当·斯密、雅克·内克尔、马拉奇·波斯尔思韦特和大卫·休谟是最主要的影响者。其中，休谟又对他关于经济增长的思想有着尤为深刻的影响（这与休谟影响了麦迪逊关于政治稳定的思想如出一辙）。另外，汉密尔顿喜欢对新政府面临的财政问题提出集中化解决方案，这又与麦迪逊一样，是缘于他在 1780 年代前途渺茫、四分五裂的邦联权威下那沮丧不堪的经历。最后，汉密尔顿《关于公共信用的报告》的历史意义已经吸引了足够多的专家的注意，这些专家将某种技术维度加进对报告的评价之中。从而，对诸如偿债基金、联合养老金制、浮动利率和流动性这些术语的掌握，已经成了充分理解其经济学素养的关键。[22]

61

　　这一切都不错，但就我们的目的而言，这些极有价值的洞察不过是一些次要情节，我们千万不要被它们引入歧途，自得其乐地认为眼前的树木就是森林。汉密尔顿认为自己的所作所为本质上是很简单的：美利坚合众国的经济陷入了外债和内债纠缠在一起的混乱局面，他决心处理这种局面，并通过恢复政府信用的方式来打下坚实的财政基石。他会依凭自己对美国商业潜力敏锐而精准的把握，来实现这一切。但是，他没有考虑那些反对他的国家主义观点的人会对因此出现的体系抱有何种看法。

　　例如，在有关偿付国内债务的问题上，汉密尔顿认为，麦迪逊关于区分政府债券原始持有人和当前持有人的建议，是天真且有害的。确实，对于战争时代的老兵来说，这会造成某些不公正。但是，麦迪逊有什么资格来向汉密尔顿宣讲老兵们所做出的可敬牺牲呢？麦迪逊从来没有在愤怒之下射出一颗子弹，现在却要装模作样地将自己包裹在他从来没有穿过的、血迹斑斑的军服之中？更关键的是，原始持券人不是被迫出售他们手中的债券，他们是自由出售。而且，他们出售债券的理由多种多样。对如此多的交易、价格和动机进行分类，无异于一场行政上的噩梦。实际上，任何提议要采取这种措施的人，都必定会被人们怀疑为一个乐见政府瘫痪的人。政府债券偿付计划的整体要义在于，超越重重含混不清的纠缠，从而确立一种能够提升信用的、明确且易于识别的补偿政策，并使这些债务集中在那些最有可能用它们为社会生产和发展服务的人手中。[23]

就接管州债务这个问题而言，在汉密尔顿看来，麦迪逊的反对意见不仅是不合乎逻辑的，而且会产生灾难性后果。麦迪逊本人在 1780 年代不是在多个场合鼓吹由联邦政府接管州政府债务吗？他俩不是以"普布利乌斯"的名义一起论证，需要建立一个对各州享有主权的全国政府吗？制宪会议上麦迪逊本人不是要求明确承认联邦主权的最热诚鼓吹者吗？要计算出不同的州债务数额，必然会出现大规模的计算问题。由于以弗吉尼亚州为代表的南部各州行政管理混乱，账务记录马虎，因此困难确实不可小觑。但是，最后的数据并不是已经刻在石头上无法改变了。若弗吉尼亚州希望对这些计算结果进行协商，没有问题，这是一个可以在朋友之间解决的问题。

但是，作为朋友就不应当提出这种威胁性的指控，说整个债务接管计划是一场阴谋，这场阴谋旨在诱惑各州参加某种浮士德式的向魔鬼出卖自己灵魂的交易：如果进行此种交易，各州就会丧失如孩童般清白的政治外表。实际上，当宪法被批准时，这种想法已经被明智地抛弃了。债务接管并不是一场旨在摧毁各州政治完整性的阴谋，它不过是一个为了所有人的利益，合并各州债务，使经济生活国家化的计划。汉密尔顿想当然地认为，宪法所创造的新政府正如他在报告中写的一样，"具有能够调动社会资源的权力"。而他作为负责财政政策的官员，就是上帝选择的用以实施这种集体措施的工具。[24]

问题就在于此。之所以这样说，并不仅仅因为麦迪逊及弗吉尼亚州的选民听到"合并"和"国家化"这类词语，就好像夜间听到警报一样；或者如汉密尔顿最欣赏的一位传记作家所言，并不仅仅因为这位财政部长"更善于解决财政危机，而不是修补政治利益"。真正的困难在于，汉密尔顿的计划是其无畏而鲁莽的个性的切实体现。实际上，如果人们能抛开计算和偿付各州与联邦债务的具体条款，往后退几步，那么理解汉密尔顿报告的宏大设想，以及其中决定美国发展走向的隐含假想的最好方法，或许是将它看作汉密尔顿把自己独特的个性和思维模式，强加在这个新兴国家不稳定形势之上的具体体现而已。[25]

首先，整份报告的字里行间透露着这种暗示：一个新权威出现，而且已经开始掌权。它主要的精神特质已经超越了人的个性问题（尽管一定存在汉密尔顿的个性因素），甚至还超越了这个报告是否合宪的问题（尽管这份报告明确宣称联邦政府主权是不容置疑的）。更彻底的是，这份报告指出，美国暗藏的巨大经济能量，要完全发挥其潜能，不仅仅需要放任自流。显然，汉密尔顿并不是第一个认识到这一点的人：北美大陆是一个巨大宝藏，这个宝藏一旦被打开，就能够带来无与伦比的繁荣。然而，他在这方面是独特的：他认为要调动这些资源，就需要在国家层面进行一致管理和战略协调。麦迪逊似乎认为，杰斐逊则在更大程度上认为，国家的经济政策不应当成为经济复苏和增长的自然运转的障碍。但是汉密尔顿认为，经济发展的条件是需要人为创造出来的，而且还需要对其进行持续监督。他的模型是英格兰：

建立国家性银行，商业受到政府规制，有权倾朝野的财政大臣。当然，从波托马克河以南民众的视角来看，这些正是美国独立战争要永久抛弃的制度和象征。

其次，报告中还洋溢着汉密尔顿的信心：政治权力和经济权力的集中是一种动力；它不是一种给国家带来侵略性腐败的集合，而是各种国家发展能量以相互促进的方式进行的融合。汉密尔顿对共和主义教条"集中的权力有固有的恶"的腔调充耳不闻，而这个调子正被弗吉尼亚州的异议者在新的"合并"标签下尽情地重新演绎着。对汉密尔顿而言，债务合并简直妙不可言。麦迪逊的参照系完全是政治的，是这样一种理想化观念：国家权力应当是分散的，受到许多分散而多样的利益集团的自然制约。汉密尔顿的思维模式则完全是经济的。他认为，让资本集中在少数精挑细选出来的人手中，是商业投资和经济发展的主要前提条件。他对政府债券原始持有人将债券卖给投机者这一点并不在意的原因之一就是，他更愿意看到金钱集中在少数人手中。当金钱被分散出去，金钱就只是金钱而已；当金钱被集中起来，金钱就变成了资本。而他对接管各州债务、扩大联邦债务表示欢迎的主要理由是，一旦这些债务被偿还，国内外资产者就会信任联邦政府，进而吸引新的投资。至少在这种有限的意义上，汉密尔顿认为国家债务是"国家的幸福"，因为它使资源能够集中在富有企业精神、愿意投资而不仅仅是消费的少数人手中。相反，对于麦迪逊而言，"国家债务就是国家的灾祸"，而且"在代议制政府中，尤其如此"。[26]

64

最后，汉密尔顿的报告还充满着对包括商人、银行家和商业领袖在内的城市精英阶层的尊奉，认为他们这些人是美国新兴社会的核心人物。正是这些人将年轻时的他从热带地区的低贱生活中拯救出来，而且在他展现出自己的杰出才能时，他们就将他纳入纽约的核心圈之中。汉密尔顿本人是追求名誉而不是财富的霍雷肖·阿尔杰①式的英雄人物，但是他懂得银行业、投资业和其中的投机。他可没有像杰斐逊为自耕农写下田园生活颂歌那样，为商人和金融家唱田园诗式的礼赞。他的整个财政计划实际上含蓄地承认了，商业是美国的经济命脉，商人既是美国经济的主要受惠者，也是美国经济默默无闻的英雄。汉密尔顿并不像批评者经常宣称的那样，为了增加商人精英阶层的财富而刻意制订计划。他制订计划的目的在于将他们的才能和资源引导到有利于公共利益的生产活动中去。作为知情人士他并没有利用自己掌握的内部利率消息为个人谋取什么利益。"但是您肯定记得关于恺撒妻子的那句格言，"汉密尔顿向亨利·李写信时这样写道，"我认为这句格言适用于任何参与国家金融管理的人。"

65 尽管如此，他过分信赖自己的某些投机者朋友；直到他在财政部的助手威廉·杜尔将个人资金和国家资金混合运作并构成犯罪时，他才解雇了杜尔。杜尔是他所信任的具有企业精神的投机者典型，但最终被证明是不值得信赖的。[27]

---

① 美国儿童作家，代表作《衣衫褴褛的迪克》，写的是赤贫的男孩们通过勤奋工作，最终获得巨大财富和尊重的故事。

　　然而，对于像麦迪逊和杰斐逊这样的弗吉尼亚人来说，杜尔并不是一个例外，而是一般情况。弗吉尼亚州的绅士们在心理上无法认同汉密尔顿对以操控利率谋生的投机者所表现出来的亲近。他们衡量财富的最终标准是土地，而不是什么流动形态的资本。在他们看来，投资银行家们和投机者们根本就没有为社会做出什么生产性贡献。这些人所做的一切不过是将证券倒来倒去，并调整一些数字而已。在这里，问题的核心既不是富人和穷人的对抗，也不是少数人和多数人的对抗，因为弗吉尼亚州的种植园主们就像纽约或者波士顿的富裕商人一样，也是少数精英人物。真正的问题是农业财富和商业财富的对抗。

　　即便是如下这个事实，对解决债务接管问题也没有什么帮助：弗吉尼亚州地主阶层中有相当比例的人，包括杰斐逊本人在内，都对不列颠和苏格兰债权人欠下了沉重的债务。那些债权人提高利率的速度，超过了他们从烟草和小麦中获得的利润的增长速度。因此我们不得不猜测，那些受困的弗吉尼亚贵族阶层会将汉密尔顿及北部城市商业精英视为要榨干他们血液的不列颠银行家的翻版。我们对弗吉尼亚种植园主的精神状态（拒绝让他们的消费习惯受制于他们所处的经济困境；大多数人都不承认他们马上就到了要宣布破产的境地）思考得越多，我们就越可能看到，对规制债权债务关系的经济原则的故意忽视，已经成了他们那个世界中引以为荣的事情；这些事情根本就不是一个有产绅士应当认真对待的问题。在某种意义上，他们为自己听不懂汉密尔顿到底在谈论些什么而感到相当骄傲。[28]

那次餐桌交易的第三方，即晚宴的主人，是托马斯·杰66斐逊。当他称麦迪逊和汉密尔顿两人都比他更了解这个问题时，他并不是在摆他那种典型的外交姿态。毕竟，他结束五年的法国大使生活回到美国才短短六个月，而且3月才开始担任国务卿。另外，他当时还想着其他一些事情：大女儿马莎的婚事，在纽约找到合适的寓所，撰写有关度量衡的长篇报告，阅读巴黎寄过来的关于法国大革命的新闻报道。慢性偏头痛的发作也使他在5月的大部分时间中都无力从事任何事情。事实上，杰斐逊的头痛与弗吉尼亚王朝领袖们的集体生病几乎同时发生。当时麦迪逊患了痢疾；埃德蒙·伦道夫滞留在弗吉尼亚州，照顾差点因难产而死的妻子；最具不祥意味的是，乔治·华盛顿染上了流感，而且后来还出现了医生认为有生命危险的肺部感染。"你无法理解这种情况下国家所面临的危险。"杰斐逊在给他以前在巴黎的秘书威廉·肖特的信中这样写道。而且还补充说，华盛顿的去世极有可能意味着整个国家实验的突然终止。[29]

杰斐逊高约六英尺二英寸，比麦迪逊和汉密尔顿都要高一些。而且，他当时已经四十七岁了，足以算得上他们的前辈，有资格得到他们对长兄般的尊重。然而，他的身高和年龄都不能弥补他因在国外待得太久而错过1780年代末期宪法变革的缺陷。麦迪逊一直写信告诉他制宪会议上的辩论（世界上没有比这更好的消息来源了），而且麦迪逊还澄清了当时在弗吉尼亚州宪法批准大会上流传的、关于杰斐逊对宪法持冷淡态度的种种流言。这些流言事实上是真实的，尽管在所有的宪法问题上，杰斐逊从来都遵从麦迪逊更加出色的判断。正因为这样，他才会毫无政治保留地接受华盛顿政府发出的担任第一任国务卿的邀请。此外，他认为在外交政策上美国应当用一个声音说话，这也促使他接受这个职务。除了这些基本层面上的事实之外，杰斐逊对联邦权力的观点是不为人知的，这部分是因为他没有参与1787～1788年的大辩论，部分是因为他自己的思想尚未达到麦迪逊那种专业性和法律上的明确性。"我不是一个联邦主义者，"他在1789年宣称，"因为我从来没有将我的全部意见交由任何党派的纲领裁判……若我不参加党派就不能进入天堂的话，那么我宁愿不去天堂。"临时首都纽约可不是什么天堂，但是他同意于1790年春天去那里，带着自己没有公开的政治忠诚和崇高的政治原则，它们还未受到已经被麦迪逊和汉密尔顿发展成为一门艺术的内部斗争的浸染。[30]

67

　　他是很不情愿地来的，部分原因在于他一生都沉默寡言。这可以追溯到独立战争年代以前他在弗吉尼亚的生活，当时他第一次走出蓝岭的层层薄雾，到威廉和玛丽学院求学，师从乔治·威思①学习法律，而且赢得了弗吉尼亚东部

---

　　①　美国法学家，《独立宣言》签署人之一，他是美国第一位法学教授。

精英阶层的有限度接纳。他以写反对不列颠侵略的文章而闻名，但是在辩论中往往找不到他的踪影。大陆会议上，约翰·亚当斯说他是美国独立的忠诚斗士，说话却很少超过两三句，即使是在委员会会议中。他持久且不朽的声名源于他在 1776 年 6 月起草的《独立宣言》，但是在 1790 年时几乎没有人知道杰斐逊在其中扮演的角色。当时《独立宣言》还被认为是整个大陆会议的杰作，而不是某个人的作品，当时它还未获得 19 世纪时的象征性意义。[31]

他在战时担任弗吉尼亚州州长的那段经历，是以非常糟糕的方式结束的：英军放火焚烧弗吉尼亚州首府时，他却骑着马逃离了，丢尽了脸面。尽管后来被认为没有犯下什么过错，但他还是发誓再也不担任公职了。喧嚣的政治不合他的脾性；只有当他隐居在山顶或者重新设计蒙蒂塞洛①的宅邸时，他才会感到怡然自得。他总是为退休做好准备，为了避开妻子早逝给他带来的痛苦记忆，他接受了在巴黎的外交职位。他出色地履行了自己的职责，作为富兰克林的继任者，他赢得了类似富兰克林的法国化身的声名。1789 年当他被邀请在新政府中担任职务的时候，他的反抗完全是发自肺腑的，但是麦迪逊一直都能够说服他。更重要的是，华盛顿，美国唯一一位不可或缺的人物，也将他视为必不可少之人。杰斐逊没有拒绝乔治·华盛顿的邀请。

————————

① 弗吉尼亚州中部的一个庄园，由杰斐逊设计，在长达五十六年的时间中，一直都是杰斐逊的宅邸。

他向战痕累累的麦迪逊和汉密尔顿发出晚宴邀请，完全
符合他的性格。简单说来，杰斐逊不能容忍人际冲突。他总   68
在辩论中不力的重要原因之一是，辩论本身让他感到不快。
他听到自己内心发出的都是按上帝法则运转的世界的和谐、
惬意与可靠之音，因此，辩论在他眼中就成了蔑视自然秩序
的杂音。麦迪逊比当时任何人都更了解杰斐逊，他知道杰斐
逊思想中的某个地方有一条看不见的底线，这条底线上存放
着杰斐逊极其珍爱的个人和政治理想。若越过这条底线，你
就会引发脱缰野马般的愤怒，就像《独立宣言》中对乔治
三世的控诉。（杰斐逊不认为这些场合是在辩论，而认为是
在进行至死不渝的圣战。）若不越过那条底线，他就会显得
非常礼貌、通融，对党派政治的存在感到发自内心的悲痛。
这毫无疑问是他 1790 年 6 月时的立场。

他之所以希望达成妥协，还有一些现实原因。作为之前
担任过外交公使的现任国务卿，杰斐逊不需要别人来教导他
美国债务情况的国际影响。只有偿还了外债，在阿姆斯特丹
的荷兰银行家们那里恢复信用，美国才能在欧洲的资本市场
得到认真对待。杰斐逊在巴黎生活期间，经历了不少事情才
明白这一点。因此，他比麦迪逊更敏锐地认识到，汉密尔顿
的财政目标是至关重要的。若没有信用，新政府就会成为外
国人眼中的笑柄。于是，当那些给麦迪逊写信谴责债务接管
的弗吉尼亚人也给他寄来信件时，他并不像麦迪逊那样给予
明确支持，只不过在言词上更难以捉摸罢了："在我看来，
不论这个问题最终以何种方式解决，它都将是那些给我们带

来最大困难的问题之一。"他在给自己的女婿的信中这样写道。在亨利·李极力向他抛出债务接管法案通过后的末日灾难式预言时，他劝说亨利·李要有耐心，要相信国会的智慧。"而且，"他非常圆滑地写道，"国民的声音或许将会被听取。"尽管这些话含糊不清，杰斐逊这样写的目的是为了抚慰他的弗吉尼亚同僚们。"我的职责让我不能介入这些问题之中，"他在举行那次晚宴前的一个星期还曾向乔治·梅森这样解释道，"我不想假装自己有能力决定这些问题。总

69 而言之，我认为在一个像我们这样的政府之下，互相妥协和让步是十分必要的。"[32]

　　建都问题自从 1789 年被国会首次提出以来，就讨论得十分激烈。宪法规定国会要确定"政府所在地"，这个地方面积不得超过一百平方英里，从临近各州购置。问题在于首都应该定在哪里。从一开始，国会代表们在定都地点问题上轻易达成一致的可能性就非常小。一位报纸编辑曾冷嘲热讽地写道："为新帝国选择建都地点的通常习惯是，听任专制君主做出任意的、突然的决定。"尽管这显然不是共和制方式，但或许因此可以允许有一个例外。这位编辑写道，既然乔治·华盛顿"从来没有给他的国家提过什么糟糕的建议"，"让他指着一幅地图说'这里'"不是很切实可行吗？[33]

　　后来这个"建都问题"变成了国内政治的一场噩梦。所有的地方选举团——新英格兰地区、中大西洋地区以及南部地区——都为己方选择的地点提出了各种合乎情理的理

由。十二个州——罗得岛直到 1790 年 6 月才在国会中出现——都提出了建都于自己州内的计划，或者支持将首都建在其他许诺可以以商定的价格给它一些间接利益的地点。各州之间的讨价还价因另外两个政治因素而进一步复杂化了，这基本决定了国会无法在这一问题上达成一致。其一，立法必须先后获得参众两院的通过，因此一旦某个方案在国会某院获得进展时，另外一院中的反对力量就已经动员起来了。其二，国会必须先选择一个临时建都地点在十至二十年内承担首都职能，然后再决定永久建都地点并用这些额外时间做好接纳联邦政府的准备。这种区分使国会辩论出现了大混乱，引起了议员们的疑惑：一旦临时建都地点被确定下来，以后是否可能被放弃？因此，当杰斐逊到达纽约时，十六个候选地点已经被提出，但是没有哪个地点获得了多数票。它们是安纳波利斯、巴尔的摩、卡莱尔、弗雷德里克、日耳曼城①、纽约、费城、波托马克河、萨斯奎哈纳河和特伦顿。由于宾夕法尼亚州位于中部地带，该州内的某些地点略占优势。³⁴

"政府所在地的问题已经成为一个迷宫了，"麦迪逊在给一位弗吉尼亚同乡的信中这样写道，"在这个问题上，选票没有带来任何线索，而且根本就没有办法在一封信中为你讲清楚。"国会内外的政治手段和花样已经十分猖獗，以至

---

① 独立战争中乔治·华盛顿曾在这里对英军营地展开了一次不成功的进攻。1854 年被纳入费城，成为一个居住区。

于麦迪逊被加封了决案"大刀"这个非正式头衔。"若大刀愿意放弃波托马克河，那么这个问题就很容易解决了。"一位宾夕法尼亚人写信给杰斐逊时这样写道，"然而，您肯定会说，那就好像让宾夕法尼亚人向纽约人投降一样，是不可能的。因此，当我看到那些一本正经的政治家提出种种理由时，我就感到好笑；因为我知道，对这个问题有最终决定权的是地方利益。"尽管弗吉尼亚人不认为他们的利益只是地方利益，到杰斐逊晚宴前夜，在波托马克河建都的前景都已经暗淡，麦迪逊高超的政治谈判技巧，只能做防守之用了——协调足以反对宾夕法尼亚州获胜的力量。[35]

麦迪逊之所以希望选在波托马克河，既出于一种巧妙的精心算计，也出于一种带有浪漫色彩的错觉；杰斐逊、华盛顿和弗吉尼亚王朝的大部分成员都有这种错觉，他们一致认为波托马克河有着非凡的威力。就麦迪逊的巧妙算计而言，他足智多谋地反驳了在宾夕法尼亚州建都的优势理由——宾夕法尼亚州在地理上位于中心地带。（宾夕法尼亚人同样也不乏智谋，他们说萨斯奎哈纳河注定要成为美利坚合众国的中心，因为密西西比河西部地带不可能加入联邦，而加拿大东部则几乎肯定会加入联邦。）麦迪逊对这种宾夕法尼亚州地理中心论提出了质疑，他说判断是否处于中心，既可以以人口分布来计算，也可以以地理位置为依据，因此这必须等到 1790 年人口普查结果出来之后再做决定。接着，麦迪逊又指出，若单纯按南北轴进行地理测量，从北部的缅因州到南部的佐治亚州的轴线中间点恰巧就落在波托马克河上，而且恰巧就是乔治·华盛顿的宅邸弗农山庄。麦迪逊要让自己选择的建都地点带有上帝选定的意味。[36]

麦迪逊第一次发表反对建都萨斯奎哈纳河的演说时，波 71 托马克河更浪漫的一面进入了辩论。他当时似乎争辩说，与人们的常识和地图上显示的情况相反的是，波托马克河源头实际位于萨斯奎哈纳河源头的西边。他的意思似乎是，波托马克河上游靠近马里兰州和宾夕法尼亚州之间的边界。一条名叫康纳科契克的小河在那里注入了波托马克河；而且，那里几乎和萨斯奎哈纳河源头的地理位置是一样的。这个弗吉尼亚大人物的幻想开始了：它是到达俄亥俄山谷的唯一直接水道，接着利用俄亥俄山谷的水系，可以到达密西西比河。麦迪逊提到的康纳科契克小河，引发了一些国会议员的怀疑和讥讽。"必须对此进行调查，"一位马萨诸塞州议员说道，"看在常识的份上，请告诉我们康纳科契克小河到底在哪里？"（或许他应当再加上这句话：这条小河的名字是如何拼写的？）弗吉尼亚州以外的人一致认为："在美国知道地球上还有这样一条河流的人，简直是大海捞针。"那些的确知道这条河存在的极少数人全都是印第安人。因此，麦迪逊偏爱的建都地点是一片只适合于打猎者和隐居者生活的"印第安人棚屋地带"。[37]

尽管麦迪逊为了建都波托马克河的政治目的，可能确实有扭曲事实的嫌疑，然而，这确实是他和许多弗吉尼亚人都相信的事实。在最近十年中，杰斐逊和华盛顿一直通信讨论改善波托马克河的航运状况。这种讨论基于这样一种前提：

波托马克河可以将广阔的美洲内陆和切萨皮克湾①连接起来。这是一种被高涨的期望和地理的无知激发出来的错误观念。它后来更让杰斐逊相信，刘易斯和克拉克②的探险会发现一条贯穿北美大陆的水路，但实际上这种水路根本不存在。我们可以将有关波托马克河的幻想一直追溯到约翰·史密斯，他于1608年第一次考察了被阿尔冈昆印第安人称作"波托马克"的河口，"波托马克"的意思是"贸易区"。对独立战争年代的弗吉尼亚人来说，波托马克河的神话从殖民地时代开始被人们相信，当时弗吉尼亚西部地区根本就不存在什么边界——从理论上和法律上来说，弗吉尼亚的西部边界不是密西西比河，就是太平洋，这就使弗吉尼亚人习惯认为，波托马克河就是美国通往西部的大门。神话一旦确立之后，其自身就获得了一种更有趣的生命力，这包括人们出版《波托马克河杂志》（*Potomac Magazine*）这样的出版物。在这本杂志中，波托马克河被说成是由泰晤士河、塞纳河和莱茵河汇聚而成的大河流；它与阿纳卡斯蒂亚河的交汇处被认为是世界上最完美的港湾，那里可容纳"一万艘像挪亚方舟那么大的船"。[38]

对于麦迪逊来说不幸的是，波托马克河神话在很大程度上只局限在弗吉尼亚人之间。马萨诸塞州的费希尔·艾姆斯说，一贯明智的麦迪逊显然中了什么圣经式符咒，才将波托

---

① 位于美国弗吉尼亚州东南部。
② 两人都是美国探险家，他们率领探险队首次进行直达太平洋西北岸的横穿美国的远征考察。

马克河与"横穿天堂的幼发拉底河"搞混。这些话说出了那些不认可麦迪逊式幻想的国会议员的心声。弗吉尼亚人当然可以自由地继续他们那些有关波托马克河的梦想，可是与此同时，国会还必须完成这样一个严肃的任务：在这个世界上而不是在麦迪逊想象中的某个地方，选择一个建设国家首都的地址。到了 1790 年 6 月，麦迪逊本人几乎不抱任何希望了。"若国会做出的任何安排正好遂了我们的心愿，"他坦白地说道，"那么这必定是多种既幸运又吉利的原因共同造成的结果。"当然就是在这里，进行某种交易的偶然希望走进了历史图景之中。[39]

我们不知道在 1790 年春夏之交，纽约到底进行了多少场秘密会议，举办了多少场政治晚宴。然而，我们确实知道，杰斐逊家里的那次著名晚宴并不是像他所说的那样，是唯一一个此类事件。首先，汉密尔顿在财政部的首席助理坦奇·考克斯与杰斐逊和麦迪逊于 6 月 6 日会面，应当是讨论了弗吉尼亚州的债务，以及债务接管对该州应当向联邦政府支付余额的影响。其次，大约与此同时，汉密尔顿会见了宾夕法尼亚州代表团的成员，希望他们支持债务接管（这是汉密尔顿最优先考虑的事情），作为交换，汉密尔顿将促使临时首都和永久首都都设在宾夕法尼亚州境内。这项交易没有实现，因为汉密尔顿没有能力拉到足够多的票数，以确保宾夕法尼亚州能够在建都地址的拉锯战中获胜。最后，且最为重要的是，来自弗吉尼亚州和宾夕法尼亚州的代表于 6 月

15 日见面，双方同意达成一种政治联盟：让费城成为临时首都，同时重新提名波托马克河作为永久首都的所在地（这是弗吉尼亚人取得的一项重大胜利）。宾夕法尼亚代表之所以接受这种妥协，可能是出于这种想法：一旦首都从纽约搬到费城，那么就不大可能再搬迁了。毫无疑问，还有更多的晚宴、秘密会议和秘密讨论，只不过它们未被历史记录罢了。但是，我们确切知道的那些场合则确凿地证明，在杰斐逊晚宴上达成的妥协，不过是一场持续谈判的最后一章而已，这时分歧之所以得以消除，不过是因为基础已经打好的缘故。[40]

更具体说来，杰斐逊为了方便叙述而将餐桌谈判的前期谈判排除在外，从而歪曲了整个事实，因而给这则故事穿上了浪漫外衣：只要能够维持适当的气氛，三位著名的政治领袖就可以解决一个非常棘手的全国性问题。实际上，当时永久建都波托马克河这个问题已经解决了。在这方面，汉密尔顿根本不需要拉什么选票，尽管一些证据表明，他本人同意促成这个交易，因而敦促他在纽约州和马萨诸塞州的朋友不要破坏它。麦迪逊需要再拉到三票才能够确保债务接管得以通过——这里，杰斐逊的计算是精确的——而最终有四个人改变了自己的立场，这四个人都是来自靠近波托马克河地区的国会议员。那天晚上完成的主要事情最可能的是，达成了一项重新计算弗吉尼亚州债务及其应当承担的联邦债务份额的协议。实际上，麦迪逊获得了他一直要求的东西：在进行债务接管之前先对债务进行清理结算。汉密尔顿则做了他曾非正式暗示过的事情：巧妙地处理数据，让弗吉尼亚人对债务接管感觉更加舒服一些。[41]

这场交易最后的这个方面，并不具有太大的吸引力，因此杰斐逊在自己的叙述中将之完全省略了。但他当时立即写信给弗吉尼亚州的朋友，认为新的债务接管法案将减少该州的总体责任，因此被接管的债务和要向联邦政府缴纳的税额，最后将被奇迹般地证明是完全相等的（3500万美元）。"因此她付出的就和得到的一样多，"他洋洋得意地说道，"这个法案虽没让她赢得什么，但也没有让她失去什么。"也就是说，债务接管实际上不过是一句废话。而且，若将永久建都波托马克河这个因素加到这个等式中，整个金融计划就应当让大部分弗吉尼亚人笑逐颜开了。杰斐逊这样预测道："我们的农业和商业将更具活力，因为靠近新首都将使每年流经我们州的总数额增加50万美元。"杰斐逊当然不过是在猜测而已，而且永久定都波托马克河的更大意义实际上超越了任何纯粹的经济预测，但是他给这项交易添加了光泽，确实是有道理的：这是三个层面上的交易——永久建都地点、修改后的债务接管方案和债务结算，而弗吉尼亚州在每一个层面上都取得了胜利。[42]

但是这项交易真的能成功吗？杰斐逊和麦迪逊竭尽全力，不仅在当晚的晚宴上，而且在此后的数月之中都是如此：当时他们担保，这个问题的答案绝对是正面的。波托马克河突然之间胜出，这几乎让每个人都惊讶不已，因为自1790年春天开始，它就落到了候选地址的最后一名了，然

74

后在未经任何国会辩论的情况下，又突然以某种方式冒了出来。尽管 7 月通过了《建都法案》，但人们普遍对能否建成这个新首都存有怀疑。正如纽约一位诙谐的作者所说的："房屋和厨房还远未建成，还需要种植树木，而且街道尚需命名。"费城新闻界尤其不敢相信这一切，宣称："让人们在岩石层叠的荒蛮之地清理出一块地方，供国会每年只使用四个月，而在剩余的时间中让野兽横行，这绝对是有悖于常理的事情。"国会的一致意见显然是，一旦定在费城，首都是不可能再次搬到某个荒无人烟、完全假想出来的地方去的。"这将被普遍认为……不过是一次纯粹的政治花招罢了，"一位国会议员这样说道，"可能还诱使人们做出这种推断：你们现在正虔诚地将密西西比河、底特律河或者威尼皮普洛克池塘硬说成是康纳科契克河。"[43]

杰斐逊和麦迪逊采取的策略是非常有效的，而且完全是帝国主义式的。人们可以感觉到，麦迪逊无与伦比的政治能力在整个过程中发挥着作用，同时还可以预见到十三年后杰斐逊力促购买路易斯安那地区时那种毫无畏惧的大胆行为。关键的策略是，不能让建都问题再次回到国会，否则波托马克河将会在政治上遭受被千刀万剐的凌迟之刑。杰斐逊对这一点尤其明确："如果失去了确保定都波托马克河的当前局面，我们就不可能再将之争取回来，（因而）依赖国会、弗吉尼亚州或者马里兰州议会的任何帮助都是危险的。所以，应当采取措施，在不求助那些机构的情况下，马上执行建都法案。"然而，购买土地的款项、具体地址的选定、建筑师的任命以及大量不可预见但不可避免的实际情况似乎都需要立法批准，这怎么可能做到呢？这个问题的答案使我们回忆起建都问题第一次出现在国家议程上时，那位报纸编辑以半开玩笑的方式提出的建议：让乔治·华盛顿来决定吧。杰斐逊在 1790 年 8 月提出，关于首都地址、规模和构造等一系列决定，应当被完全纳入行政自由裁量的范围之中，即"在任何一点上，都必须服从总统的自由裁量"。[44]

当国会议员们继续对理论上的波托马克河建都地址进行尖刻的嘲讽时（为什么不将新首都建在车轮上，这样就可以推着它从一个地方到另一个地方去），杰斐逊和麦迪逊已经在马里兰州和弗吉尼亚州的乡间估测地形了。华盛顿听取了他们的报告，在 1791 年 1 月做出决定：将首都建在从乔治敦开始向东一直延伸到波托马克河河口的一百平方英里的土地上。杰斐逊注意到，华盛顿似乎对自己的选择保持着"不同寻常的沉默"，或许是因为华盛顿的弗农山庄靠近这片地域，而且在这片地域内，他拥有面积可观的土地。他可能还感到些许的不自在，因为这个靠东边的选址与麦迪逊在之前辩论中所论述的相矛盾。当时麦迪逊给人的印象是，他会优先选择靠近宾夕法尼亚州边界的更西边的地点。（那些带着首都会靠近宾夕法尼亚州的想法而认可建都波托马克河的宾夕法尼亚人，彻底失望了。或许将新首都的中央大道命名为宾夕法尼亚大街，是华盛顿做出的弥补姿态吧。）无论如何，决定已经做出了，而且这个决定不会再更改。没有哪个美国人准备质疑华盛顿如此迅速的决定，至少不敢公开这样做。[45]

　　在之后的十年时间里，设计和建设这座将以华盛顿命名的城市的每一步，都是华盛顿监督完成的。就像一次军事行动一样，虽然有许多军队，但是指挥官只有一个。1790 年秋末，杰斐逊给华盛顿写信，说尽可能早地开始建设该城具有政治上的紧迫性："麦迪逊先生和我本人都努力敦促……在十年时间里，他们每年都在这座新城市中建设十所优良的私人住宅……如果他们真这样做的话……这就成为确保将政府搬迁到新城的一种手段。"一旦建筑物拔地而起，费城的希望就会破灭。当众议院通过《建都法案》之后，麦迪逊在演说中指出，许多观察家都预测，建都波托马克河的方案会被撤销，首都将继续留在费城。他诘问道：既然"无法制定条款来规定法令不得被撤销"，"但为了这个目的，我们除了通过一部法律之外，还能够做些什么？"他得出结论："但是我以为，公共利益会得到某种尊重，政府在这件事情的绝对信心不会落空。"将执行该法案的行为变成由华盛顿、杰斐逊和麦迪逊领导的行政行为，这表明尽管政府在这件事情上有"绝对信心"，他们也绝不会冒任何风险。[46]

　　然而，就餐桌交易的另一面而言，他们已经冒了一种经过精心计算的风险：更为有利的财政条款，再加上在永久首都问题上的获胜，会瓦解弗吉尼亚州对债务接管的强烈抵制。波托马克河南部的几个朋友已经警告他们，弗吉尼亚州对汉密尔顿金融计划的广泛敌意是任何形式的妥协都不能平息的。"不论经过何种修改，我担心债务接管还是会被弗吉

尼亚州认为是难以忍受的，”一篇典型的报道这样写道，
“有关债务接管的论辩亦将是毫无助益的。”曾于 1788 年在
弗吉尼亚州的批准宪法大会上被麦迪逊有力击败的反联邦联
盟，有某种理由认定自己的事业并没有被真正击败，只不过
是在谋略上输了罢了。联盟新领导人帕特里克·亨利在亨
利·李的大力帮助下，于 1790 年开始动员联盟反对债务接
管，而且在 12 月成功让弗吉尼亚州立法机构通过了一项决
议。弗吉尼亚州议会全面复苏了独立战争中的豪言壮语，甚
至还使用了为人熟悉的杰斐逊式语言，并以辉格党传统的反
对英国的巨大力量，凭借这项决议大力指责债务接管，认定
债务接管是外国统治的新化身。就像英国以前的种种企图，
债务接管被描述成对弗吉尼亚州独立的威胁。“在人类事务
的发展过程中必定会带来罪恶：它要么让农业对商业俯首称
臣，要么改变联邦政府的当前形态，对美国自由造成致命威
胁。”[47]

当杰斐逊和麦迪逊来到费城，参加国会在这个临时性首
都举行的第一次会议时，当地报纸充斥着对弗吉尼亚州的刻
薄评论。

弗吉尼亚州议会针对接管各州债务的法案做出的决
议……算得上美利坚合众国历史上最奇特的一种现象。
看来，投票赞成这项决议的大多数人，在 1787 年 9 月
（美国制宪会议）时都在睡觉，直到几个星期以前，才
清醒过来。这段时间里，联邦政府在美国各州得到承认

并广泛建立起来。因此，他们的投票必须归因于他们的长时间沉睡和对所发生一切的无知。这项决议只适合于无政府主义年代，而这种年代只存在于当前这个神情愉悦的联邦政府被普遍批准之前。因此，现在这项决议就显得毫无价值、荒诞不经了。[48]

汉密尔顿也注意到弗吉尼亚州声明中潜伏的分离主义威胁。他警告说，这是"那种必须被扼杀的精神的第一次表现，否则它就会扼杀美利坚合众国的宪法"。回到1787年9月，当时制宪会议即将完成它的使命，汉密尔顿做了一个预测：新创设的联邦政府要么"完全战胜州政府，并将它们的地位降到完全从属的程度"，否则"在几年的时间中……针对州政府和联邦政府之间权力边界的斗争……将使联邦瓦解"。弗吉尼亚州对待债务接管的态度，使他的预言看起来真是一种先见之明。约翰·杰伊和汉密尔顿持有相同的看法，杰伊是《联邦党人文集》以"普布利乌斯"为笔名的合著者之一。但是他没有向麦迪逊表露过任何东西，因为麦迪逊到底持何种立场，当时已经看不清了。他到底是一个弗吉尼亚人，还是一个美国人？他认为这个新国家的奠基时刻是1776年，还是1787年？这些重大问题正如将首都建在波托马克河上一样，都是杰斐逊寓所中那次晚宴留下的遗产。[49]

接下来的七十年中，直到1861年美国内战爆发之前，这个新生的美利坚合众国的核心政治智慧是：没有必要刻意做出这些选择。但是，承认这些不过是相互竞争的方案，不过是美国独立战争核心遗产的不同版本的观点，早在1790年夏天就第一次出现了。宪法并没有解决这些问题，它只是提供了一个有序的总体框架，在这种框架之下辩论才得以继续下去。而且，若认为这些问题完全是或主要是宪法问题，这从历史角度来说是不正确的。针对联邦主权与州主权的法律辩论，不过是讨论其他形式的国家前景时最容易把握的着手点、在政治上最安全也最适合的方式罢了。

1790年妥协的最显著之处是，它规避了一次当时许多政治家都认为对新生共和国构成了威胁的政治危机。但是它也使推动这些政治家行动的各种关于美国未来的互不相容的设想，暴露于青天白日之下。就某种意义而言，它是一个非常古老的故事，现代新生国家中革命政权的暴力瓦解使人们对这个故事再熟悉不过了：团结一致地对付帝国主义敌人，消灭共同敌人之后，领导层就分化瓦解了，人们为建设新生国家提出的不同议程必定会相互竞争和排斥。历史已经证明，确保革命果实比获得革命胜利要艰难得多。在杰斐逊家晚餐桌上达成的协议可谓是政治和解的极致，而且它也暴露了使独立战争那一代的领袖们分成不同阵营的尖锐差异：忠于地区还是忠于国家，农业经济优先还是商业经济优先，秉持分散的社会理想还是统一的社会理想，建立一个无能的联邦政府还是一个强大的联邦政府。人们之间的妥协防止了这些冲突在联邦政府初生脆弱之时爆发，但是没有解决这些冲突。这种妥协不过是赢得了时间，使辩论可以继续下去。[50]

由于杰斐逊和麦迪逊的共同努力，后来的辩论将主要是南方人的声音。他们大致明白将哥伦比亚特区建在波托马克河上，是弗吉尼亚州对联邦政府具有持久影响力的一种声明。尽管他们内心那种鲜明的弗吉尼亚式美国观有着傲慢和地区性的味道，但他们的自以为是确实反映了某种人口和经济现实：弗吉尼亚州拥有整个国家 1/5 的人口，而且创造了整个国家 1/3 的商业。更重要的是，正如约翰·亚当斯所言："弗吉尼亚人认为自己所有的鹅都是天鹅。"这句话的意思是，弗吉尼亚州精英阶层的确相信，几乎是它一手发动并领导了争取独立的革命战争。弗吉尼亚人习惯认为自己必须是任何形式的各州联合的主导者。新首都的选址向这种自负献了殷勤：它在地理上是弗吉尼亚州的投影。那种鲜明的弗吉尼亚式美国观不过是一种幻觉，这并不那么重要；重要的是，人们对它深信不疑，而且新首都的地理位置在一定程度上取悦了这种幻觉。[51]

尽管这从来不是杰斐逊或麦迪逊的主观意图，但是国家首都孤立的地理位置和它完全是一座新城的特点，具有更深刻的政治意义。最初及随后的几十年之中，它不过是一片空旷土地而已。那些停下来询问如何去美国首都的早期观光客，经常因被告知他正站在首都的中心而感到惊诧。对联邦政府的侵蚀性权力感到恐惧的任何人，肯定会产生一种明显的踏实感：权力中心几乎是不为人所见的。或者，若像杰斐逊那样将城市视为国家的病痛，将农业价值观念看作美国的主流美德，那么华盛顿（特区）似乎就是这个新生共和国完美的首都了。若政治权力的集中或者合并会触动人们的主神经，会让人们想起伦敦或巴黎的宫廷官员正在谋划剥夺普通公民权利的恐怖场景，那么美国首都就又一次成为针对这种恐惧感的视觉治疗术：它没有法院，没有走廊，更没有什么公共建筑。它象征权力分散的胜利，而不是权力合并的凯旋。[52]

汉密尔顿身边那些令人恐惧的金融家不大可能认为这是一处特别友好之地。空旷和夏季的热浪，与金融和商业机构所在的其他地方（主要是费城和纽约）比起来，都不过是微不足道的制约因素罢了。通过选择建都波托马克河，国会不经意间将美利坚合众国的政治首都和经济首都分离开来。欧洲各大首都——柏林、伦敦、巴黎、罗马和维也纳——都是集政治、经济和文化于一身的都市中心。美利坚合众国几乎是无意中做出将它们分离开来的决定。全功能国家首都中那种令人兴奋的制度协同，比起那种极有可能侵蚀政客和金融家的腐败，就显得不那么重要了。[53]

因此，当汉密尔顿及其追随者宣称，这次妥协使其金融计划的核心内容获得国会批准，即那种带有集中化意味的财政改革制度化将难以移除的时候，将波托马克河作为永久建都地点则使那些旨在带领国家朝完全相反方向前进的政治观念被制度化了。而且，对杰斐逊和麦迪逊个人而言，这也具有象征意义。因为 1790 年妥协标志着他们的政治伙伴关系在中断了五年之后，又开始恢复了。现在，"伟大的合作"才真正成为一种名副其实的联盟。

杰弗逊和麦迪逊两人在弗吉尼亚州的许多朋友和同事，

都敦促他们将汉密尔顿的计划看作外国人占领全国政府的确凿证据，这个计划给了他们足够多的正当理由退出联邦。杰斐逊和麦迪逊称同他们一样感到担忧，而且认同他们的政治原则，但并不认同他们的分离主义冲动。他们两人的战略与此不同：不会抛弃联邦政府，而是占领它。就像新首都一样，这也将成为弗吉尼亚州的一种扩展，或者至少是弗吉尼亚人对独立战争的意义及美利坚合众国的意义所持观念的一种延伸。杰斐逊将监督并协调这次作战，并为之提供言论基础：这种言论基础与"1776年精神"有着独特的联系。而麦迪逊将实际领导军队前进，并亲自参与必要的政治斗争。尽管这并不容易，而且需要十年时间才能够完成，但是，历史上真实发生的就是如此。

3

沉 默

就在杰斐逊举行历史性晚宴的几个月之前，美国国会发
生了一件出人意料的事情。实际上，大部分政治领袖都认为
这是一件妨碍国会工作的尴尬事件。1790 年 2 月 11 日，两
个贵格会代表团（一个来自纽约，另一个来自费城）向国
会提交了请愿书，呼吁联邦政府立即结束非洲奴隶贸易。这
被视为一个糟糕的干扰事件，因为它的煽动性提议打乱了国
会对债务接管和建都地址的讨论。几个南方议员立即宣称，
贵格会这种多管闲事的做法是非常有害的。佐治亚州议员詹
姆斯·杰克逊对这样的请愿居然被严肃的议事机构讨论，感
到极为恼火。他说，贵格会教徒都是一些无知之人，这些人
试图用他们那种珍贵的极为纯净的圣水，来净化每个人的罪
恶灵魂。而且，他们的爱国之心是值得高度怀疑的。他们在
刚刚过去的反对英国残暴统治的战争中，以尊重他们极为珍
爱的良知为由，一直袖手旁观。这些顽固的绥靖主义者在那
些独立战争的老兵中间，配享有什么地位吗？用杰克逊的话
说，这些老兵"冒着自己的生命和财产危险，为国家争来
了自由和财产"。[1]

来自南卡罗来纳州的威廉·劳顿·史密斯马上站起来支

持杰克逊的反对意见。史密斯同意，贵格会请愿者的爱国心
极成问题，是应当遭到谴责的。但是他认为，这位佐治亚州
82　同僚根本没必要拿这些可悲怪异之人的可信度做文章。刚刚
获得批准的宪法已经明确禁止国会在 1808 年以前，通过任
何废除或者限制奴隶贸易的法律。（美国《联邦宪法》第一
条第九款第一项规定："对于现有任何一州所认为的应准其
移民或入境的人，于 1808 年以前，国会不得加以禁止。"）
当前国会里的几个成员恰巧也曾担任过制宪会议代表，他们
都可以证明，若无该条款，费城或其他几个南方州是不可能
批准宪法的。除了这些依然温热的记忆之外，宪法语言是毫
不含混的：联邦政府不得在建国后的二十年内，干预奴隶贸
易。因此，这些贵格会请愿者就是在要求获得早已被宣布不
可得到的东西。[2]

　　然而，杰克逊并不因有宪法保障而感到安慰。他指出，
这个名不副实的"公谊会"温和笑容后面，隐藏着更阴毒
的动机。"若借助联邦政府的干预，整个奴隶贸易被废除
了，"他这样说道，"我担心这会让人们相信，这是政府要
彻底解放奴隶的前奏。"简而言之，贵格会教徒提出的结束
奴隶贸易请愿，实际上是一种障眼法，他们的整个计划是要
废除奴隶制度本身。

　　詹姆斯·麦迪逊也站起来，发出了他经过冷静推理后的
警告。他的佐治亚州同僚实际上是有些反应过度了，这位同
僚充满激情的论辩尽管无疑是发自肺腑的，但确实既会让人
误入歧途又会起反作用。贵格会教徒的请愿"照例"是要

被听取，然后再交由一个委员会来审议。换言之，若这个问题被国会以例行公事的方式处理，而且国会没有为此产生无谓的纷扰，那么它很快就会从人间蒸发掉。按照麦迪逊所言，"人们不会注意，因此这个问题根本就不会扩散到国会大门之外"。然而，杰克逊那种过激的反对意见就好像在夜间战斗中发生的空中爆炸一样，会使人们都注意这个问题，而这正是贵格会教徒们所希望的。若杰克逊能够克制自己，那么这次请愿就会自然消退，而且"绝不会发展到必须就阻止非洲奴隶贸易做出任何决定的地步，也不会让那些奴隶主因猜测联邦政府打算在全部州内废除奴隶制而感到恐慌"。麦迪逊让杰克逊放心，因为"国会中的绅士是不会考虑这样的问题的"。[3]

83

然而，第二天，也就是 2 月 12 日，杰克逊那令人害怕的预言似乎马上就要成为现实了。因为就在那天，众议院接到了另一份请愿书，这份请愿书是宾夕法尼亚州废奴协会提交上来的。它敦促国会"以其贤明，采取为其权力所允许的措施，推动奴隶制之废除，并阻止任何形式的奴隶贸易"。正如杰克逊警告的那样，反奴隶贸易的人现在已经联合起来了，要结束整个奴隶制。而且，这份新请愿书还提出了另外两点，这两点加剧了诸如杰克逊这样的人的恐惧感。第一，它宣称奴隶制和奴隶贸易与美国独立战争所追求的价值观不相容，它甚至建议国会，履行政治职责，"制订从美国国民性中消除此种不相容性的措施"。第二，它对那种认为《联邦宪法》禁止联邦政府在二十年内制定任何反对奴

隶贸易的法律的观点，提出了挑战。它认为，宪法中的
"普遍福利"条款，授权国会采取任何其认为"必要且正当
的"行动，来消除人口交易的耻辱，并"支持让所有黑人
恢复自由"。最后，让它更具有煽动性的是，这份请愿书上
有本杰明·富兰克林的签名。富兰克林的爱国心和国际声誉
是毫无争议的；实际上，如果美国有伟人祠或万神殿的话，
只有华盛顿才可能与他并列其中。[4]

富兰克林在这份由宾夕法尼亚州废奴协会提交的请愿书
上签名有力证明了，麦迪逊更为钟爱的战略——平静地接受
这些要求，然后让它们被遗忘在国会之中——是不起作用
的。事实上，整整一天中，为了以全体会议形式讨论这些请
愿书，众议院只好将有关债务接管和定都地址的辩论搁置一
旁。在持续了四至六小时的辩论中，国会议员们说了一些以
前不曾在任何全国性论坛上说过的东西。

84   不错，制宪会议代表们曾就奴隶贸易及在征税与选举上
如何计算奴隶人口等问题进行了广泛讨论，但是这些讨论都
是闭门进行的，而且受严格的保密规定约束。（麦迪逊对这
些讨论的非正式记录，也是最完整的记录，没有在他生前发
表。）另外，奴隶制在这个新国家秩序中的地位问题，也曾
于1788年在几个州的宪法批准大会上出现过。但是这些在
州层面上进行的讨论，通常都集中在各州对宪法的解释上，
而不是宪法中对这个禁忌问题的模糊处理上。（诸如"奴隶
制""奴隶""黑人"这样的字眼，没有被写入最后的宪法
草案之中。）如果推动了1787~1788年宪法和解的政治领袖

们当时被允许就这个问题发表言论，他们肯定会说，这个问题过于重要，过于具有争议性，不适合公开谈论。⁵

这解释了几个南卡罗来纳州议员的初步反应，他们反对将这些请愿书在国会大厅内大声朗读出来。例如，阿迪内斯·伯克就警告说，那些请愿者已经"吹响了煽动骚乱的号角"，因此他要求清除走廊中所有的旁听者和记者。杰克逊认为自己也听到了号角声，不过是"内战的号角"。来自南方腹地①的所有发言者的立场似乎都是，宪法不仅禁止国会就奴隶制或奴隶贸易立法，而且它还禁止国会中的任何人公开提及这些问题。若这就是他们的立场的话，那么事态发展马上就证明，这是一种注定要失败的观点。⁶

当代表请愿者发言的宾夕法尼亚州议员托马斯·斯科特承认，宪法确实限制了国会终止奴隶贸易的权力，但对奴隶制本身未置一词时，辩论就开始了。正如斯科特所言，"若我是美利坚合众国的一名法官，当这些人来到我的面前要求获得解放时，我不知道我到底能够走多远。但是，我确信我会尽力走到最远。"这时，杰克逊评论道，如果佐治亚州的哪个法官也持相同态度，那么这位法官的"任期肯定是短暂的"。⁷

接着，杰克逊开始长篇大论地谈起了上帝的意志。按照 85

---

① 指美国最具南方特点的保守地区，尤指南卡罗来纳州、佐治亚州、亚拉巴马州和密西西比州等。

他的描述，上帝明显是赞成奴隶制的，不仅有圣经中的多处文字作证，还有佐治亚州每位牧师的声明作证。除了上帝的偏向之外，几乎每一位可敬的佐治亚州公民——这些人的生计依赖奴隶劳动——都承认，用杰克逊的话来说，"没有这些奴隶的劳动，大米就不可能进入市场"。威廉·劳顿·史密斯倾向于让其他人来解释所谓的上帝意志，但是他支持了这位佐治亚州同僚，认为奴隶制是让选民享有繁荣经济的前提条件之一。他指出："这就是那片土地上的农业状况，没有哪个白人有能力完成诸如排干沼泽和清理农田这样的任务，因此如果没有奴隶，这片土地上的人口就会减少。"[8]

史密斯还领导了南方腹地就另一个重大文本所展开的辩论，这个文本不是圣经，而是宪法。按照史密斯的说法，宪法制定者们早就意识到，各州代表团之间的主要冲突将发生在依赖奴隶的人和不依赖奴隶的人之间。后来会议上达成了部分谅解：北方各州同意不干涉南方各州的财产权利。除了宪法中的具体条文之外（宪法规定在计算国会代表席位时，奴隶人口至少应当部分计算，而且规定要在宪法获得批准之后继续保护奴隶贸易二十年），当时会议上还达成了一个默示但被广泛接受的谅解：新成立的联邦政府不能从事任何干涉南方奴隶制的行为。南方各州均是在达成这种谅解的前提下才通过了宪法。"正因如此，它们才批准了宪法，"史密斯宣称，"除非那部分内容得到承认，否则它们是不会加入联邦的。"他对这些贵格会教徒提交的请愿书所表现出来的不安，根植于他的这种信念：当前对这些请愿书的辩论就是对那种谅解的违背。[9]

佐治亚州众议员亚伯拉罕·鲍德温插进来表示支持史密斯对美国宪法的理解。"那些亲历了制定宪法的绅士们"——鲍德温本人也是其中一员——"不可能不记得这个问题给那次会议带来的痛苦和困难。"鲍德温宣称，1787年在费城达成的主要协议是，排除北方各州对南方各州奴隶制的任何影响。"若绅士们回顾一下那次会议所走过的路程，"鲍德温说道，"他们将发现当时是以极大的谨慎写下这些文字的，目的是为了它们不会被轻易抹除。"当前国会任何重新讨论那部分谅解协议的企图，都会导致这个国家在刚刚诞生之时就不幸夭折。[10]

几个北方国会议员站起来反对那种认为圣经和宪法支持奴隶制的说法。纽约州的约翰·劳伦斯说，如果基督徒一边读着"山上宝训"，一边还认为这种布道与奴隶制一致，那才奇怪呢。就宪法而言，劳伦斯认可其中的某些条款承认了奴隶制的存在，并且规定对那些愿意继续输入更多非洲人的南方各州提供暂时保护。但是，以劳伦斯的观点来看，人们达成的更大谅解是，奴隶制是美利坚合众国的一种异常现象，它之所以在短期内是可以被容忍的，完全是因为人们达成了这样一种明确的共识：从长远来看，它终究是要被终结的。宾夕法尼亚州的斯科特赞同这些观点，指出这里具有决定性意义的文件不是宪法而是《独立宣言》，后者明确宣布"一个人将另外一人视为私人财产是不可能的"。[11]

马萨诸塞州的埃尔布里奇·格里试着对南方同僚们说一

些调和的话，尽管带着浓重的北方腔调。他在冗长、散漫的演说中认为，奴隶主们现在面临的困境确实是悲剧性的，而且这种悲剧不是他们自身的过错，他们是"被第一代殖民者拉入了奴隶贸易"。但是，避免了此种命运的北方各州的主要使命，并不是对南方各州的处境听之任之，而是要将它们拯救出来。这不仅是一种政治责任，而且对奴隶主和奴隶来说都是"人道的"。因此，贵格会教徒提交请愿书就不是叛逆的或不当的行为。这些请愿书"就像任何其他提交国会的文件一样有价值"。接着，格里指出，如果以当时的市场价格来购买奴隶，那么，他个人估计国家需要向奴隶主支付 1000 万美元的补偿金。至于他是如何做出这种估算，我们并不清楚——他的估算比现实要低很多，但是他提出的资金来源却是非常清楚的：选民不会接受交纳足以支付这些费用的税额，因此唯一可行的方式是，利用出售西部土地所得的收入来设立一个国家专项基金。至于奴隶贸易，这种可鄙的贸易结束得越早，对每个人就越有好处。[12]

87

尽管辩论过程中国会议员之间的分野泾渭分明，但是弗吉尼亚州代表们的立场却模棱两可。例如，约翰·佩奇似乎对这些请愿书表示出最响亮的支持。他警告那些南方腹地的同僚们，他们对终止奴隶制和奴隶贸易的反对具有误导性。真正的威胁是沉默不语。当时，佩奇解释了自己的想法。在他看来，有关这次辩论的报道最终肯定会被南方奴隶们知道，当奴隶们了解到国会不愿意考虑如何改善他们的状况或结束他们的悲惨命运时，他们就会失去任何希望。后果将是奴隶起义，因为"如果说有什么东西会诱使他（奴隶）起来造反的话，这样的打击肯定是其中之一"。[13]

麦迪逊的想法明显不那么古怪离奇，尽管也是有问题的。作为制宪会议的核心人物，麦迪逊强调，1787年宪法为各州明确了多种法律义务。尽管宪法确实规定国会在1808年以前不得限制或结束奴隶贸易，但是它并没有禁止众议院谈论这个问题。他们可以讨论他们愿意讨论的包括逐步废除奴隶制在内的任何问题，尽管他认为，国会不可能采取任何"意在解放奴隶"的重大行动。然而，国会可以"对将他们（奴隶）引入西部地区的行为，进行某种规制"。麦迪逊说，这是一个他认为"绝对值得考虑的思路"。至于就奴隶制的未来所达成的默示谅解，是建立在废除奴隶制这个前提之上，还是建立在永久保护奴隶制这个前提之上，麦迪逊则未置一词，尽管这是个关乎全局的重要问题。[14]

考虑到辩论过程中议员之间的明显分野，最后43票对11票一边倒的投票结果就显得有些奇怪了，多数议员赞成将这些请愿书交给一个委员会审议。反对票中有7票来自南卡罗来纳州和佐治亚州的议员。这两个州的议员们没有哪个愿意成为该委员会的成员。最后，该委员会得到指示，在本次国会开会期结束之前，委员会需向全体众议员提交调查结果。众议院对新生美国所面临的这个根深蒂固的难题的公开探讨，就这样结束了，至少是暂时结束了。[15]

88

我们可以带着当时议员们都未掌握的知识，来聆听这场发生于 1790 年的辩论。因为我们今天已经充分了解他们在当时只能隐约感觉到的东西（若他们能够感觉到的话）：奴隶制将成为美国历史随后七十年中的核心问题；美国独立战争之后的几十年中，由于未能对解决奴隶制问题采取决定性行动，致使奴隶人口出现了大规模增长，而美国政府的法律和政治原则也在不断妥协之中，与奴隶制盘根错节地纠缠在了一起；最终有超过 60 万的美国人，将在这个国家历史上流血最多的战争中死去，而且这场战争对社会造成的冲击和创伤，将在之后至少一个世纪中都无法平息。

对于我们来说这是熟知的历史，然而对于他们却是未知的未来。尽管 1790 年的辩论表明，他们对未来会如何有着浓厚的兴趣，但辩论却根植于他们最熟悉的过去，即根植于刚刚结束的成功推翻大不列颠暴政的独立战争，根植于将十三个州团结为一个更有凝聚力的联邦制国家的创举。1790 年辩论的全部分歧的核心在于，人们对后来被称作美国的"最初意图"有着不同的理解。具体来说，就是独立战争对于奴隶制到底意味着什么。人们对这个问题的回答在很大程度上取决于在他们看来，1776 年和 1787 年这两个奠基性时刻哪个具有更深远的影响。而且，他们的观点也几乎完全取决于他们的地理位置和人口情况。

至少在辩论层面上，美国独立战争的基础是平等主义原则，这种原则使奴隶制永久地畏缩在防御位置。而且，就当时来看，这些原则似乎还使任何辩论中的反奴隶制观点，具有决定性优势。杰斐逊在最初起草的《独立宣言》中，就将奴隶贸易描述成罪恶的英国君主设计的旨在玷污无辜殖民地人民的阴谋。尽管大陆会议在确定《独立宣言》终稿时，将这个段落删除了，但还是表达了一种近乎狂想的意识：美国独立战争是伟大的胜利时刻，也是世界历史上重大的变革时刻，所有建立在人压迫人基础之上的法律和人类关系都将被永久废除。而且，不论《独立宣言》中天赋权利部分（"我们认为这些都是不证自明的真理。"）在后来显得多么不合实际和过犹不及，在独立战争的大熔炉中，它的确热情地表达了一种广泛的信念：奴隶的完全解放不仅马上就要到来，而且是不可避免的；解放奴隶是这次光荣革命的自然结果，它让美国人民从与大不列颠政府相关联的中世纪道德中解脱出来。如果在奴隶制这个问题上，圣经是一种与此矛盾的理论渊源的话，那么《独立宣言》这份世俗的美国圣经，则毫不含糊地要求废除奴隶制。[16]

从长远来看，《独立宣言》的自由主义价值观确实获胜了。但是我们还需要认识到一点：从短期看，在独立战争期间及其刚刚结束后的时间中，人们普遍认为奴隶制已经开始走向灭亡。例如，在 1776 年，当大陆会议投票表决废除 1774 年不从英国进口的协议之时，它保留了禁止输入非洲奴隶，这是反对重启奴隶贸易的明确声明。六年战争造成的人力匮乏催生了数种解放奴隶计划的出现。根据这些计划，奴隶们能够获得解放，奴隶主会因这些奴隶在战争期间服兵役而得到补偿。尽管这是军事危机催生的紧急计划，而且最终被南卡罗来纳和佐治亚的种植园主阶层拒绝，但是这些计划似乎都是对未来的预言。战争行将结束时，美法联盟中的杰出人物拉法耶特将军，敦促华盛顿宣布解放弗吉尼亚的全部奴隶，而且让这些人以佃农身份在该州西部定居。[17]

但这些不过是一些短暂插曲而已，插曲中的种种许诺从来没有实现过。独立战争精神中最可见的、最持久的反奴隶制思潮，也仅局限在战争期间及其结束后不久的北方各州。佛蒙特州（1777 年）和新罕布什尔州（1779 年）在州宪法中规定奴隶制非法。马萨诸塞州最高法院在一次判决中宣布奴隶制违宪（1783 年）。宾夕法尼亚州（1780 年）和罗得岛州（1784 年）通过了在各自辖区内立即终止奴隶制的法律。康涅狄格州（1784 年）也紧随其后，实施了逐步解放奴隶计划。切萨皮克湾以北、奴隶人口最多的两个州，即纽约州和新泽西州，因奴隶众多而负隅顽抗。尽管 1780 年代的多个逐步解放奴隶计划被挫败了，但北方各州的奴隶制辩护者也只是在一场就要失败的战斗中挣扎而已。对北方各州而言，废奴问题在更大程度上只是一个时间问题，而不是是否废奴的问题。[18]

而且还不止于此。1782 年弗吉尼亚州议会通过了一部法律，这部法律允许奴隶主自行决定解放他们的奴隶。到了1780 年代末，该州获得解放的奴隶人数已达到了 12000 人。与此同时，托马斯·杰斐逊正在撰写《弗吉尼亚笔记》（*Notes on the State of Virginia*），这是他一生中出版的唯一一本著作。在这本书中，他提出了一项计划，让所有于 1800

90

年以后出生的奴隶最终都能够获得自由。1784 年，杰斐逊还向联邦国会提交了一项议案，要求在美国西部地区禁止奴隶制。这份议案只差一票而未获通过。人们无须成为一个无可救药的空想家，就能够看到美国独立战争所带来的思想大爆炸，这次爆炸摧毁了奴隶制赖以存在的整个根基，而且它的冲击波以不可阻挡之势将废奴能量扩散出去：奴隶贸易被普遍认为是一种犯罪行为；奴隶制在北方各州彻底灭亡；奴隶制是否向西部地区扩张看起来是不确定的；弗吉尼亚州看起来是废奴思潮的滩头阵地，这种思潮终将横扫南方；让美国共和精神与独立战争后的现实状况相协调的时机，已经成熟了。[19]

　　然而，事实证明，这种令人振奋的愿景不过是一种幻想。事实上，独立战争口号的假定前提混淆了真正的现实：不论奴隶制在纯粹的意识形态上看起来是多么反常，它们深嵌在美国社会结构的多个层次或层面之中，这些层次或层面完全不受任何空想愿景和革命预期的影响。

　　那种认为独立战争是一股强大潮流，注定要将奴隶制从美国大地上清扫出去的狂热想法，实际上带来了错误的乐观精神，并且催生了一种误导性的、废奴势在必行的感觉，这种感觉让人们的主观能动性都显得多余。（当历史马上就要揭晓全部答案时，为什么还费尽心思地制订计划呢？）而且，独立战争取得成功的原因之一在于，它的直接或短期目 91 标都是政治性的：赶走皇家总督，重写各州宪法，实际上这些宪法当时已经具备独立战争认可的许多共和特征。然而，废除奴隶制与赶走大不列颠官员或修改州宪法是不同的。在纽约州和新泽西州，或者说在整个波托马克河以南地区，奴隶制已经以足以抵挡任何逻辑或道德诉求的方式，嵌入了美国社会结构。与此同时，它还得到了独立战争强大精神遗产的保护：人们有权在不受他人武断干涉的情况下处理自己的财产，尤其是在他人居住在遥远之地，或者宣称具有某个甚为遥远的政府权威之时。没错，"1776 年精神"中确实有一些激进暗示，这些暗示能够对财产权的不可侵犯性提出挑战，但是这些原则之所以成功，就在于它们只是一些潜在的暗示而已。也就是说，它们成功的秘诀在于，它们是以隐晦的方式在整个 19 世纪逐步揭开自己的平等主义含义。若要遏制奴隶制的疯狂扩张，若要切除这个危险的毒瘤，就必须立即行动。只要它们依旧只是暗示而已，就根本不会有任何助益。[20]

这个问题非常棘手，这在关于宪法起草和批准的辩论中显得更加清楚。尽管宪法的最终定稿对奴隶制讳莫如深，这个问题却总是出现在闭门辩论之中。麦迪逊认为奴隶制是制宪会议上最根本的分歧之源，这绝非言过其实。"各州组成了不同的利益集团，这不是由于它们大小不一，"麦迪逊这样说道，"而主要是因为它们是否有奴隶……这种分歧并不存在于大州和小州之间，而是存在于北方各州和南方各州之间。"[21]

新英格兰地区及中大西洋地区的大部分代表，直接利用革命遗产中鼓舞人心的思想，论证奴隶制与共和价值观互不相容，这种价值观正是美国独立战争的基础。他们要求立即终止奴隶贸易，要求明确声明各州加入联邦的条件之一为禁止将奴隶制扩展至西部地区，而且要制订与北方各州已开展计划相类似的全国计划，逐步解放黑奴。颇具讽刺意味的 **92**是，对北方在奴隶贸易上的立场的最强有力说明，来自马里兰州的路德·马丁。他认为奴隶制是"一种与恶魔进行的可鄙交易"，与"独立战争的原则不一致，而且与美国人民的品格不相称"。对北方在废奴问题上的立场的最充分表达，则是由古弗尼尔·莫里斯提出。莫里斯是个纽约人，但以宾夕法尼亚州代表的身份出席会议。他将奴隶制描述为一种实际上阻碍了南方经济发展的"祸根"，而且是"受贵族欢迎的宪法的最显著特征"。莫里斯甚至提议为补偿奴隶主而向全国征税，称自己宁愿交税为美国的全部黑奴赎身，也不愿让这样一部宪法拖累子孙后代。从马丁和莫里斯的演讲中，我们可以看到一种最清晰雄辩的观点表达（这种观点后来被废奴运动的领袖们采纳）：奴隶制是一个不容讨论的问题，现在是开始彻底废除奴隶制的适当且幸运的时机，而且在这一长远目标上做出的任何妥协都是一种"死亡契约"。[22]

将南方立场描述为南方腹地的立场可能更恰当一些，因为弗吉尼亚州不持这种立场。这种立场的最主要鼓吹者是南卡罗来纳州和佐治亚州，而证明立场正确性的任务则几乎完全落在了南卡罗来纳州代表团身上。南方立场的确立基础得到了南卡罗来纳州代表查尔斯·平克尼的公开阐释。他说："南卡罗来纳州和佐治亚州不能没有奴隶。"南方腹地代表们需要的是，自由输入非洲奴隶来耕作种植园。他们还需要自由地将奴隶制扩展到西部地区，联邦法律不得禁止在这些地区推行奴隶制。最后，他们需要在宪法中添加一个具体条款，禁止联邦立法限制奴隶主的财产权。也就是说，他们需要一种宪法保障，让奴隶制在南方腹地继续繁荣兴旺下去。南卡罗来纳州的皮尔斯·巴特勒和约翰·拉特利奇最清楚地表达了南方各州的忧虑。巴特勒解释说："南方各州希望得到的保障是，它们的黑人不会被夺走。"拉特利奇补充说："南方各州人民不可能当那种放弃重要利益的大傻瓜。"隐藏于他们立场之中但清楚无误的主旨（这一主旨后来成为南卡罗来纳人在 1832 年"拒行联邦法危机"中打出的一张王牌，而且这张王牌后来还被 1861 年的分离主义者更大胆地使用）是，若联邦政府有任何推行全国性废奴政策的意图，他们就会脱离联邦。[23]

　　1787 年南北双方在费城都没有得到自己想要的东西。一方面，宪法没有包含任何让新成立的联邦政府采取逐步废奴政策的条款，也没有明确将奴隶制置于通向毁灭的道路上。另一方面，宪法也没有具体、明确地规定，奴隶制是波托马克河以南或其他任何地方的一种永久性的、受保障的制度。就奴隶制而言，宪法的显著特征就是对它的回避。宪法既不是一份"废奴契约"，也不是什么"死亡契约"，而是一种谨慎的模棱两可。当规定限制奴隶贸易的起始年份或者为选举国会议员而将每个奴隶当作 3/5 人时，宪法用词的曲折委婉——它从来没有提及那个禁忌词语——彻底暴露了其刻意回避的态度。精心制定这种不做任何明确承诺的条款的

潜在原因，是再明显不过的：对奴隶制问题做出任何非此即
彼的明确规定，都将使宪法无法获得批准。

　　两项具体的妥协很好地说明了这一趋势：用既能够掩盖
制宪会议上深刻的道德分裂，又能够使双方都宣称己方获胜
的词语，来精心打造关于奴隶制问题的政治交易。第一个扑
朔迷离的交易，涉及奴隶制向西部扩散的问题，而且实际上
这项交易是在费城举行的邦联国会上达成的。邦联国会最后
通过的、最具影响力的法案之一是 1787 年 7 月的《西北条
例》（Northwest Ordinance）。该条例第六条禁止将奴隶制扩
展到俄亥俄河以北地带——这个决定可以被合理地解释为实
现在即将加入联邦的各州中全面废奴（1784 年杰斐逊提议
的法案内容）的第一步。然而，该条例还可以被理解为对
西南部奴隶制的默示支持（事实证明正是如此）。无论如
何，《西北条例》的通过，对制宪会议的代表们来说是一个
福音，这不仅因为它将一个可能导致分裂的问题从议事日程
上排除出去，还因为它提出来的解决方案既可以被理解成对
北方有利，也可以被理解成对南方有利。[24]

94

　　公正地说，第二项交易可以被称作制宪会议上达成的最
重要的妥协，它甚至比大州和小州之间在参众两院代表席位
分配上所达成的"伟大妥协"还要重要。我们可以将此次
妥协描述为"地方间妥协"。麦迪逊认为这是在费城达成的
所有秘密交易中最重要的一个，这是丝毫不为过的。"在航
运和奴隶制这两个问题上达成的谅解，"麦迪逊说道，"已
经在联邦的不同地区之间达成了。"这项交易包括了选票交

易：新英格兰地区同意支持将奴隶制再延续二十年，来换取南方腹地的支持，以使国会投票批准联邦商业法规时，只获得简单多数的赞成票，而不是 2/3 以上的绝对多数。就《西北条例》而言，双方都可以宣称自己获胜了。而到底哪方才是真正的获胜者，只有时间才能给出证明。（约翰·C.卡尔霍恩后来的结论是，若南方腹地认为这次交易是对未来下的赌注的话，那么南方腹地就输了这场赌局。）[25]

各州批准宪法大会上的辩论更加表明，被宪法捆绑在一起的各种不同观念的不可调和性。例如，在马萨诸塞州和宾夕法尼亚州，反对宪法的人对宪法默示接受奴隶制的继续存在提出了反对意见。（这种默示接受体现在两个条款上：一个条款规定，当分配国会众议员席位时，奴隶人口按其实际人口的 3/5 计算；另一个条款规定，允许奴隶贸易再持续二十年。）然而，支持宪法的人向他们保证，这种部分的、有限的妥协恰恰反映了这种行将消亡的制度不过是在苟延残喘而已。宾夕法尼亚州的詹姆斯·威尔逊预言，解放奴隶是不可避免的，而且"尽管时间比我希望的要更长一些，但是将照样给整个国家带来宾夕法尼亚州所追求的那种逐步变革"。至于西部地区，威尔逊确信，国会"绝不会允许在这些新州中存在任何奴隶"。另外，路德·马丁站出来反对宪法，理由是宪法中对奴隶制的保护"致使我们在世界上每一个真正自由的友邦面前显得卑鄙可耻"。马丁或许是第一个公开认为宪法是"死亡契约"的人，同样也是之前制宪会议代表中第一个将"地方间妥协"鄙视为一种腐败交易的人。但

95

是在胜负难辨的投票中，他的马里兰州同僚们拒绝了他对宪法的解读，认为这种解读过于悲观主义了。[26]

同时，在南卡罗来纳州，宪法对奴隶制做出的那些让马丁忧虑的保障，却被该州许多代表认为是不充分的。查尔斯·平克尼凭借自己对宪法真义的解释，推动了该州批准宪法：

> 我们已经得到了一项保障：联邦政府永远不可能解放那些黑奴，因为此种权力既未被授予亦未被承认。无论在何种情况下，除了那些被宪法明确授予的权力之外，联邦政府别无任何其他权力，而任何未明确授予其之权力都由各州保留……简而言之，考虑到所有这些情况，我们已经在我们的能力范围之内，为这一类别的财产赢得了最佳条款。或许若当时能够的话，我们还能争得更好的条款。但总体而言，我不认为它们是糟糕的。[27]

最彻底、最引人注目的辩论发生在弗吉尼亚州。作为拥有最多奴隶人口（29.2万）和最多自由黑人人口（1.2万）的州，弗吉尼亚州的人口结构看起来是绝对南方式的。只有南卡罗来纳州的黑人人口密度超过了它（南卡罗来纳州是60%，而弗吉尼亚州是40%）。然而，弗吉尼亚州的观念立场听起来却是非常北方的。或者更准确地说，弗吉尼亚州的政治领导层欣赏弗吉尼亚所扮演的"1776年原则"的主要代言人，这些原则将奴隶制永远置于阴影之下，并似乎让弗吉尼亚州处于与南方腹地对立的境地。我们必须记住，是杰斐逊建议在整个西部地区禁止奴隶制。麦迪逊尽管最终支持了那个 3/5 条款，却承认他因这个规定而感到不安，并坦言"在某些方面，它看起来有些不伦不类"。最值得注意的是，弗吉尼亚人执着地反对奴隶贸易。麦迪逊及其同僚乔治·梅森都因为制宪会议上达成的"地方间妥协"延长了奴隶贸易而谴责这种妥协，而且梅森最终还因此而投了宪法的反对

96 票。至少从表面上看来，弗吉尼亚州似乎是唯一一个美国革命意识依旧强大得足以摧毁奴隶制的南方州。[28]

　　然而，若进行更仔细的考察，弗吉尼亚州不过是一幅更加模糊不清的图景，这幅图景正是当时整个国家的真实写照，而且也是宪法所竭力体现的。因为在弗吉尼亚人的反奴面目，以及在捍卫独立战争原则中的先锋角色之下，他们反对将自己对奴隶的控制权让渡给任何联邦机构，哪怕只是极其微小的部分。他们到底是生活在矛盾之中还是谎言之中，这真是个有趣的问题。不可否认的是，弗吉尼亚州领导层发现自己处在这样一种特殊境地之中：一方面承认奴隶制是一种恶，另一方面又坚持认为联邦政府不能在奴隶制问题上有任何作为。梅森对奴隶贸易的强烈反对，实际上与他提出的宪法必须保障"那种我们已经拥有的财产权"互相应和。

　　弗吉尼亚州的真正立场不像表面上看起来那样具有原则性。它的种植园中已经有足够多的奴隶了，因此反对奴隶贸易有经济上的道理，正如反对解放奴隶一样。梅森认为，宪法在这个问题上大错特错："他们已经做了他们本不应当做

的事情"（延长奴隶贸易），"却没有做他们本应做的事情"
（明确禁止联邦干涉他所谓的"我们的内部利益"）。埃德
蒙·伦道夫在弗吉尼亚州宪法批准大会上，清楚说明了梅森
所指的"内部利益"到底为何。伦道夫以他那种转弯抹角
的方式支持批准宪法，因此他有必要反驳梅森对奴隶制的担
忧。"我会告诉你们，"他对弗吉尼亚同僚们说，"南方诸
州，甚至是南卡罗来纳州，都认为这项财产是安全的。"而
且，除了梅森之外，"弗吉尼亚州代表团中没有哪个人对废
奴有过丝毫的怀疑"。一句话，弗吉尼亚人嘴上说的是北方
论调，可是脑袋里装的却是南方思想。[29]

如果我们对 1790 年国会辩论贵格会教徒请愿书时的美
国总体局势做出概括的话，那么在奴隶制这个问题上看似清
楚的一件事情就是：根本没有什么东西是清楚的。实际上，
2 月的初步辩论只不过精确反映了美国国内人们对奴隶制命
运的不同的、对立的思想状态：一方强调的是据称在 1776
年就已经签发的废除奴隶制的期票；另一方则强调 1787 年
达成了允许奴隶制继续存在的君子协定，而以弗吉尼亚人为
首的中间派别，则采取了骑墙策略，建议对奴隶制采取温和
的方针，以免这种分歧致使国家出现地区分裂。各方都可以
合理地宣称，他们以独立战争的精神遗产作为自己的立场支
撑。而且，各方似乎都认为，历史和未来都站在他们那
一边。

就像划破夜空的一道闪电，1790 年 2 月国会大厅内的

97

初步交锋，第一次在全国人民面前暴露了这种意见分歧。委员会 3 月 8 日时已经基本完成调查报告工作，因此这个问题不会无声无息地消失，也不会被埋没在议会的某个坟墓之中。南方腹地代表们站起来表达他们的愤怒之情，对这个禁忌话题又一次被许可进入公共视野表示不满。威廉·劳顿·史密斯指着那些站在走廊里的废奴主义者说，他们就像"盘旋在我们头顶上的恶魔"。詹姆斯·杰克逊甚至还向走廊中的贵格会教徒展示他那带着威胁的面容，咒骂他们是彻头彻尾的疯子，接着发表了一通情绪化、不连贯的长篇演说，以至于记者们根本无法记录下他说的话。他的主要论点似乎是，任何接受那个委员会的报告的决定，都将无异于瓦解联邦。[30]

这些具有威胁性的猛烈攻击确实拖延了时间，但南方腹地仍然缺少票数。3 月 16 日，该委员会已经准备好向国会提交报告了。杰克逊和史密斯也已经先后准备好对此做出回应，他们的回答是美国历史上对赞成奴隶制立场的最彻底的公开表达。事实上，直到美国内战爆发前夕，南方那些为奴隶制辩护的人在之后七十年中为奴隶制说的每一句辩词，都会在随后两天内如汹涌波涛一般奔涌而出。[31]

杰克逊首先发言，长约两个小时。他始终不敢相信，这个由头脑冷静的立法者组成的高贵机构，居然会允许这些"不可靠的贵格会教徒"以他们那颤抖的良知来控制国家议事日程。其中一个请愿者——不切实际的社会改良家沃纳·米福林——承认他是在一次暴风雨中被闪电击中后才接受反奴隶制思想。国会之所以被选举出来，是要做国家这艘船的掌舵人，使之穿越险恶的未知水域，而不是将一群一心想抵达希望之乡但注定会让这艘船沉没的空想家带上甲板。

谈到承诺，在1787年国家建立之时，就已经制定了一份"神圣协议"，"将大家汇聚到一起，各自放弃一部分自身利益以保留其他利益"。接着，杰克逊就畅谈在制宪会议上达成的"地方间妥协"，"正是因为这个原则，南方各州才同意了几乎可以被称作东西部各州航行法的那部法律"。南方各州做出此种妥协的条件是，保留奴隶贸易二十年。贵格会教徒现在却要国会撕毁这份协议，违背了作为南方腹地加入联邦的基础的那份谅解。

而且，在举行制宪会议的许多年前，一份更根本的谅解在费城达成，当时这一谅解被写入法律。此种谅解根植于这样一个事实：殖民地时代的奴隶制已经成为南方各州的特征，成了波托马克河以南的美国社会的永久组成部分。"如果正如某些人所宣称的那样，这是一项犯罪的话（我否认这种说法），"杰克逊解释道，"那么应当为此负责的是大不列颠，而不是那些现在拥有这些财产的美国居民。"在杰克逊看来，北方在这个问题上的立场是令人难以容忍的，因为北方佬的论辩将地理上的偶然事件和历史情势的产物，说成一种故意罪恶。无可争议的事实是，奴隶制不过是"在宪法批准之前就已经确立的、现在已经无法修正的诸多习惯之一"。当十三个殖民地联合起来反抗大不列颠时，"没有人提过这个问题"。而且，当国家于1787年成为一个更团结的整体时，"联邦也全盘接纳了与各州联系在一起的坏习惯"。这个默示的却得到充分理解的地区间协议（费城达成的"地方间妥协"不过是强调了这一协议）说明奴隶制是一种不证自明的现实，尽管在共和国意识形态框架里看起来比较异常。这种现实与杰斐逊那不证自明的真理共同存在。杰克逊说道，"这个习惯，这个奴隶制习惯已经被确立了"，而且所有负责任的美国政治家都同意"让南方各州自行决定这个问题"。反奴隶制的理想主义者可能更喜欢生活在一个更加美好的世界中，而在这个世界，那些太美好的东西反而无法实现。1790 年的美国是一个现实中的世界，负载着诸如奴隶制这样的历史遗产。因此，它是一个过于真实而不可能美好的世界。杰克逊并没有像两三代以后的南方辩护者那样，再进一步苦心论证奴隶制实际上是一种"积极的善"，但他确实以无可置疑的语气强调，奴隶制是一种"必要的恶"。

当时杰克逊手边有好几本书，于是他就为同僚们朗读了起来，目的是要证明权威人士也与他持相同观点。所有权威中最受人尊敬的——圣经中的上帝——在《旧约》的好几个段落都支持了奴隶制。而且，最近对非洲部落文化的可靠研究也表明，奴隶制是非洲人的一个长期传统，因此那些在美国的非洲奴隶，只不过是在这个国家经历他们本来就要经历的状况而已。或许，他们若在自己的祖国，会比这里更受压迫。

接着，杰克逊让同僚们来看看"我们的国务卿杰斐逊先生"的观点，并开始阅读杰斐逊的《弗吉尼亚笔记》中关于"当奴隶们被解放时,到底该做些什么"的段落。他们要么被就地融合,要么必须迁移到其他地方。杰克逊宣称,由于杰斐逊对这个问题的看法是如此著名,他可以轻松背诵出来。这两个种族是不可能平等地生活在一起的,因为"白人有着根深蒂固的偏见,黑人有着成千上万的伤痛记忆;白人的偏见、两个种族之间的自然差异,以及其他许多将我们划分成派别的因素,都决定了除非消灭其中一个种族,否则冲突就永不会消失"。或许北方佬中有几个人也不同意杰斐逊的观点。或许那些贵格会教徒同意种族混合并希望"将自己的女儿许配给黑人的儿子,或为自己的儿子迎娶黑人的女儿"。尽管北方的黑人人口相对要少一些,然而那里的种族隔离模式表明,大部分北方白人都赞同杰斐逊观点——"融合"是不可能的。在黑人人口比北方多得多的南方,"融合"更不可想象的。

因此,那些鼓吹解放奴隶的人必须面对非洲奴隶人口 100 规模所带来的棘手困境,即这些人一旦获得自由,就必须被迁移到其他地方。除了天文数字般的成本之外,这些被解放的奴隶要被安置到哪里去呢?那些鼓吹将他们送回非洲的人,最好去研究一下英格兰最近为在塞拉利昂建设一块黑人殖民地所付出的努力:在那里,大部分获得自由的奴隶不是死亡,就是遭到当地非洲部落的重新奴役。那些鼓吹将他们送到美国西部的人同样需要三思:"美利坚民族就像一股不可阻挡的潮流,正在快速覆盖地球上更多的地方,在这片广阔大陆上拓展他们的定居点,不论多么偏僻、遥远，只需短短的时间，美利坚民族就会在那里定居。"再者，广阔的西部土地已经许诺给印第安人了，这些人对黑人邻居的反应极有可能是不仁慈的。如果任何人能够对这个问题提出一个负责任的解决方案，杰克逊宣称自己定会采纳。但在敲定解决方案之前，所有有关解放奴隶的讨论都必须停止。[32]

除南方腹地代表之外，没有人站起来回应杰克逊的发言。第二天，即 3 月 17 日，威廉·劳顿·史密斯又站在演讲台上说了两个多小时，重复了杰克逊的大部分观点，这中间从未被人打断过。若说杰克逊倾向于一种手舞足蹈式的、不断击打讲台的讲话方式（这种方式让人联想起宗教复兴运动中做巡回演说的长老会教徒的风格），那么史密斯则更喜欢像南卡罗来纳州的贵族那样，以西塞罗式从容不迫和抑扬顿挫的语调说话。尽管风格不同，但他们的论点是完全一样的：宪法已经明确规定，奴隶贸易在 1808 年以前不得终止；地方间协议认可了早已扎根于波托马克河以南地区的奴隶制；任何企图重新讨论这个协议的行为都意味着联邦的瓦解；人口和种族现实使任何解放黑奴的计划都是不可行的，对于那些居住在大量黑人中间的南方白人来说，更是如此。史密斯也引用了杰斐逊《弗吉尼亚笔记》中的话，开始预测美国出现大量自由黑人的种族影响："若黑人不与白人通婚，他们将永远都是黑人；解放他们并不会将他们洗刷白净，这是不容争议的。若他们与白人通婚，那么白人种族就要灭绝，美国人民将成为黑白混血儿。因此，无论在何种情

101

况下，解放黑人奴隶这种想法都是愚蠢的。"[33]

　　到此为止，支持奴隶制的全部主张已经完全展现出来了。从这个重大时刻向后看，杰克逊和史密斯的演说后来在 19 世纪成了南方为奴隶制辩护的老生常谈，这种辩护最终输在了美国内战的战场上。从此刻向前看则会发现，以前从来没有人提过如此大胆或如此系统的观点。的确，他们以宪法为依据进行的论辩，是对 1787 年制宪会议和几个州宪法批准大会提出的观点的总结。但是，这种认为奴隶制必须被无条件接受为联邦国家的永久特征之一的无耻观点，若不是全新的话，至少以前从来没有在国家论坛上被充分解释过。另外，以种族为基础的论证，将美国社会变成一个种族混合的社会表述为奴隶解放的后果之一。由于它试图将南方和北方之间的地域歧见，转变成一种全国性的白人联盟对黑人联盟的斗争，从而为这场辩论开启了一个新的维度。[34]

　　南方腹地议员们论辩的新奇性，应该放在当时的环境下来理解。论辩中提及的具体问题是新的，但他们的态度却是为人熟悉的。在独立战争年代，没有哪个负责任的政治家曾考虑过（更不用说支持了）两个种族共存的美国社会。例如，1776 年，当大陆会议委派约翰·亚当斯、本杰明·富兰克林和托马斯·杰斐逊设计美利坚合众国国印的时候，他们制作了一个图案来描绘美国人的英格兰、苏格兰、爱尔兰、法国、德国和荷兰血统。图案中根本就没有非洲人或者印第安人。因此，这次支持奴隶制的论辩，利用了这种前提假设：美国的盎格鲁－撒克逊特质尽管是潜在的，却是长久存在的。在 1790 年以前，根本就没有必要在国家论坛上明确陈述这些假设，因为当时没有人对奴隶制进行正面攻击，从而也不需要直接或者系统地回应。

那些认为这是种族主义意识形态第一次登台亮相的历史学家，将这种意识形态描述成一种全新的"解释"或者"发明"，这种解释和发明的目的是将关于奴隶的辩论局限在一个更加具有偏向性的框架内。这些历史学家的观点是，挑战奴隶制促使种族（或种族主义）观念第一次在辩论中被明确提及出来。然而，这些观念一直都潜伏在独立战争那一代人的心智之中。美国独立战争留下的关于奴隶制的遗产，不是一份要将之终止的默示协定，或者两个地区之间达成的继续容忍奴隶制的君子协定，而是一种经过精心计划的戒律：这个问题根本就不能被讨论。奴隶制是不得向外人张扬的家丑，或者是房间里的大象。支持奴隶制的论辩中真正让人感到新鲜的，不是那些被表出来的观念或者态度，而是这种表达本身。[35]

同样还有一个新因素马上就要进入 1790 年的国会辩论之中，这个因素同样使原来隐藏在模糊地带、心照不宣的东西，开始为人所见、为人所知。或许，第一届国会最不具争议性的立法是关于进行 1790 年第一次人口普查的立法。这是一项关键立法，因为必须掌握精确的人口数据，才能够决定各州在众议院中的代表名额。在贵格会请愿的辩论进行之时，当时人口普查收集到的信息如下：

美利坚合众国 1790 年人口普查结果 *

单位：人

州名	自由白人	其他自由人	黑人奴隶	总数
佛蒙特	85268	255	16	85539
新罕布什尔	141097	630	158	141885
缅因	96002	538	无	96540
马萨诸塞	373324	5463	无	378787
罗得岛	64470	3407	948	68825
康涅狄格	232674	2808	2764	237946
纽约	314142	4654	21324	340120
新泽西	169954	2762	11423	184139
宾夕法尼亚	424099	6537	3737	434373
特拉华	46310	3899	8887	59094
马里兰	208649	8043	103036	319728
弗吉尼亚	442117	12866	292627	747610
肯塔基	61133	114	12430	73677
北卡罗来纳	288204	4975	100572	393751
南卡罗来纳	140178	1801	107094	249073
佐治亚	52886	398	29264	82548
总数	3140205	59150	694280	3893635

* 表中数据摘自美国人口普查局《美利坚合众国第一次人口普查》（巴尔的摩，1978 年），第 6～8 页。

最明显不过的是，这些数字更精确地确认了一个不证自 103
明的事实：奴隶制是一种正在北方死亡、正在南方繁荣的区
域现象。纽约州和新泽西州则是例外：这两个州是北方唯一
继续抵制任何关于逐步解放奴隶立法的州，这并非偶然。总
体来说，人口分布情况和意识形态之间——黑人人口与白人
人口的比例和对废除奴隶制的态度之间——存在直接且几乎
是完全的对应关系。当南方腹地支持奴隶制的众议员们提出

种族论辩（黑奴解放之后两个种族之间的关系到底会怎样？）时，1790年的人口普查则让人们几乎能够准确预测出这个问题的答案。在黑人人口达到了一定比例的任何地方，奴隶制都是一种确保种族隔离的优先选择方案。

这个规则的唯一例外是上南方地区，包括马里兰州、弗吉尼亚州和北卡罗来纳州。那里的奴隶人口众多，尤其是弗吉尼亚州有着庞大的黑人奴隶人口，但是自由黑人人数也是如此（"所有其他自由人"）。从严格的人口分布角度来看，弗吉尼亚州对解放奴隶所带来的种族恶果的恐惧，应当与南卡罗来纳州相同。然而，该州自由黑人的不断增多也准确反映了该州种植园主阶层推行的各种逐步解放奴隶计划，以及至少有一部分奴隶主愿意以美国独立战争的逻辑行事。弗吉尼亚州庞大的人口总数，因让人生畏的种族人口比例和在联邦政府中的政治权势，而显得更加突出，这一切都使弗吉尼亚州成为一个关键州。任何废除奴隶制的全国计划要想获得成功，就必须让弗吉尼亚州充当排头兵。

最后，1790年的人口普查明确无误地证明了那些认为未来站在他们那边的废奴主义者实际上是在自己迷惑自己。因为这时奴隶人口总数已经接近70万，而发表《独立宣言》时只有50万。尽管独立战争期间暂时停止了奴隶贸易，尽管北方的废奴行动正在稳步推进，南方的奴隶人口却依然以与美国总人口相同的极高速度增长，这意味着每二十至二十五年就会翻一番。考虑到任何制约全面解放奴隶计划的政治现实，即对奴隶主的补偿、被解放奴隶的重新安置以

104

及足够进行经济和社会调整的实施时间等，奴隶人口变得越多，奴隶解放计划在政治和经济上就会越棘手。（南方腹地在 1790 年提出的论辩理由之一是，奴隶人口已经使解放奴隶变得不可能了。）1790 年的人口普查表明，废除奴隶制的机会之窗不是正在打开，而是正在关闭。不仅奴隶人口变得难以处理，而且与 1776 年相隔越久，独立战争之火就会变得越小，变革思想就越不重要了。历史学家所谓的"独立战争时代也会死亡"指的就是，废奴行动的政治意愿必须与时间赛跑。实际上，独立战争时代的意识形态的逐渐消隐，以及逐步扩张的奴隶人口，这两个因素正合力缩小政治选择的余地。我们现在有了后见之明，因此可以提出一个具有说服力的主张：贵格会教徒当时正是在呼吁，在逐步解放奴隶事业可能还有一丝成功希望的最后时刻（如果存在这样一个时刻的话），果断采取行动。[36]

3 月 16～17 日的众议院辩论中，南方腹地支持奴隶制的论辩核心，主要在于不屈不挠地将注意力集中在废奴计划的不现实方面。的确，他们的论辩揭示了废奴主义者的两个主要弱点：其一，那些认定奴隶制将在独立战争之后自然死亡的空想家，都是一些天真幼稚的乌托邦主义者，1790 年人口普查体现出来的南方现实状况证明了他们是多么荒谬；其二，北方各州推行的逐步解放奴隶计划对于整个国家来说是行不通的，因为北方各州的奴隶人口只占全国奴隶人口的10% 左右，而且对于马里兰州以南各州而言，解放奴隶的成本以及后期安置他们的困难是难以克服的，简单地说，黑奴数量让解放他们的计划行不通。

这些结论在多大程度上是正确的呢？从一种严格的历史视角来说，我们永远无法知道这个问题的答案。由于北方或上南方地带没有一个人站起来回应南方腹地议员们的观点，再加上以前从来没有任何逐步解放奴隶的全国性计划被提交国会进行严肃讨论，因此我们得到的只是一种高度的沉默，这种沉默本身也成了一个有待人们解释的重要历史证据之一。对这种沉默的两种解释互为补充，且具有很强的逻辑性：其一，很难对南方腹地的论辩做出回应，因为他们那种致命的分析之中带着足够的真实性，让众议院其他成员相信，奴隶制问题是无法解决的；其二，任何对奴隶制采取一致行动的可能性，都被南卡罗来纳州和佐治亚州脱离联邦的威胁压倒了，因为若连实施解决方案的国家都不复存在，又谈何全国奴隶解放计划？或许，正如某些历史学家所说，南卡罗来纳州和佐治亚州不过是虚张声势罢了。但是，这个引人注目的历史事实是无法回避的：没有人敢走上前去揭穿它们的虚张声势。

尽管我们希望事实不是如此，但"若怎样历史就会怎样"的想法往往根本就不是真实的历史：这种历史总是将过去的经验和人们当前偏好的信念纠缠在一起。然而，虽然1790年没有任何逐步解放奴隶的计划被提交至国会，但这样一个计划涉及的所有要素都已经在辩论中出现了。而且，1790年3月，当国会正在激烈辩论之时，一位名叫费尔南多·费尔法克斯的杰出弗吉尼亚人起草了《美利坚合众国黑人解放计划》，并最终于 12 月在费城发表。费尔法克斯的计划充实了杰斐逊在《弗吉尼亚笔记》中提出的粗略框架。六年后，另一位弗吉尼亚人圣乔治·塔克甚至提出了一份更详尽的计划。总之，是历史记录本身而不是我们那种似乎无所不知的想象，提供了必要的证据，使我们可以重构对支持奴隶制论调的回应。这样做的时候，我们并不是在痴心妄想，而是试图评估在 1790 年推行全国奴隶解放计划的历史可行性。在那个历史时刻，将奴隶制推上灭亡道路的概率有多大（如果存在这种概率的话）？[37]

所有逐步解放奴隶计划都假定，奴隶制是一个需要政治解决方案的道德和经济问题。而且，它们还认为，实施这个方案必须综合考虑速度和节奏两个方面，即计划必须尽快付诸实施，以免不断膨胀的奴隶人口使之变得更加不可能，但也应当逐步实施，以便更容易地消化解放奴隶的成本。每一个鼓吹逐步解放的人还做出了另外两个假设。其一，奴隶主会得到补偿，补偿资金部分来自某种国家税收，部分来自出售西部土地的收入。其二，绝大多数被解放的奴隶要安置在其他地方：费尔法克斯计划倾向于仿照不列颠建立塞拉利昂殖民地的模式，在非洲建立一个类似殖民地；另有计划提议"本土"地点，即在美国西部某个地带；其他计划则更倾向于在加勒比地区选择安置点。

正如我们已经看到的，预估的补偿费用是反对逐步解放奴隶的强大理由，而且这个理由得到了之后绝大多数相关学

106

术文献的支持。由于每一个被解放奴隶的估价不同（从 100 美元到 200 美元不等），人们对补偿费用的估算也不尽相同。最高的估计是，若要解放 1790 年全部的奴隶人口，需要支付的总成本是 1.4 亿美元。由于当年联邦预算还不足 700 万美元，因此以成本高昂为由反对解放奴隶似乎是正确的。实际上，对这些数字思考得越多，就越能意识到任何进一步的思考都是徒劳的。某种证据表明，当时杰斐逊内心的推理正属此类，这使他从解放奴隶的倡导者转变为一个沉默的、听天由命的、主张拖延奴隶问题的人。[38]

然而，这种推理中的错误，对于任何稍稍具有汉密尔顿智慧的会计师或投资银行家来说，都是显而易见的。逐步解放计划的主要特征之一就是将成本分摊在数十年之内，从而使全部成本无须一次付清甚至也不会落在一代人身上。例如，在圣乔治·塔克的计划中，政府购买奴隶和付款的过程要持续到下一个世纪，这无疑会拖延解放全部奴隶的日期，但是由于将成本分摊给了遥远的未来，因此大幅度减小了当前成本的冲击力。1790 年的重要问题并不是总成本，而是在分摊成本的情况下，为解放奴隶启动一个全国基金（经常被称为"偿债基金"）的初期成本。当时各州和联邦政府的债务总额是 7710 万美元。据合理估计，启动逐步解放奴隶计划将使国家债务总额达到 1.25 亿美元。尽管这个数字让人畏惧，但是在财政上并不是不可能的。而且若将之合并到独立战争所导致的总债务额之中，这个数字就更可接受了。[39]

另一个主要障碍是如何安置获得自由的奴隶，这个问题乍看起来和补偿费用一样令人生畏，而且思考过后可能更是如此。历史学家对这个问题的可行性研究不及对补偿问题的研究深入，将更多的精力放在致使这个问题成为解决奴隶的障碍之一的种族偏见。他们担心对这个问题的分析本身，可能会被解释成对当时流行的种族主义和隔离主义的支持。两个让人不快却无可否认的历史事实是：其一，不涉及此类内容的任何解放奴隶计划几乎没有成功的可能性；其二，当时世界上没有哪个地方存在真实的、双种族的社会模式，而且之前的历史记载中也找不到此种模式。[40]

北方各州采取的逐步解放奴隶计划无须应对安置问题，因为那里的黑人人口一直相对较少。波托马克河以南则完全是另外一回事，因为约90%的黑人人口居住在那里。任何解放计划都需要改变这种种族人口结构，至少需要将相当比例的黑人迁移到其他地方。但是，到底往哪里迁移呢？美国殖民协会后来的失败以及利比里亚殖民地的后勤和经济困难表明，任何将黑奴大规模遣返非洲的计划都是不切实际的。更可行的选择是，按照四十年后印第安人迁移计划中的路线，将他们迁移到美国西部。然而，在 1790 年，尽管人们有一种建立大陆帝国的幻想，但路易斯安那地带尚未被购买过来，而且密西西比河地区依然在西班牙人手中。尽管在密西西比河东部建立几个黑人"家园"并不是不可能的（不少反奴隶制斗士的私人通信中曾提到这种方法），但是这种规划在当时和现在都是难以想象的。[41]

因此，重新安置问题相比于补偿问题似乎更难以解决。

108

雪上加霜的是，任何全面的逐步解放奴隶计划都只能在国家层面上，由有权力为整个国家的长期利益采取行动的联邦政府执行，这就使奴隶制多了一把保护伞。与汉密尔顿的金融计划非常相似的是，任何有效的解放计划都会引来对类似于"权力合并"的极度担忧，弗吉尼亚人比任何其他州的居民都更认为这种"合并"是一种极大威胁。（实际上，至少对于某些弗吉尼亚人来说，他们最害怕的就是，联邦权力被以这种方式运用。）这样，所有以宪法为依据反对联邦政府过度行使权力的理由，也将破门而入，使任何塑造公共政策的努力显得更有问题。

在 1790 年要对奴隶制采取任何决定性行动，都会因以上这些因素，遭遇巨大甚至是不可能逾越的障碍。成功的可能性简直微乎其微。然而在 1776 年战胜世界上最强大的陆海军的可能性，以及在 1787 年十三个独立州联合起来建立一个统一的共和政府的可能性，同样渺茫。可是，伟大领袖们在这两件事中披荆斩棘，化腐朽为神奇。废除奴隶制也同样是与这些成就处于同一水平的巨大挑战。即使是英雄式领袖，能否在这件事上获得成功也都是不确定的。因为（也是最具讽刺意味的）使独立战争真正完成的努力，看起来完全悖于将各州团结为一个统一国家的努力。

有一个人站出来回应此种挑战。这个人无疑是独立战争那一代中最年长，或许也是最智慧的人。事实上，他应当算是独立战争之前那一代，是对诸位建国之父产生重要影响的祖师级人物。1790 年 3 月，本杰明·富兰克林已经非常年迈，而且疾病缠身。他在如此长的时间中都是美国历史图景上的必然风景，而且比很多同时代人长寿（他曾与科顿·马瑟交换过奇闻轶事，是乔纳森·爱德华兹的同时代人），以至于任何有关他马上就要不久于人世的报道都显得不可信。他的最后一出戏似乎注定要永久地演下去，他是美国的不朽伟人。若 20 世纪的摄影师能够驾着时间机器回到从前，拍摄下独立战争年代的历史图景，富兰克林将出现在几乎每一幅图景之中：在费城大陆会议期间签署《独立宣言》；在巴黎起草与法国的战时条约，接着几乎独自一人（协助约翰·亚当斯）与大不列颠达成了和平条约；到费城参加制宪会议，并在宪法文本上签字。即使当时没有高超的摄影技术，富兰克林的形象（带着一丝冷淡的沉思之笑，眼镜后面炯炯有神的双眼，秃顶，灰白头发搭落在肩头）也比任何一个美国人的面容更出名、更为人熟知。

富兰克林之于美利坚，正如伏尔泰之于法兰西，都是人类成功到达现代社会的标志。（当这两位著名的哲学王在巴黎的集会民众之中拥抱时，场景可谓轰动一时，就好像诸神来到地球并宣布启蒙时代已经到来一样。）作为美国最伟大的科学家、最灵活的外交家、最有成就的散文作家、最有智慧的伟人，富兰克林以其无与伦比的气质和风范，超越了所有的凡夫俗子。在霍雷肖·阿尔杰之前一个多世纪，他就创造了阿尔杰所描述的那种角色，并将之称为"贫穷的理查德"：一个自始至终都自学成才的、土生土长的美国人。他

109

总是能够及时地出现在历史前进的潮流之中，并且总是能够
以其独特的随和姿态永久地渲染彼时彼刻：在电闪雷鸣之际
握住风筝线；当大陆会议将杰斐逊最珍爱的几个段落删除之
时，他陪伴杰斐逊散步，以其机智不停地安慰杰斐逊；在巴
黎戴着浣熊皮帽让人为自己画肖像；当代表们在宪法上签字
时，他诙谐地说，是的，刻在屋内前面那把椅子上的太阳现
在似乎确实在冉冉升起。[42]

　　除了永恒不朽、无所不在、多才多艺而且永久值得被视
为榜样之外，富兰克林还是独立战争时代所有著名政治家中
拥有最敏锐时机感的人。他在 1776 年的决定性时刻所扮演
的关键角色，致使大部分观察家都忘记了这一点：事实上富
兰克林是爱国事业的后来者，他在 1760 年代的大部分时间
都待在伦敦，试图为宾夕法尼亚州争得一个皇家特许状。而
且，他在 1765 年支持了《印花税法案》，并在 1771 年的时
候还主张继续留在英国政府的框架之内。但是此时他已经穿
越大西洋回来了，并在那场重大辩论中站在了美利坚一方。
他是一位刚刚投身于这项事业的人，并凭借自己杰出的国际
声望，迅速跃入了政治领导最高层。他被派到法国就战时联
盟进行谈判，并在法国内阁已经准备接受这种想法之时，及
时出现。他在足够长的时间中领导了美国与英格兰就缔结和
平条约所进行的谈判，然后于 1784 年将其职责交给杰斐逊，
当时正逢美国在欧洲的外交活动陷入困境、徒劳无功之时。
（当杰斐逊被问及他是不是来替代富兰克林的时候，杰斐逊
回答说，他是富兰克林的继任者，因为富兰克林是不可替代

110

的。）富兰克林以一个征服者的身份返回费城，而且他的返回可谓恰逢其时，成功获选为出席制宪会议的代表。[43]

直到最后，这种把握时机的独特天赋都在发挥作用。1787 年 4 月，富兰克林答应担任改革后的宾夕法尼亚州废奴协会的新任主席，让反对奴隶制成为他生命中最后一项事业。几乎在六十年前，即 1729 年，当他还是费城的一个年轻印刷商之时，就开始出版贵格会反对奴隶制和奴隶贸易的宣传品了。从 18 世纪中期直至独立战争年代，他都一直支持安东尼·贝内泽特和贵格会的其他废奴主义者，而且他还不时地公开反对那种认为黑人天生就要低人一等或者种族差异是不可改变的说法。然而，尽管富兰克林的反奴隶制立场是清晰明确的，但是他曾一度拥有几个家务奴隶，而且他从来没有让废除奴隶制成为自己的优先目标，或者以自己全部的卓著声望来反对奴隶制。

从 1787 年开始，发生了一些变化。在制宪会议上，他试图提出一项建议，呼吁将一项原则声明写入宪法，谴责奴隶贸易和奴隶制，并毫不含糊地表示：新美利坚合众国的宪章要求政府致力于最终解放奴隶的事业。但是一些北方代表连同几位宾夕法尼亚州废奴协会成员，劝说富兰克林撤销他的提议，理由是这将使脆弱的地区间妥协处于危险之境，进而也将使宪法处于危险之境。因此，提交给第一届国会的印有富兰克林签名的请愿书，基本上是他曾试图在制宪会议上提出的建议的翻版。现在，宪法已经得到了批准，新的联邦政府也已经成立，富兰克林就再次要求宣布，奴隶制与奠定

111

建国基础的独立战争原则不相容。这位善于把握时机的伟人，向他的祖国献上的最后一条建议是，宣布奴隶制是美国社会的异物。[44]

尽管富兰克林的健康状况正在迅速恶化，关于国会内支持奴隶制辩论的新闻报道还是引起了他的注意，并使他最后一次在新闻界出现。他以笔名"希斯托里克斯"（Historicus）发表了一篇模仿佐治亚州议员詹姆斯·杰克逊的演说的讽刺文章。这是一种典型的富兰克林风格，让人想起他当年面带微笑却极具杀伤力地提出摧毁大英帝国的最可靠手段的情景。这次，他宣称自己注意到，杰克逊为奴隶制的辩护与一个世纪前一位名叫西迪·穆罕默德·易卜拉辛的阿尔及利亚海盗的演说有着惊人的相似性。

他说，毫无疑问，这种相似性一定是一种巧合，因为杰克逊明显是一个道德高尚的人，不可能做出什么剽窃之举。但是，杰克逊的论辩和措辞几乎与海盗一模一样，只不过杰克逊是用基督教为奴役非洲人辩护，而那位非洲人是用伊斯兰教为奴役基督教徒辩护而已。据说那位阿尔及利亚海盗曾这样写道："这个原则，即烧杀掳掠和奴役基督教徒是不公正的，是绝对有问题的。"当接到一份要求他停止抓捕欧洲人的请愿书时，他在阿尔及尔的国务会议上辩论道："继续抓捕欧洲人乃国家利益之所在，因此请拒绝这份请愿书。"而且，这位海盗先生也提出了所有用来反对废除奴隶制的理由："但是，谁来补偿那些奴隶主的损失呢？我们国家会这样做吗？我们的国库资金是否足够……而且如果解放了奴隶，我们该怎么处理他们呢……我们的人民不会与他们通婚，否则就会受到玷污。"富兰克林继续写道，这位阿尔及利亚海盗还说，那些当奴隶的基督教徒"与我们生活在一起会更好，若让他们留在欧洲，他们会陷入你死我活的宗教战争之中"。富兰克林的这篇具有明显指向的讽刺文章被从波士顿到费城的数家报纸转载，尽管没有被波托马克河以南的任何报纸转载。这是他的最后一次公开行动。三个星期之后，即 4 月 17 日，这位建国元勋终于与世长辞。[45]

　　然而，在他去世之前，富兰克林对废除奴隶制的坚定支持影响了国会辩论，而且激励了几个北方代表鼓起勇气去回应南方腹地支持奴隶制的主张。富兰克林的声望在交锋中成了催化剂，当时南卡罗来纳州议员史密斯试图贬低富兰克林的观点，说"即使是伟人也有老迈之时"。这促使宾夕法尼亚州议员们反驳道：富兰克林的反奴隶制观点"并没有证明他已经落后于时代，而是证明了他的心灵和思想依旧充满活力"；只有富兰克林看起来依然能够"说美利坚的语言，并号召我们回到我们的第一原则上去"；他们指出，富兰克林的批评者们不过是暴露了自己支持奴隶制立场的荒唐性，这清楚地表明，"在世界舞台和美国国会的讲坛上，奴隶制的最坚定鼓吹者，是一种政治现象……他们公然藐视和嘲笑所有信念"。宾夕法尼亚州的威廉·斯科特也因为富兰克林辩护而变得热血沸腾起来，他对南方腹地在宪法问题上的立场进行正面进攻。"我认为，仅仅说制宪会议上北方和南方之间达成了一种谅解，这是不能令人满意的"；宪法是一份

112

正式文件，不是一堆不成文的谅解；宪法中曾经提到过奴隶制吗？这些南卡罗来纳人有什么资格告诉国会可以做什么和不可以做什么呢？"我认为，"斯科特最后说道，"无论何时，只要国会认为奴隶制是一种美国社会不可容忍的特征，那么国会在禁止这种耻辱的特征时，……就不应当受到任何阻拦。"他大约连续说了一小时。后来证明，他的发言是在众议院中发表的反奴隶制言论的高潮。[46]

回过头来看，富兰克林最后的领导姿态，巩固了他作为一个对未来有着深刻把握的伟人的历史声誉。但在那时，另一种对领导能力的合理诠释也流行于政府最高层。例如，约翰·亚当斯尽管公开反对奴隶制，而且其独立战争功绩毫不逊于任何其他人，但当参议院拒绝审议贵格会教徒的请愿书时，他作为参议院主席，还是赞同了参议院的决定。作为纽约奴隶解放协会创始人之一、反奴隶制倡导者的亚历山大·汉密尔顿，也对众议院辩论表示遗憾，因为这次辩论扰乱了他的最优先事项，也就是让他的金融计划获得批准。而至高无上的开国之父乔治·华盛顿也认为，众议院中的辩论是令人尴尬而危险的，必须阻止；尽管他个人曾经发誓不再购买任何奴隶，而且让世人知道他的最大心愿就是"采取某种计划，以渐进、可靠、不知不觉的方式废除这个国家的奴隶制"。杰斐逊或许同意参议院的结论，尽管他在私人通信中还是像往常一样对这个问题缄默不语。这些杰出的领袖人物敏锐地察觉到，任何关于奴隶制的直接讨论，对这个依旧脆弱的美利坚合众国来说，都意味着巨大的政治威胁。正是詹姆斯·麦迪逊首次对奴隶制表达了这种态度。[47]

若说富兰克林的非凡天赋在于他能够巧妙地超越政治阵营，使自己到达一定高度，从而看清地表的主要生态并对那些爬行者的行为进行机智诙谐的评论，那么詹姆斯·麦迪逊的优势则恰恰相反。他生活在细节之中，在具体的时代背景中创造自己的奇迹，他比其他任何人都更具备战术素养，从而能够更加灵敏地动员地面力量。如果富兰克林和麦迪逊站在同一战线，两人就是一个所向披靡的梦幻组合。但在1790 年，他们站在不同的立场上。

麦迪逊在奴隶制问题上抓住了"弗吉尼亚人骑墙态度"的核心。一方面，他认为那些支持奴隶制的胆大妄为的论辩是"不恰当且令人羞耻的"，说那些南卡罗来纳州和佐治亚州同僚们的"放纵是一种前所未有的失礼行为"。就像大部分弗吉尼亚州同僚一样，他希望人们知道，他更希望奴隶贸易能够尽早结束，并认为奴隶制"是一种深刻的弊端"。他称自己为南方腹地代我们支持奴隶制的言论感到不安，同时对北方朋友们的高尚立场深表赞赏。[48]

另一方面，他的思想出现了一个断层。这是一片神秘地带，他的想法从一个方向进入，最后却从相反方向出来。例如，当费城医生、废奴主义者本杰明·拉什敦促他支持贵格会请愿时，麦迪逊回答道："尽管我感受到了你们的论辩力量，可是我不能接受这种论辩所指向的观念。"当被要求解释他那种理论上的反奴立场和实际中深陷自我强加的废奴障碍之间的矛盾时，麦迪逊提供了几种不同回答。有时候，他

114

说这涉及弗吉尼亚州的选民。"作为授予我目前享有的地位的那些人，"他解释道，"据我所知，在那种类型的财产上有巨大利益，并从这个角度来看待此问题。"有时候他又说这是个时机问题。他以弗吉尼亚州种植园主阶层那种激进但断裂的方式表示："奴隶制是一种道德和政治的恶。无论是谁，若能够在自己州内提出某种总体的、理性的且开明的计划，来逐步解放黑人奴隶，他都会赢得祖国的高度赞扬。然而，我认为目前将这个问题提交国会是非常不恰当的。"[49]

因此，任何试图把握麦迪逊在奴隶制上的核心立场的努力，都是徒劳的。除了他将整个问题本身视为一种禁忌的信念之外，根本就不存在此种核心。一方面，就像杰斐逊和弗吉尼亚王朝的其他成员一样，麦迪逊认为像南卡罗来纳州和佐治亚州那样为奴隶制进行公开辩护，是一种道德上的尴尬。另一方面，他又认为任何试图废除奴隶制的努力在时机上都是不成熟的，在政治上都是不现实的，而且会起反作用。因此，他就这个问题的谈话和写作方式可以被称为一种"开明的模糊策略"。例如，我们不妨来看看麦迪逊在众议院辩论高潮写下的文字："若这一荒唐事并不让国家代表们感到羞耻的话，那么那些追求自由和人道精神的人也不要为此感到遗憾。没有任何其他东西能更有效地推进这些想法和情绪的扩散。这些想法和情绪正在秘密地瓦解奴隶制，而那种错误的狂热正竭力要让奴隶制躲避尚未到来的危险。"拐弯抹角的句法、否定词、大量修饰语以及炉火纯青的委婉，让人不知所云。乍看像是谴责奴隶制辩护者的文字，不知怎么就折了回来，最终成了对"这个问题居然进入了国会辩论"的担忧与困惑。本来似乎是反奴隶制的论辩，中途却转成了一团语言迷雾，像乌云一样遮盖了整个问题。[50]

115

在这种故意的模糊含混之中，麦迪逊的一个信念却体现了他一贯的清晰性：奴隶制是一个爆炸性话题，必须将之从这个新生国家的政治议程中排除。这是一个禁忌，是因为它暴露了弗吉尼亚州立场的内在矛盾性，这种立场更接近于南方腹地的立场；这是一个禁忌话题，还因为它比任何其他争议都更具摧毁整个联邦的政治潜能。富兰克林希望在一切变得太晚、无法采取决定性行动之前，根据独立战争的原则将奴隶制纳入国家议程。麦迪逊则希望将奴隶制从国家议程中排除出去，因为他坚信这种决定性行动不是带来弗吉尼亚州种植园主阶层的毁灭，就是造成整个国家的毁灭。（在许多弗吉尼亚人看来，这两种情况根本就是一回事。）"南方各州的真正策略是，"他向一位弗吉尼亚州同僚解释道，"尽量让奴隶制悄无声息地存在下去。"然而，那些弄巧成拙的南方腹地议员却破坏了这种战略。现在麦迪逊已经下定决心，抓住这些人威胁脱离联邦所创造的机会，让国会清楚地表明如下立场：拒绝承认联邦政府有废除奴隶制的任何宪法赋予的权力。这可谓以弗吉尼亚州的方式成就了南卡罗来纳式的解决方案。[51]

这种方式的核心要素就是间接迂回。麦迪逊是这方面的大师，他深谙隐于幕后和非正式谈话的策略，以至于他最显著的政治成就——包括他对宪法的影响和对托马斯·杰斐逊思想的持久影响——永远都是深藏不露的，我们看到的只是铁屑在磁场内的无声移动。麦迪逊的影响力在 3 月 23 日众议院辩论中体现了出来，当时委员会已经提交了报告，众议院要对其进行投票。

事情已经发生了一些变化。几个之前站在贵格会请愿者一边的北方众议员，现在则对局面超出了他们的控制而表示遗憾。马萨诸塞州的菲舍·艾姆斯则对众议院卷入"抽象命题"的争论之中感到奇怪，并敦促搁置委员会报告。杰克逊站起来感谢艾姆斯及其他北方同僚们，说他们终于看清了局面，重新回到了曾使北方和南方合作的和解精神上来。走廊中的贵格会请愿者之一约翰·彭伯顿在他的日记中写道，众议院内的不同派别很明显达成了某种交易，"这是一个投桃报李的问题"。（彭伯顿推测已经达成了一项秘密交易，马萨诸塞州会在奴隶制问题上支持南方腹地，而南方腹地则以支持债务接管作为交换。若确实如此，那么杰斐逊在 6 月举行的晚宴，就成了比我们先前认识到的更复杂的地区间谈判的高潮了。）但是，所有关于幕后交易的说法，不过都是猜测而已。麦迪逊极少留下什么蛛丝马迹。[52]

南方腹地的目标（现在已经得到了马萨诸塞州和弗吉尼亚州的支持）是，搁置委员会报告，并再一次威胁任何进一步的讨论都将意味着联邦瓦解，威廉·劳顿·史密斯将之比作"起锚让联邦随风漂流"。然而，麦迪逊需要的不仅仅是终止辩论。他希望确立一个先例，以明确宪法在奴隶制问题上对国会权力的模糊界定。因此，他对众议院最终接受委员会报告（我们马上就要谈到报告细节）的决定（29 票对 25 票）表示了欢迎，因为他已经决心利用这次机会来确立宪法先例。若在 20 世纪，麦迪逊希望成就的东西可能必须通过最高法院的判决才能够实现。但是 1790 年的最高法院不幸成为联邦政府中无权无势的第三部门，而且司法审查原则尚未确立。麦迪逊希望利用众议院对委员会报告的投票，来确立一个里程碑式的先例，以禁止任何全国性奴隶解放计划。[53]

事实正如他所愿。该委员会报告包含了七项解决这个突出问题——根据当前宪法，国会在废除奴隶制问题上，被赋予了什么权力？——的决议。第一个决议让南方腹地感到高兴，因为它确认了宪法禁止任何在 1808 年以前限制或禁止奴隶贸易的联邦立法。第四个决议则是向北方利益做出一种姿态，它确认国会可以对奴隶输入征税，以在不禁止奴隶贸易的情况下为奴隶贸易设置障碍。第七个决议是对贵格会请愿者的一种肯定表示，它宣布"在任何情况下，在国会权力所及之处，国会都会实现这些请愿者的高尚目标，只要这些目标是可以依据正义、人道和善政等原则推进的"。但是，这种故意模糊的许诺到底意味着什么？具体说来，国会的权力到底有多大呢？这个问题的答案隐含在第二个决议中："根据对宪法的公正解释，国会同样被禁止干涉奴隶解放，不论这些奴隶是已经生活在各州的、在上述期限内将要

117

输入各州的，还是将要在各州出生的。"[54]

这是关键条款。与委员会报告的妥协性相一致的是，它通过否认国会有权通过任何逐步解放奴隶的立法，给了南方腹地所要求的保障。但是它还对国会立法的禁止附一个期限——只"在前述期限内有效"，也就是说，在 1808 年以前才有效。实际上，委员会报告将考虑奴隶解放的日期推迟了，使之与禁止奴隶贸易的日期一致。南方腹地可以随心所欲，但只能在有限的时间内这样做。1808 年之后，可以随心所欲的就是国会了，届时所有的宪法限制都将过期失效。

在这个决定性时刻，麦迪逊式魔法让他如愿以偿。国会组成了一个全体委员会，来修改这份报告的措辞。在操控议会运作上，麦迪逊是无与伦比的。弗吉尼亚州代表们已经得到了指示，动员足够多的力量支持对这份报告进行修改。不少北方代表，主要是马萨诸塞州和纽约州的众议员，明显已经被说服支持这些修改，尽管没有人知道他们到底被许诺了什么。最后，上面那七个决议被减少到三个。对奴隶贸易征税被放弃了，第七项决议及其关于贵格会请愿者的高尚目标的模糊宣言，也遭到了同样的命运。之所以将其删掉，是因为修改了第二项决议。现在它规定："国会无权干涉奴隶的解放，亦无权干涉任何州对他们的处置。在这个问题上任何人道且正确的政策所要求的任何规制，完全由各州决定。"

118　在对这些措辞进行辩论的过程中，麦迪逊对它们所表达的全新意思做了最清晰的注释，他解释道，这种修正抛弃了对国会反奴隶制行动的十八年限制，使"任何时候解放奴隶的任何企图"都是违宪的。实际上，众议院最终通过的报告，已经使任何有关奴隶制的辩论，变得永远违禁。最初将奴隶制置于毁灭之路的努力，已经转化成毁灭任何企图解放奴隶的联邦计划的决定。众议院以 29 票对 25 票决定使这个修改稿永久有效。当时乔治·华盛顿大松了一口气，在寄往家乡弗吉尼亚州的信中写道："奴隶制问题终于被平息，而且不大可能再死灰复燃了。"[55]

和往常一样，华盛顿是对的。国会已经将逐步解放奴隶从政治议程中排除出去了，而且 1790 年春季的这个决定已经成了具有普通法效力的先例。例如，1792 年 11 月，当另一份贵格会请愿书在菲舍·艾姆斯的支持下被提交国会时，威廉·劳顿·史密斯让他的同僚们注意 1790 年的那次辩论。众议院已经决定不再让自己卷入"一群好管闲事的狂热者的狂言乱语"之中，而且决定"这个问题不能再被提及"。这份请愿书后来被撤回了。四十多年后，即 1833 年，丹尼尔·韦伯斯特同样引述了这个先例："我对国会在奴隶和奴隶制这两个问题上到底拥有什么权力的观点是，国会无权干涉奴隶的解放问题。1790 年众议院就是这样决定的……而我不知道自那以后众议院还有过什么与此不同的观点。"[56]

当时任何可完成独立战争年代遗留下的一项伟大事业的机会之窗，现在都已经关紧了。正如前文所述，或许这个窗口（如果确实存在过这样一个窗口的话）到了 1790 年就已经被关闭了，因此众议院的辩论和决定，不过是给已经被种族人口结构、盎格鲁－撒克逊人的假想和既得经济利益关闭的窗口，再加上封条而已。在两百多年之后，我们依然不大可能彻底地证明，麦迪逊那种对政治优先事项的理解是错误的，也无法证明富兰克林的优先考虑不会将新生的美利坚合众国瓦解于无形。或许，将辐射全国的奴隶制问题从国会转移到教堂是不可避免的，甚至是更为可取的。在教堂之中，奴隶制可以作为一种国家应当清除的罪恶，而不是一个需要政治解决的社会难题来受到谴责。无论如何，这就是所发生的一切。

119

我们只能猜测，在这个短暂时刻过去之后，詹姆斯·麦迪逊的良心上到底掠过了一些什么样的想法和感受。麦迪逊比任何人都清楚有关奴隶制的辩论到底将什么东西置于危险之境。他知道，美国独立战争到底许诺了些什么，而且奴隶制违反了此种许诺；富兰克林在去世之前，提醒所有相关人士，对奴隶制的沉默就是对独立战争遗产的背叛。在 4 月 22 日举行的纪念富兰克林的活动上，麦迪逊站起来发表了众议院对这位伟人的最后颂词：

> 众议院得到了本杰明·富兰克林逝世的消息。富兰克林的天才不仅为人性增光添彩，而且他对这种天才的无尽发挥，是科学、自由和祖国最为珍贵的财富。为此，众议院决定，众议员们要佩戴哀悼徽章一个月，以示对他的尊敬和纪念。[57]

这个场景的象征意义是尖锐而辛辣的，它深刻渲染了一位典型美国人及其追求的逐步解放奴隶事业的逝去。不论众议员们当时是否知道，他们同意佩戴的哀悼徽章表明，即使独立战争那一代人以其全部的杰出才能，也不能直面或者解决这个悲剧性的难题。

4

告　别

120　　在 1790 年代上半叶，美国政治生活中最接近不证自明
的真理的人物，只有乔治·华盛顿。作为那个时代的传奇，
美国人自 1776 年（也就是说在国家尚未成立之时）就将他
视为"国父"了。在他 1789 年担任总统之时（让其他任何
人担任总统在当时都是不可想象的），关于华盛顿声望的各
种神话已经如雕像上的常春藤一般疯狂生长起来，华盛顿本
人完全被笼罩在一种无所不能的光环之下，使区分他作为凡
人所拥有的才能和他的那些英雄主义成就变得几乎不可能。[1]

　　在那些难以置信的故事中，某些恰巧是真实的。爱德
华·布雷多克将军 1775 年在匹兹堡外对法国军队的进攻以
失败告终，年轻的华盛顿与丹尼尔·布恩一道将幸存者召集
起来，尽管这个过程中他先后从两匹马上跌落下来，外套上
有多处弹孔，裤子上也多处被擦破。1781 年在约克镇，在
一次炮火攻击的枪林弹雨之中，他站在一堵矮墙上达 15 分
钟之久，完全不理会那些试图拉他下来的助手，直到他完全
探清战场形势为止。当华盛顿开口谈论国家命运之时，人们
洗耳恭听。[2]

　　如果这个新生国家有一座奥林匹斯山的话，所有那些次

要的神都只能远远站在山坡下。唯一能够和华盛顿争夺最高
地位的只有本杰明·富兰克林，但是在 1790 年去世之前，
富兰克林本人已经承认了华盛顿的至高地位。富兰克林以其
典型的姿态，将自己的手杖遗赠给了华盛顿，好像是要帮助
这位将军迈向不朽之路一样。"若说这是根权杖的话，"富
兰克林说道，"他应当得到它，而且完全与之相称。"[3]

在 1790 年代的美国，华盛顿的形象无处不在，在绘画
中、报纸中、纪念盒中，在硬币上、银器上、碟子上、家庭
小摆设上。人们对他的亲密情感似乎会永存下去。他的指挥
官身份已经成了独立战争年代每一个重大事件的核心特征：
1775～1783 年大陆军的关键人物、1787 年制宪会议主席，
以及自 1789 年以来担任这个羽翼未丰的联邦政府的第一任
最高行政首脑。他让独立战争时代的狂想曲变成了有血有肉
的可感知的现实，是美国唯一一位不可或缺的人物。华盛顿
是引力核心，防止美国独立战争步入混乱轨道；他是稳定的
中心，围绕在他的周围，独立战争的能量才能得以形成。正
如当时一句流行的祝酒词，他是"将所有的心灵团结起来
的人"。他是宙斯、摩西和辛辛纳图斯三者合一的美国
伟人。[4]

1796 年 9 月 19 日，一篇致美利坚合众国人民的文章出
现在了费城的重要报纸《美国广告者日报》的内版上。这
份声明非常简单，体现出作者精心设计的平易措辞。它是这
样开始的："朋友们，公民们：重新选举一个公民来主持美
利坚合众国政府的行政工作，已经为期不远了……我认为此

121

时将我的决定告知诸位是恰当的，尤其是考虑到这将有助于公众意见的更明确表达。这个决定就是我将不再接受进入候选人名单。"这份声明以未加任何头衔的签名结束，表现出作者的自谦姿态——"乔治·华盛顿，美利坚合众国"。[5]

随后的几个星期中，国内所有主要的报纸都转载了这篇文章，尽管只有《新罕布什尔快报》给它加上了将永载史册的标题——"华盛顿的告别演说"。当时人们几乎马上就开始对文章内容展开了辩论，一个生动而愚蠢的论辩出现了：它到底是华盛顿写的，还是汉密尔顿写的。在之后更长的时间里，这份告别演说获得了超越一切的不凡地位，与《独立宣言》和林肯葛底斯堡演说一道成为对美国必须永久遵循的原则的基本宣言，庄严的语调也使它成为充满陈腐智慧的政治场景中的永久试金石。19世纪末，国会让在华盛顿诞辰日朗读这份演说成为一项强制性仪式。同时，几代历史学家在美国外交研究者的带领下，将解释这份告别演说变成了一种专门研究，并对蕴含其中的孤立主义外交政策和美国两党政治做了无数评论。[6]

但在当时，这些矫揉造作的姿态或解释根本就没有多大意义（如果存在意义的话）。真正有意义的而且大多数读者认为真正重要的事情是，乔治·华盛顿要退休了。当然，人们也马上领悟到这个决定在宪法上的意义：华盛顿在连任两届总统之后自动放弃了总统职位，确立了一个直到1940年才被富兰克林·罗斯福打破的先例。（这个先例于1951年被宪法第二十二修正案重新确认。）但是，即使是这个在确立总统轮

换制的共和原则上发挥关键作用的里程碑式先例，相比于另
一个更为根本的政治和心理认知，还是显得黯然失色。

　　二十年来，在独立战争和共和政府实践的整个期间，华
盛顿一直都是这个国家的舵手。现在他正航向自己的迟暮之
年。他确立的这个先例现在看来可能是令人振奋的，可是在
当时，最为耀眼和最令人难过的现实是，没有华盛顿的美利
坚合众国这个事实本身是前所未有的。这份告别演说，正如
几位评论家所指出的，显得有点奇怪，因为它并不是一份真
正的告别演说，它从来就不是以口头演说的形式发布的。因
此，最恰当的说法是一封"告别信"，因为它在形式和语调
上都像是写给美国人民的一封公开信，告诉他们现在他们需
要独立前行了。[7]

　　内幕人士在六个月以前就觉察到这一天快要到来了。　123
1796 年 2 月时，华盛顿曾就起草某种形式的告别声明找过
汉密尔顿。不久之后，政府内部的消息网络嗅到了气味。当
月末，詹姆斯·麦迪逊写信给正在巴黎的詹姆斯·门罗：
"非常肯定的是，华盛顿总统不会在此次任期结束之后继续
担任总统。"发表告别演说前夕，马萨诸塞州的联邦党人领
袖菲舍·艾姆斯预言，华盛顿即将发表的声明将成为"开
启党派竞争的信号"，但是实际上这种竞赛已经在此前的春
季和夏季非正式地、如火如荼地展开了。例如，在 5 月，麦
迪逊就猜测（事实证明他的猜测是正确的）美国历史上第
一次总统竞选，"杰斐逊可能是一方，亚当斯明显是另一

方"。仲夏之时，华盛顿本人已经开始向朋友们透露自己任期结束之时离开政府的强烈愿望，"自此之后，天底下没有什么我能预见到的东西能够再次将我从私人生活中拉回来了"。实际上，在整个第二任期期间，他就已经做出种种暗示，说自己"已经到了人生转折期"，过于年迈无法胜任这项工作，并多次重复他的口头禅：他渴望在弗农山庄的"葡萄树和无花果树"下，享受"光荣的孤立感"。[8]

他是认真的吗？对劳累的政治生活的哀叹和对退隐田园的大力赞美，已经成了独立战争那一代（特别是弗吉尼亚王朝）领导人惯常的甚至是程式化的姿态。每个人都知道西塞罗和维吉尔描述的、以辛辛纳图斯为代表的晚年隐居经典模式。宣布自己要脱离喧闹的政治生活，回到原野或者农场的自然节奏之中，这几乎成了一种修辞惯例。如果说华盛顿的退休之歌以"葡萄树和无花果树"为特征，那么杰斐逊的告别则以偶像化的"我的家庭、我的农场和我的书籍"为特征。这种特征后来变得如此普通，以至于如西塞罗般充满抱负的约翰·亚当斯宣称，弗吉尼亚人已经用尽了西塞罗式的行为表现。"看起来让自己变得伟大的方式就是退休，"他在 1796 年给阿比盖尔的信中这样写道，"政治植物是如何在阴影之中生长起来的，这真是令人感到惊奇。"华盛顿甚至在 1789 年就任总统之前就威胁称自己要退休了，而且在 1792 年第二次当选之前也重复着同样的威胁。尽管在这些情况下华盛顿都是真诚的，但他对体面退休的偏好总是被另一种更公开的美德压倒，这种美德本身被其他政界人士的一

124

致判断强化了：华盛顿，也只有华盛顿，才是不可或缺的。
为什么在 1796 年会出现不同的结果呢？[9]

答案很简单：年龄。在华盛顿一生的大部分时间里，身
体强健一直都是他的无价财富。身高接近 6 英尺 4 英寸、体
重略超 200 磅的他，比同时代男性整整高出了一个头。（约
翰·亚当斯称，华盛顿每次都被选为国家行动领导人的原
因，就在于他总是屋子里面个子最高的。）若对他的身体特
征进行客观描述的话，他几乎就像一个丑陋的畸形人：脸上
布满麻点、龋齿严重、眼窝深陷、鼻子过大、臀部肥厚、手
脚大得惊人。然而，当这些东西被放在一起并运动起来时，
整个形象却放射出庄严的光辉。正如一位传记作家所言，他
的身体不只是占据空间而已，似乎还将周围的空间重新组织
了一遍。他不仅以其庞大的身躯在屋内占据了主导，而且几
乎就是一种电磁式存在。"他的举止是如此庄重和威武，"
本杰明·拉什说道，"以至于欧洲任何一个国王站在他身
边，都好像是他的男侍从。"[10]

华盛顿似乎能让战斗中的子弹和炮弹碎片绕道飞行；他
曾经将石头扔过了舍南多瓦山谷中高达 215 英尺的天然桥；
他被普遍认为是弗吉尼亚最好的骑手，在大多数猎狐行动中
都居于领导地位。除此之外，在他一生的大部分时间里，他
一直拥有似乎免疫于任何疾病或者伤害的体格。其他士兵在
游过浮冰拥塞的河流之后，都会出现冻疮。其他政治家倒在
路旁，因为他们缺乏应对政治压力的非凡毅力。华盛顿不曾
受过此类病痛之苦。亚当斯说，华盛顿拥有"沉默寡言的

天赋"，指的是他有一种化沉默为雄辩的本能。这句话同样适用于他的身体状况，他的医疗记录也呈现出一种雄辩式的空白。[11]

他那钢铁般体格中的裂缝，随着年龄增长不可避免地出现了。他在 1787 年制宪会议开始之前病倒了，差点错过了这个重大的历史时刻。接着在 1790 年，就任总统之后不久，他染上了流感，当时这种病正在纽约州肆虐，差点因为肺部感染而死去。杰斐逊关于华盛顿的言论是充满矛盾、极不可靠的，但正是他记录了华盛顿身体状况开始下滑的时刻："他那种不同寻常的坚定语调，已经开始松弛了；对工作的倦怠，对宁静的渴望，还有那种让其他人替他采取行动甚至思考的意愿，已经悄悄侵袭了他的心灵。"1794 年，当他骑着马在新首都地区游荡时，他的背部被严重扭伤了。骑马打猎的生涯结束了，美国最佳骑手的历史盛名也随之烟消云散，华盛顿再也不能以同样的自信安坐在马鞍之上。年过花甲之后，他结实的肌肉开始松弛；笔直的站姿也开始向前倾斜，就好像他总是被风推着似的；他的精力也在漫长的一天结束之时开始衰退枯萎。敌对的报纸含沙射影地谈到了华盛顿的老态。即使副总统约翰·亚当斯也承认，华盛顿在某些公共仪式上显得迷离茫然，完全需要照稿宣读了，就好像演员不是在表演，而只是在念台词一样。[12]

或许，年龄本身就足以让华盛顿义无反顾地回到弗农山庄。毫无疑问，如果说有人应当在"葡萄树和无花果树"下安度晚年，那么这个人就是华盛顿。或许，正是这种奇特的直觉让他总是能够抓住主要和次要之间的差别，让他从骨子里认识到，再担任一届总统意味着他将死在任上。退休使他避开了让生物规律结束任期的命运，也避免了开创带有终身君主制意味的先例。对他两届总统任期先例的过度沉迷，使我们忽略了他自动退休所确立的另一项更为根本的原则，即政府职位应当超越任职者的寿命，美国总统制与欧洲君主制有着根本区别：不论总统是多么不可或缺，在本质上他们都是用完可抛的。

然而，年龄和身体疲惫仅仅是整个答案的一部分。或许最简单明了的说法是，华盛顿离职不仅是因为他听到了死神的耳语，还因为他受到了伤害。他未曾被独立战争中的子弹伤害，却在第二任期内被反对派言论伤害了。例如，在他的告别演说发表之后，本杰明·富兰克林·贝奇的《曙光报》（*Aurora*）上出现了一封公开信。在这封信中，那位总是惹事的托马斯·潘恩庆祝华盛顿的离去，实际上也是祷告他立即死去，接着又预言"整个世界将为决定您到底是个叛国者还是一个骗子，您到底是放弃了好原则还是从未坚持过什么好原则而感到为难"。[13]

还有些文章完全是荒谬的，也出现在《曙光报》上。它们称最近获得的大不列颠战时文件表明，华盛顿是一个秘密的叛国者，在本尼迪克特·阿诺德与英军狼狈为奸之前，他都一直打算出卖美国人的事业。但有必要指出的是，华盛顿的批评者属于少数派，其支持者远远多于这些人。例如，对潘恩的反驳立即纷纷出现了，这些反驳将潘恩说成"那

126

个著名的酒鬼和异端"，他诋毁华盛顿声誉的行为"就好像一只爬虫将自己的毒液喷向大西洋或将它那肮脏的涎水喷向太阳一样徒劳无益"。事实上，潘恩当时那已频遭质疑的声誉，再也没有从这次事件中恢复过来。在独立战争年代，攻击华盛顿是政治自杀最快捷的方式。[14]

尽管如此，这类攻击仍然在华盛顿的第二个任期屡见不鲜。虽然华盛顿总是摆出那种惯常的、不为所动的姿态，但他还是被这些攻击深深地伤害了。"然而这些攻击，这些不公正且令人不快的攻击，将不会使我的行为有任何变化，而且它们也不会对我的心灵产成丝毫影响。"尽管华盛顿不像亚当斯或者杰斐逊那样，读了数量惊人的著作，但他绝对是个酷爱读报纸的人。（他在弗农山庄订阅了 10 份报纸。）他那种完全不理会的姿态只是一种姿态而已。"因此，狠毒尽情地投出它的飞镖，"他解释道，"但任何世俗的力量都无法剥夺我因清楚知道自己从未蓄意犯下任何错误而得到的安慰，不论我曾出于其他原因而犯下的错误是多么不可计数。"这种超然却大胆的自我辩护，似乎是在以间接的方式确认，批评者已经触动了他的神经。[15]

对华盛顿的主要指控是，他让自己变成了一个准国王。"我们给了他一个国王才能享有的权力和特权，"纽约一家报纸这样写道，"他就像国王一样主持早朝，他像国王一样接受生日祝福，他像国王一样雇用他的旧敌，他像国王一样把自己封闭起来，他像国王一样把其他人也封闭起来，他像国王一样接受顾问们的意见或者按照自己的想法行事。"这其中几项指控完全是别出心裁的错误指控，而这些指控中的真实成分就是华盛顿成为权力化身的事实。他曾乘坐由六匹淡黄色的马拉着的华丽马车巡游费城；骑马时，他的白色种马身上常搭着美洲豹皮、安着金边马鞍；他曾在在公共典礼上接受桂冠，如加冕礼一般，等等。他对以上这些事实没有丝毫的后悔之意。而且，当纽约市民寻找另一尊雕像来替代被推翻的乔治三世的雕像时，他们选择了华盛顿的木制雕像，这让某些批评者把他称作"乔治四世"。[16]

在某种意义上，这是一个语言问题。以前从来没有过什么共和国行政首脑，因此除了那些欧洲宫廷和国王建立起来的口头传统之外，就没有其他词汇来描述这样一种新事物了。在另一种意义上，这是一个个性问题。华盛顿骨子里是一个倔强而拘谨的人，他总是呈现出一种超然的姿态，而且习得无可匹敌的维持距离感的技巧。这的确强化了他的威严，但是有点过头，这位威严的人几乎成了"国王陛下"。

除了外表、语言和个性之外，更大的问题其实深嵌在独立战争之后的美国政治文化中。实际上，美国独立战争的要求很快就显出利弊。捍卫独立战争成果及其遗产需要一位超群出众的领袖，他能够将全国政府的能量集中在"非凡人格"之中。华盛顿投身于这项事业，而且在这一过程中，他变成了政治规则的受益者，最终被赋予了"共和国王"的角色；他所代表的国家权威，比任何诸如国会这样的集体机构可能传达的权威都要更有力、更直观。[17]

然而，独立战争的核心遗产恰恰包含着对君主制的痛恨和对任何集中化政治权威的怀疑。美国独立战争的一个主要信条是——杰斐逊将它写进了《独立宣言》——所有国王，而不仅仅是乔治三世，本质上都是邪恶的。因此，共和国王这种概念本身就是对"1776年精神"的违背，就是一种词语上的矛盾。华盛顿的总统任期恰恰就陷入了这种矛盾之中。他生活在早期美利坚合众国的巨大矛盾之中：政治上对这个新生国家至关重要的东西，却在意识形态上与这个国家想要代表的东西相悖。他如此干练地履行了自己作为"非凡人格"的职责，以至于似乎违抗了共和传统本身；他如此成功地成为国家权威的化身，以至于任何对政府政策的攻击似乎都是对他个人的攻击。

这是把握华盛顿在1796年离开公职的动机的核心背景。他实际上是在通过主动辞职宣称，自己内心最忠诚的信念和那些批评者一样，都是共和的。他实际上是在向他们做出回答，不是用语言，而是用决定性的行动。而且，这也是理解他的告别演说的适当起点。华盛顿实际上是在以美国第一个也是最后一个仁慈君主的身份发表最后声明。不论告别演说经过两个世纪的不断解释已经具备了何种意味，华盛顿希望用它告诉国人，如何在没有他、没有国王的情况下，维护国家的团结和意志。

我们可以轻松而简洁地表达出告别演说的主题，却难以充分理解它。在宣布自己的退休打算之后，华盛顿用几个段落来论述国家团结的必要性。他谴责过度的党派主义，尤其是政党旨在维护既得利益的意识形态和区域利益集团漠视合作、对立斗争的情况。接着，华盛顿开始讨论外交政策，呼吁严格保持中立，让美国外交独立于欧洲的复杂事务。华盛顿并没有使用常被认为是他开创的"纠缠不清的联盟"一词［实际上，杰斐逊在他的第一次就职演说（1801 年）中首次提出这种说法］，但他表达的独立于欧洲的外交要旨，确实早于杰斐逊具有相同意义的提法。整体而言，他要表达的主题总结起来是：对内团结、对外独立。就这么简单。

129

这种不经意的简单，加上神谕般的特点，已经使告别演说成了历史评论的永久对象。整个 19 世纪以及 20 世纪的大部分时间中，人们关注的主要是有关外交政策的部分。美国孤立主义的支持者，将华盛顿的告别演说奉为圭臬，而其他一些人则辩称严格的孤立从来不是华盛顿的本意，或者美国的强势崛起已经使华盛顿的智慧不再重要了。更晚近的时候，告别演说的前半部分内容被重新发现，这部分呼吁要保持一种共识政治，排斥那种针对单一问题的政治运动，反对将美国划分为多个以种族、民族或性别为基础的选区。告别演说已经证明，它能够在不同的时代披上不同颜色的外衣，而且只要您愿意，它还可以让颜色的深浅明暗变化不停。[18]

尽管华盛顿的眼睛从来没有变过颜色，而且具有前瞻性，但他无从知晓（这并没有多大影响）未来的人们会从他的文字中领会多种意思。正确理解告别演说的起点是，华盛顿的核心思想是牢固建立在自己担任美国最高军事和行政首脑的经验教训之上。除非人们相信思想就像候鸟一样可以从一个世纪飞向另一个世纪而不发生任何变化，否则理解他的真实意思的唯一方法，就是再现当时的具体环境。华盛顿并没有宣称自己是根据对哲学论文或著作的独到见解而向国人开出新颖的处方，他不过是在提醒国人记住他从个人经验中习得的那些神圣原则。这些原则是如此常见和根本，以至于它们正处在被同时代人忽略的危险之中；它们又是如此彻底地扎根于美国独立战争，以至于更久远的后代几乎完全看不到它们。

第一，承认华盛顿的巨大声誉并不完全依靠其谨慎的权力实践，而更多的是建立在他放弃权力的非凡才能之上，这是至关重要的。事实上，他是一个懂得退出的大师。几乎每个人都把他 1796 年的退休看作其 1783 年辞去大陆军总司令情景的重现。当时，大陆军已经获得胜利，但驻扎在纽约州纽堡的官兵因未获得薪俸而蠢蠢欲动，很难控制。在军官策谋叛乱的会议上，华盛顿突然现身。他们的险恶阴谋包括进攻国会、在西部为自己划一片土地，所有这一切据称都要由华盛顿领导。[19]

华盛顿立即拒绝了他们让他成为"美国恺撒"的提议，并谴责整个计划是对他们曾为之浴血奋战的事业的背叛。接着，他以戏剧化的姿态，从口袋中拿出了一副眼镜。"先生们，请允许我戴上眼镜，"他大声说道，"因为我的头发已经花白，我现在只知盲目地服务于自己的祖国了。"据称，当获悉华盛顿打算拒绝成为"美国恺撒"时，不是别人，正是乔治三世本人说道："如果他真的这样做了，他将成为

世界上最伟大的人物。"言出必行。1783 年 12 月 22 日，华
盛顿将权力交给了国会，当时国会正在安纳波利斯市开会。
"既然我已经完成了赋予我的使命，"他宣布，"我将退出这
个伟大的舞台。"由此，他成为被授予了权力的领袖的最高
典范，因为他是如此愿意放弃权力。[20]

　　第二，当 1796 年华盛顿谈论国家团结之时，他说的那
些话正是他在独立战争中所作所为的回响。尽管他输掉的战
斗比他打赢的战斗要多，尽管他在战争的头两年不停地犯下
代价惨重的战术错误（这些错误差点断送了整个独立战
争），但到了 1778 年，他已经对自己要推行的军事战略有了
基本理解。在他看来，占领土地——他将之说成"据点之
战"——是毫无意义的，战略的关键在于大陆军本身。如
果大陆军始终是一支团结而高效的作战力量，那么美国独立
战争事业就能够继续下去。英军可以占领波士顿、纽约和费
城，实际上也确实如此。英国海军可以毫发无伤地封锁并轰
炸美国的海港，事实上也的确是这样。大陆会议可以像一群
鸽子一样被从一个地方赶到另一个地方，正如实际发生的那
样。但是，只要华盛顿可以让大陆军团结一致，英国人就不
能赢得这场战争，就意味着英国人最终会认输。[21]

131

　　和华盛顿所有的基本设想一样，这一点也是事后看来才
显得如此显而易见。许多同样面对更强大敌军的杰出军事领
袖——汉尼拔、罗伯特·E. 李和拿破仑——最终都被打败
了，这正是因为他们认为胜利就是赢得战斗。华盛顿认识
到，胜利意味着让体现在大陆军之中的国家目标延续下去。

如果他能够在英军最终崩溃之前保持军队团结，那么空间和时间就都会在他这一边。历史正是这样发生的。

第三，当华盛顿谈起要独立于外国事务时，他对美国独立到底意味着什么的理解，比这个词组惯常体现的那种爱国精神要深刻得多。同样，又是战争年代塑造并且坚定了他在这个问题上的信念，尽管产生这种信念的基础在他领导大陆军之前就已经存在了。简单说来，华盛顿已经形成个人独立观和国家独立观，这种独立观与那种感情用事的忠诚或者转瞬即逝的意识形态热情毫不相干。他是一个坚定的现实主义者，对那种建立在人们梦想中的远大前景有着本能的不信任，而且更钟爱那种平淡无奇却可触知的现实，正是这种现实决定了胜利与失败之间的分野。就其意识形态核心而言，华盛顿那种根深蒂固的现实主义，扎根于他对控制的敬奉：控制自己、控制所有能够决定其命运的事件。就其智识核心而言，这种现实主义意味着他站在了杰斐逊的对立面。在杰斐逊看来，理想就是最高的现实，而且杰斐逊那种鼓舞人心的力量来自他对世界最终会符合他头脑中的图景的自信。然而，华盛顿认为所有此类图景都是危险的幻梦。

例如，在1778年，当爱国宣传者热情地歌颂美国独立事业具有更高的道德性时，华盛顿私下对一个朋友说，尽管道德确实是一个神奇且必要的术语，但它远不足以赢得这场战争。"人们可以按照自己的意愿去这样想，"他写道，"他们可以从古老的故事中，找到在道德影响下取得伟大成就的例证；但不论是谁，若将道德力量看作进行一场漫长而血腥

的战斗的充分基础，最终都会发现自己被欺骗了……有时候
道德可能足以促使人们去行动，去忍受许多困苦，去面对许
多困苦；但是，若没有利益的驱动，道德是不会持久的。"[22]

　　另外一个例子是，1780 年，约翰·安德鲁少校与本尼迪
克特·阿诺德合作向英国提供情报，试图制造大陆军在哈德
逊河附近西点的战略大溃败时，被抓住了。从任何方面来说，
安德鲁都是一个行为举止无可挑剔的模范英国军官，不过不
走运，在履行自己职责的时候被抓住了。包括汉密尔顿在内
的几位参谋，都恳请看在安德鲁出色的人格上，饶他一命；
华盛顿拒绝了这种请求，认为他们是感情用事，并指出如果
安德鲁成功完成了自己的使命，那么战争极有可能发生大逆
转。接着，参谋们又支持安德鲁提出的要求，希望作为一名
军官被枪毙，而不是像对待间谍那样被绞死。华盛顿同样拒
绝了这个要求并解释说，不论安德鲁的个人品行是多么有吸
引力，他还是一个间谍。第二天安德鲁被绞死了。[23]

　　最后再举一个例子。1778 年法国参战后不久，大陆会
议的几个成员就开始游说法国入侵加拿大，说加拿大主要是
法国人，因此法国在那里取得军事胜利的可能性更大。华盛
顿提出一些理由来反对这种计划，但将反对这个计划的最深
刻原因私下透露给了大陆会议主席亨利·劳伦斯。他担心
"大量法国军队进入加拿大，并占据该地的首府，当地人民
会出于血缘、习惯、礼仪、宗教以及以前的政治联系等因素
而忠于这些军队"。法国是美国的天然盟友，可是一旦他们
在加拿大安顿下来，就很难指望他们会离开。"我担心这将

是一个过大的诱惑，任何依据通行政策行事的国家都难以抵住这种诱惑。"他接着向大陆会议提出了自己的建议，这是他对各个国家的动机的最清楚表达。"人们总是倾向于走极端，"他解释道，"对英格兰的憎恨可能让某些人陷入对法国的过度信任之中……我个人衷心接受新盟友对我们的善意情感，而且合理地珍视其他盟友的这种情感。但是，这是一个建立在人类普遍经验之上的公理：在利益约束范围之外，没有哪个国家是可以被信任的，而且没有哪个谨慎的政治家或者政客敢置这个公理于不顾。"根本就不存在永远的国际盟友，只有永恒的国家利益。[24]

华盛顿对美国国家利益的最清晰描述，出现在他于1783 年写的"通函"之中，这是他作为总司令写给各州政府的最后一封年度信函。他描述了一个全景式的、横跨整个大陆的美利坚帝国前景，并且以超越他通常那种平淡、朴实、柔和的语气（至少这一次）表达了一种设想："置身于最让人嫉妒的条件之下的美利坚公民，作为这片囊括了世界上全部种类的土壤和气候、物产丰盈、生活便利的大陆的唯一主人，现在依据最近达成的令人满意的和解，享有绝对的自由和独立；自此以往，他们都将被看作这个最引人注目的舞台上的演员，这个舞台似乎是上帝格外挑选出来的，以展示人类的伟大和幸福。"[25]

这种设想的视野是不同凡响的。华盛顿在年轻时代曾与英国人并肩作战，将法国人赶出北美。美国独立战争取得胜利后，英国人也被赶了出去。整个大陆现在已经成为一个幅员辽阔的美利坚庄园，人们可以在不受外国势力限制的情况下自由扩张。（毫无疑问印第安人要么被同化，要么被征服。西班牙人占据了密西西比河以西地带，但西班牙人不过是在美利坚人口压倒他们之前暂时掌管这一地区罢了。）在独立战争那一代的领导层中，华盛顿从来没有在欧洲旅行或生活过，如果说这不是独一无二的，至少也是非同寻常的。（他唯一一次离开美洲大陆就是他年轻时去巴巴多斯岛。）因此，他对新生美利坚国家的设想完全是西方化的。之后几代人面临的主要任务就是，巩固美国对北美大陆的控制，不惜代价地排除任何阻碍或者偏离这个中心任务的事物。

同样是在这封"通函"中，他奠定了隐含于其国家设想中的责任和机会，并用最具诗意的语言写成。"我们帝国的基础并不是建立在蒙昧时代或怀疑时代，而是建立在一个伟大时代：与此前任何时代相比，这个时代中人类的权利得到了更好的理解和更清晰的界定。"接着，他开始具体说明在过去两个多世纪里——后来这段时期被称作"启蒙时代"——积累起来的人类知识宝库，并认为在某种意义上，那是西部尚待开发的无尽自然资源在智识或哲学上的对等物。正是这两种丰富的哲学和物质财富宝库的偶然结合，决定了美国的国家利益并使之与众不同。"在这个幸运的时期，"他写道，"美利坚合众国作为一个国家出现了。如果公民无法得到完全的自由和幸福的话，那就是美利坚合众国自己的过错了。"[26]

现代英国哲学家以赛亚·伯林曾经根据政治领袖管理世

134

151

俗事务的不同视角，将他们区分为刺猬与狐狸：刺猬知道一件大事情，而狐狸知道许多小事情。华盛顿就是一只典型的刺猬。他知道的那件大事情是，作为一个国家的美国，它的未来在于西部，在于其在随后的一个世纪中要发展成为大陆帝国。他将那么多的时间和精力放在建设运河上，而且与那些弗吉尼亚老乡们一样错误地相信，波托马克河是通达内陆水系的直接通道。他从骨子里认定美国人民的能量必须沿着那个方向奔流而去。欧洲可能囊括了世界上全部的文化中心和当前强大的国家，但就美国的国家利益而言，这一切不过是一时杂耍和偶尔消遣而已。未来就在于他年轻时曾经探索过的那些森林之中。当他于 1783 年第一次辞职时，他就已经本能地认识到了所有这一切。[27]

伟大的设想，即使是华盛顿的那些已经被证明是先见之明的设想，也必须与短期历史内的各种可恶细节相调和，直至长远的历史将这种设想变为现实。就华盛顿而言，其国家利益观的最明显推论是，在国家发展的酝酿时期要避免大规模战争。然而，问题恰恰在于为争夺对欧洲乃至世界的主导权，英格兰和法兰西正在进行一场长达一个世纪的斗争。在这场斗争中，法印战争和美国独立战争不过是次要表演而已，这场斗争直至拿破仑在 1815 年滑铁卢大败才结束。华盛顿对美国应该如何理解这场全球范围内的冲突有着非常清晰的认识。"我认为我们都清楚自己的利益所在，因此不可能挑起任何事由，使我们卷入其中，"1794 年他这样写道，

"而且我衷心希望，我们不会因为其他国家的行为而被迫卷入其中。若我们能够在不被打断的情况下发展，这将是大自然和命运给我们的最大优势，不需要很多年时间，我们就不仅能够屹立于最受尊敬的国家之林，而且将成为地球上最幸福的人民。"[28]

因此，他在担任总统期间的外交政策核心，自然而然就是《中立宣言》（1793 年）了。这份宣言称，美国将只作为正在进行的欧洲冲突的见证人。他在担任总统时经常说的一段话也强调了同样的观点，甚至还对美国这种主动远离欧洲政治的可能期限做了估计："这个国家的每一个真正朋友都必须看到和认识到，其政策不是卷入任何国家的冲突，而是避开它们的争议和政治。若这些国家相互侵扰的话，我们将遵守中立原则。二十年的和平时光，加上我们可合理预期的人口和资源增长，再加上我们远离强权的地理位置，将极有可能让我们有能力在一项正义事业中，反抗地球上的任何强权。"在某种意义上，这是他在担任大陆军总司令期间习得的战略教训的全新应用。这种战略教训是，在获胜成为可能之前，尽力避开与更强大的军队进行正面交锋。我们可以称之为"明智的拖延战略"。在拥有后见之明的优势条件下再来看待这个问题，我们发现，担任总统的华盛顿的战略眼光和他在美国独立战争中担任总司令的战略眼光一样深谋远虑、高瞻远瞩。他的"二十年"预估就体现了这一点，几乎准确预言了 1812 年战争的爆发。[29]

由于华盛顿的战略思想就是告别演说中提到的外交政策

的核心内容，由于那个时代的每一位美国政治家都认为中立原则是一个无可辩驳的公理，因此告别演说似乎就是无可争议的，其传达的主旨也是不容置疑的。但当时的人们并不是这样认为的，部分是因为在美国中立政策应当是怎样的问题

136　上，独立战争那一代人中存在一种深刻的分裂（华盛顿试图超越这种分裂）；还有部分原因是当时的政治高层中，流行着另一种对国家利益的设想，而且这种设想也可以被认为是美国独立战争的遗产之一。所有这些都在华盛顿的第二任期内有关《杰伊条约》的辩论中，发生了正面冲突。冲突造成华盛顿担任总统期间的最大危机，造成对其君主倾向的最恶毒攻击，而且也是我们理解告别演说中每一词句的直接背景。[30]

　　《杰伊条约》在塑造美国外交政策上具有划时代的意义。1794 年，华盛顿派首席大法官约翰·杰伊到伦敦，希望与英国达成一项现实交易，以避免在美利坚合众国还没有准备的时候，再次与英国发生战争。1795 年杰伊带回来的条约，承认了英格兰海军和商业的霸主地位，并且隐含支持了一种亲英的美国中立政策。这份条约认可英国享有对从美国进口的商品继续征收关税的权利，同时给予英国商品最惠国待遇，它还含蓄地接受了英格兰可以强行征募美国水手。另外，它要求美利坚合众国就独立战争前的剩余债务对英国债权人进行补偿，这些债务的大部分是弗吉尼亚种植园主阶层欠下的。作为交换，英国人同意将美国商人关于被没收货物的要求提交仲裁，并且遵守他们在 1783 年《巴黎和约》中做出的从西

部边疆据点撤走军队的承诺。总而言之,《杰伊条约》是对
1778 年法美联盟的背离,而这一联盟在获得法国的军事帮助、
赢得美国独立战争上发挥了巨大作用。[31]

　　尽管这份条约的一些具体条款对英国有利,但研究这个
问题的大部分历史学家所达成的共识是,《杰伊条约》是有
利于美利坚合众国的一项精明交易。它实际上是赌英格兰而
不是法国将成为未来的欧洲霸主,这在后来被证明是有先见
之明的。它认识到美国经济对英国的严重依赖。在某种意义
上,它是"门罗主义"(1823 年)出台的早期预告,因为
它将美国的安全和经济发展与大不列颠舰队连在一起:后者
在整个 19 世纪为前者提供了价值无法估量的保障。更重要
的是,它将美国与英格兰作战的时间推迟到美国在经济上和
政治上都有能力作战之时。

　　然而,《杰伊条约》带来的长远利益对于身在局中的大
部分美国人来说,是完全不可见的。华盛顿觉察到这份条约
将不受欢迎,因而试图在参议院投票表决之后公开它的具体
条款。但 1795 年夏天时消息走漏了,并且迅速传播开来,
正如麦迪逊所言,"以电的速度到达了美国每一个角落"。
杰伊后来称,每天晚上整个东海岸都被抗议者烧毁他的画像
的大火照亮了。在纽约,汉密尔顿试图向人们解释条约时,
被一颗石头击中了头部。约翰·亚当斯回忆说,华盛顿在费
城的住所被"无数群众围困起来了,这些人日复一日地喧
闹着,要求与英格兰开战,并诅咒华盛顿,还大声叫嚷着法
国爱国者和高尚的共和者终会胜利"。任何对不列颠经济和

137

军事力量的让步，不论在战略上是多么精明，看起来都是对独立战争的背叛。华盛顿预言，经过几个月的冷静思考，"当激情最终屈从于理性，风向可能会发生转变"，但与此同时，"这个政府在与法国和英国的关系上，就好比一艘夹在卡力布狄斯漩涡和锡拉岩礁之间的船，腹背受敌"。[32]

更糟糕的是，有关这个条约的辩论引发了一次宪法危机。或许，能够说明华盛顿当时独特地位的最生动例证是，制宪会议决定让华盛顿保管秘密讨论的会议记录。因此，只有华盛顿一人能够完全接触到制宪会议的正式记录，并且利用这些记录来辩称，制宪者的明确意图是，将签订条约的权力授予政府行政部门，只要得到参议院2/3的多数同意即可。然而，麦迪逊本人保留了自己详细的"制宪会议辩论记录"，并将它带给当时归隐于蒙蒂塞洛的杰斐逊。

尽管仔细阅读麦迪逊的"制宪会议辩论记录"会发现华盛顿是正确的，而且实际上在制宪会议上，麦迪逊本人也坚定地反对侵蚀行政部门的外交权力，但杰斐逊还是得出结论，认定制宪会议希望众议院在批准条约上拥有同等权力；众议院是政府中拥有至高权力的部门，有权否决任何想要否决的条约，从而使行政部门"签订条约的权力彻底消失"。"我相信立法机关中的民选部门不会批准这份条约，"杰斐逊在信中这样写道，"从而让我们摆脱这种臭名昭著的行为，这种行为实际上就是我们国家内的盎格鲁人与英格兰缔结的旨在反对美国立法机关和人民的联盟。"[33]

众议院在1795年秋冬两季进行的辩论实际上是在麦迪

逊更谨慎的领导和对宪法更狭隘的解释之下展开的。（若按杰斐逊的立场行事，很可能会再次导致他本人担任驻法公使期间所批评的由《邦联条例》造成的不幸僵局，《邦联条例》实质上是听任国会的宗派斗争和国内政治的分离主义力量来左右美国的外交政策。）相反，麦迪逊说，《杰伊条约》的实施必须得到众议院的批准，因为其中的全部条款都涉及资金问题。这样做就能达到期望的结果：阻止该条约，同时避免对行政权力的正面攻击。[34]

　　麦迪逊在 1795 年冬季和 1796 年春季国会的激烈辩论中，一直是这个条约的反对派领袖。起初，他得到了绝大多数支持，并认为自己的立场是牢不可破的。但随着时间一周周地过去，他直接体会到了 1790 年代美国政治生活的最重要原则：不论是谁与华盛顿针锋相对，他都注定要失败。到 3 月时，麦迪逊的多数已经瓦解了。约翰·亚当斯曾充满困惑地说："麦迪逊先生看起来担心得要死。他脸色苍白，形容枯槁，憔悴不堪。"当 4 月众议院进行决定性投票时，麦迪逊将自己的失败归咎于由"银行、英国商人和保险公司"牵头的"贵族政治、盎格鲁主义和重商主义的作用和影响"。杰斐逊则更加直白。他的结论是，《杰伊条约》之所以获得通过，是因为华盛顿的巨大威望——"他一个人压倒了他们所有人的影响"。杰斐逊的沮丧感在几个星期之前就达到了崩溃的顶点，当时他写信给麦迪逊，引用了华盛顿最喜欢的约瑟夫·阿狄森戏剧《加图》（*Cato*）中一句著名台词，并将它用在华盛顿身上："作为对他德行的一种诅咒，他们已经毁灭了他的国家。"[35]

139

杰斐逊这种极端反应到底可能意味着什么呢？毕竟，从我们现代人的角度来说，华盛顿在针对《杰伊条约》的辩论中所发挥的行政领导作用，不过就是我们期待的一位强有力的总统所能发挥的作用，这样一位总统在塑造外交政策方面的权力被视为理所当然。我们还知道华盛顿试图走的路线是一条在英格兰和法兰西之间的中间路线，这条路线要求采取往返迂回策略，以保持美国中立并避免战争。这条路线最终被证明是一种正确的政策选择。但是，在这次事件中，后见之明并没有让我们看清楚悬浮在 1790 年代政治图景上方的幽灵和鬼怪，而是让我们看不到它们了。现在在被我们描述为强有力的行政领导，在杰斐逊及其共和党追随者看来，不过就是一个君主的专断行为。而且，事后看来是对国家利益的谨慎且有远见的预测，在杰斐逊看来，就是对美国独立战争的背叛。

因为杰斐逊有自己的国家设想，而且对美国历史到底将朝何处去或者至少应当朝何处去，有一种坚定的信念。他从骨子里体悟到的未来告诉他，1776 年的真正精神——这种精神已经在他起草的《独立宣言》中得到了最充分表达——就是与过去所有形式的政治权威彻底决裂。像伏尔泰一样，杰斐逊渴求这一天的到来：最后一个国王被最后一个祭司的大肠绞死。他内心看到的政治图景上散布着暴君和腐朽朝臣的尸体，扫除了一切能够压迫美国人民，使他们无法追求正当幸福的制度障碍。托马斯·潘恩的《人的权利》（1791 年）比那个时代的任何一本书都抓住了他这种设想的核心。这本书描述了如下场景：封建主义的最后残余一被肃清，社会就发生了急剧转型，一个乌托邦世界就会出现，这个世界中政府的主要管制已经内化于公民之中。最终，唯一合法的政府形式就是自治。[36]

1790 年返回美国后不久，杰斐逊就有了一种不祥的预感：美国独立战争，至少是他所理解的美国独立战争，已经被国外势力僭取了。正如我们已经看到的，杰斐逊眼中这一切的元凶和反独立战争的核心人物，就是汉密尔顿；而且，在这幅政治图景上，最让人担心的就是汉密尔顿的金融计划。这个计划的前提就是要建立一个更加强大的联邦政府，这个政府将拥有英国议会曾经对各个殖民地行使的许多权力。在汉密尔顿恶魔般的领导之下，美利坚合众国似乎又重新创立了独立战争所摧毁的那种政治和经济制度——国家银行就是这种逐步加剧的腐朽的最明显象征。杰斐逊看到了一场彻头彻尾的阴谋。在这场阴谋中，那些彻底疏远了作为主体的农业利益（他这样写道："他们都居住在城市之中。"）的银行家、投机者、联邦官员以及少数有权势却只知空谈的保王派，已经窃取了独立战争精神，现在正准备在纽约和费城的联邦政府走廊内和投资公司紧闭的大门后面，将它绞死。[37]

华盛顿在这个恐怖场景中到底处于什么位置，这是很难决定的。毕竟，他应当对独立战争的意义和目的有所了解，而且为确保其成功，他做的事情比任何人都多。（正如杰斐逊的批评者马上要说的那样，这个归隐于蒙蒂塞洛的人在独立战争期间没有射出过一颗子弹。）起初，杰斐逊并不认为华盛顿应当为联邦党人的阴谋承担什么罪责，说这个身居政府中心的人对围绕着他的各种阴谋浑然不知。尽管他没有明说，但杰斐逊认识到华盛顿是美国唯一一个不可触碰的人，任何试图将他纳入这种罪行之中的努力，马上就会使杰斐逊本人在联邦党人的指责中陷入永远的被动防御状态。

杰斐逊对华盛顿的态度在 1794 年发生了明显变化。促成这种变化的催化剂是"威士忌暴动"，这是一次发生在西宾夕法尼亚州四个县内的民间起义，目的是反抗对威士忌酒征收消费税。华盛顿将此次起义看作对联邦政府权威的直接威胁，并召集了多达 1.3 万名民兵进行镇压。杰斐逊认为，整个事件是大约发生在十年前的"谢司起义"的可耻翻版；这次起义中，美国农民以健康的、基本上无害的方式表达不满，却引发了过分的、没有必要的军事反应。尽管杰斐逊的本能反应是将整个令人悲痛的混乱局面归罪于汉密尔顿，但是华盛顿为军事行动提供正当性的演说，可不是那么容易忽略的。[38]

杰斐逊谴责华盛顿的演说，认为那是"从《伊索寓言》和《大拇指汤姆》之类的东西中抽取出来的碎片"。在杰斐逊对联邦党人阴谋的新认识中，华盛顿是一个自己无意识的、有些可悲的同谋，就好像一个上了年纪的、已经熟睡的"船舱里的船长"一样，毫不知晓"一个无赖领航员（也就是汉密尔顿）已经将船引入了敌人的港口"。华盛顿当然是美国独立战争中伟大的老人，但是现在他的伟大已经被年龄侵蚀，从而使汉密尔顿得以"假借一个已经做了许多善事

141

而足以掩盖恶行的名字"行事。华盛顿对政府根本就没有
控制权,而且不经意间还对围绕在他身边的背叛行为提供了
支持。事实上,华盛顿已经老迈不堪了。[39]

　　尽管这很难说是真实的,但这种解释有一种明显的好
处,即它可以让杰斐逊提出联邦党人的阴谋正在华盛顿身边
有声有色地进行着,同时却不直接触及华盛顿本人。杰斐逊
在公开场合也很谨慎,从来没有表达过对华盛顿的不满。但
是在私人通信中,他说华盛顿是一个已经度过了盛年的老迈
士兵,只知宣读不是自己亲笔撰写而且也不能完全理解的讲
稿,正在无能的模糊边缘徘徊着,往昔的伟大已经随风而
去,剩下的只是马上就要腐朽的空壳。这类信件中最著名的
一封(之所以著名是因为非杰斐逊所愿,这封信最终出现在
新闻报纸上),就是《杰伊条约》被通过时写的。杰斐逊在给
他的意大利朋友菲利普·马泽的信中写道:"若我告诉你那些
走到异端的变节者、战场上的参孙们和议事会中的所罗门们
(但他们的大脑现在已被英格兰娼妓吸引住了)的名字,可能
会使你惊奇不已。"由于只有一个人配得上美国的参孙或所罗
门这种称号,因此杰斐逊凭借那一贯的谨慎,使他在不提及
名字的情况下表明了意思。任何人都清楚他意指何人。[40]

　　杰斐逊设想中的最后一个更重要的内容,完全超越了国
内政治中问题重重的现实情况。在杰斐逊看来,美国独立战
争不过是全球反暴政斗争的第一枪而已,这种斗争注定要席
卷全世界。"这个自由之球,我极为虔诚地相信,"杰斐逊
预言道,"现在正运转得如此之好,它最终将席卷整个地

142

球。"华盛顿认为，政治和经济环境塑造了特定历史时期的
国家政策，也界定了一国的国家利益。与这种观点不同，杰
斐逊看到的是一个范围更广的全球意识形态冲突：在冲突
中，所有国家要么支持要么反对美国于 1776 年宣告的那些
原则。杰斐逊把他在美国国内看到的英雄和坏人之间的道德
分裂，投射到国际舞台上。对杰斐逊而言，有关美国外交政
策的所有具体决定都发生在这个范围巨大、几乎是整个宇宙
的模式之中。[41]

　　因此，尽管杰斐逊可以带着真诚的信念谈论美国的中立
和避开欧洲争斗的必要性，从而听起来与华盛顿很相似，但
是他的美国中立概念是明显不同的。他并不认为英格兰和法
兰西之间为争夺欧洲霸权而发生的冲突，与美国的长远利益
是毫不相关的。相反，他认为法国大革命正是"1776 年精
神"在欧洲大陆的延续。他承认，法国大革命中偶然出现
的暴力和误入歧途是一些可悲的变化；但是他坚持认为，这
不过是将在全球取得胜利的革命斗争的短暂一章而已。"我
相信，他们（法国人）将取得完全的胜利，"他在 1794 年
写道，"而且那些入侵法国的暴君将颜面扫地，随着事态发
展，注定要点燃欧洲人民的怒火，欧洲人民将起来反抗那些
胆敢让他们卷入这种不道德行为的人，并最终将让国王、贵
族和祭司走向他们曾长期以别人的鲜血浸染的断头台。"法
国大革命一度出现了狂热情绪，他认为所有批评法国大规模
屠杀的人，都对其中涉及的历史问题茫然不知。"整个地球
能否自由正取决于那场斗争，"他在 1793 年说道，"请问曾

经有什么时期能以如此少的鲜血，换来如此丰厚的奖品吗？
我自己也为献身这项事业的烈士而深感悲恸。然而，我并不
希望它失败，相反我更愿意看到半个地球都因之而人烟荒   143
芜。即使每个国家中只剩下一个亚当和一个夏娃——自由的
亚当和夏娃——也比现在的状况要好。"[42]

如果说法兰西在这场国际戏剧中是革命英雄的话，那么
英格兰就是反革命坏蛋。杰斐逊在《独立宣言》中谴责乔
治三世和英国政府的高度道德化语言，至少对杰斐逊而言，
并不仅仅是宣传。它们反映了他真诚的信念：英格兰是一个
本质上腐化的社会，是君主权力、贵族特权和宫廷阴谋的堡
垒。由于华盛顿曾在八年时间中将美国士兵送上与不列颠生
死决斗的战场，因此我们或许会认为，华盛顿应当对他从前
的敌人持更敌对的态度。但是，他没有。杰斐逊的"反英
情绪"之所以更加强烈，部分是因为这种情绪更加道德化，
是他脑海中的道德范畴所自然得出的道德结论。（如果他想
诬蔑一个政治对手，他可以用在这个对手身上的最糟糕称呼
就是"盎格鲁人"了。）对杰斐逊而言，法兰西代表着最明
亮的未来，英格兰代表着"过去的死亡之手"。因此，他反
对《杰伊条约》的核心理由是，他确信这个条约将使美利
坚合众国站在错误的历史一边。"盎格鲁人最终获得了他们
想要的条约，"1796 年他还待在山顶上时就这样说道，"而
且目前来看，也已经战胜了共和主义事业。"他们的胜利尽
管让人心痛，但已经暴露出弱点。现在很明显的是，"除了
总统对人民的巨大吸引力外，没有任何其他东西能够支撑他

们，而总统的继任者如果是一个独裁者的话，将被共和主义意识推翻……与此同时，我们请保持耐心"。[43]

在写下这些话的几个星期之前，杰斐逊已经感到有必要让华盛顿放心，不同于费城街头巷尾的流言，他不应当对各种有关总统的流言负责，这些流言认为总统支持联邦党人反对绝大多美国人民的阴谋，总统只是一个老迈的挂名人物。毫无疑问，历史记录已经清楚表明，杰斐逊确实组织了这场污蔑总统的运动，主要作战基地就在弗吉尼亚州，总部就是蒙蒂塞洛。但杰斐逊是那种能够通过测谎仪测试而被认定为诚实的人，因为他真诚地相信，他那更伟大事业的至高无上性，已经使对真实和谎言的传统区分变得多余了。

华盛顿的回答就是为了让杰斐逊知道，杰斐逊宣称自己无辜就好像是有罪的人在为自己辩护一样，而且对于谁在他背后说各种坏话，华盛顿知道的比杰斐逊认为的要多得多。"若我以前曾经对你有过什么怀疑的话，"华盛顿这样写道，"那么你说的那些保证，就已经将我的这种怀疑赶到九霄云外去了。但事实是，我从未对你有过任何怀疑。"（你的辩解本身就肯定了我对你的怀疑。）接着，华盛顿将遮盖他心灵的那块帘子掀开了，好让杰斐逊看到他内心的真正感觉："既然你提到了这个问题，因此如果我们还掩饰这一点——你的所作所为对我而言是一种侮辱——就显得不坦白、不真诚或者不友好了。"（我已经识破你的花招了。）"你对你那些朋友和故交将我描述成，而且他们也将我描述成，一个处在危险影响下的人物。"（我的消息来源是无懈可击的。）

"我对此的回答从来都是，我从来没有发现杰斐逊先生的行为之中，有什么能够让我内心产生认为他不真诚的怀疑。"（我没有以眼还眼，以牙还牙。）

华盛顿最后平静地表达了他对《杰伊条约》的支持。"我在用自己的最大能力，来确立我们的国家特性，它将在我们的责任和正义所允许的范围内，尽力独立于地球上任何一个国家。"但是，不知为什么，他已经"被指责为一个国家（法兰西）的敌人，处在另一个国家（英格兰）的影响之下。而且，为了证明这一点，我的政府的每一个行为都被攻击得遍体鳞伤，遭到了最恶毒的曲解。他们只说一个问题的一个方面，而且用的是最夸张、不体面的词语，这些言词甚至都不曾用在臭名昭著的古罗马暴君尼禄身上，也很少用在一个普通的扒手身上。但是，写到这里已经够了。在表达我的感受上，我已经超出了原来的打算，走得太远了"。（言外之意是，即使瞥一眼我的灵魂，也是你——我以前的朋友——所不配的。）

第二年，杰斐逊试图与华盛顿维持表面上的友谊，因此以弗吉尼亚绅士的口吻给他写信，对政治和外交政策避而不谈，只集中讨论诸如他在蒙蒂塞洛的农作物轮作计划、天气的反复无常、种植的野豌豆和小麦，以及施肥的最好方法（这是一种强有力的隐喻）。华盛顿以同样的方式回信，直到杰斐逊写给菲利普·马泽的那封信（那封谈到了美国的参孙和所罗门的信）在报纸上发表出来为止。自此以后，弗农山庄与蒙蒂塞洛之间的所有通信永久停止了。[44]

除了二人断绝纯粹的私人关系之外，除了华盛顿的被背叛感和杰斐逊的口是心非腔调之外，这个故事还提供了一条价值不可估量的线索：理解华盛顿坐下来写告别演说词时，脑中思考的更宏大、更客观的政治问题。这些问题已经超越了他失去杰斐逊的友谊这件事（尽管这种友谊很重要），因为杰斐逊的行为不仅是对信任的背叛，也反映了独立战争那一代人在独立战争真义上的根本分歧，以及分歧所导致的对美国永恒的国家利益的不同看法。当时使用的那些词语，或者说后来的历史学家为把握这次辩论的核心而使用的词语，不过是一些标签而已：联邦党人对共和党人、亲英的美国中立政策对亲法的美国中立政策。隐藏在《杰伊条约》辩论背后的是，那些将美国独立战争的能量用于实现国家建设的更高目标的人，与那些认为这种做法无异于背叛独立战争的人之间的深刻冲突。

一方面，从华盛顿的角度来说，宪法创立的共和国创造了一个法治政府，一旦经正当选举产生的代表们做出了决定，这个决定就必须得到遵守。这就是为什么他采取如此坚决的行动去镇压"威士忌暴动"，为什么他希望《杰伊条约》一旦被国会通过就必须执行的原因所在。另一方面，从杰斐逊的角度来说，所有抑制独立战争自由脉搏的法律和条约，都是不合法的。这就是为什么他认为对"威士忌暴动"的镇压是应当谴责的。难道这些宾夕法尼亚州的农民不是在抗议他们不同意的税收吗？至于《杰伊条约》，哪个心智正常的人会接受作为大英帝国新殖民地的地位呢？不遵守和反抗不公正的法律条约是每一个公民的责任。难道 146 这不是美国人民应当遵从的更高级法律吗？难道不应当再一次与那些值得信任的法国兄弟手挽手勇敢前进吗？在这种规则下，那些严格意义上不忠的、背叛性的政治行为，就成了唯一能够得到美国最神圣的独立战争原则支持的行为。

或许，以行动体现共和党人思想的最极端例子就是詹姆斯·门罗。他是一名狂热的杰斐逊追随者，当时担任驻法国公使。尽管在杰斐逊的联盟中，他不是什么思想家或者政治战略家，但是门罗以其几近狂热的方式接纳了共和党人信仰的核心内容，这弥补了他在思想方面的缺陷。他让法国人放心，《杰伊条约》是不可能被国会批准的，而且绝大多数美国人都渴望同法国人一道与英国人斗争，美国政府随时准备向法兰西政府贷款 500 万美元以支付其军事开支。而当这些疯狂的预言都落空时，他却告诉他们说，法国政府应当冷静而坚决地拒绝所有来自美国总统的讯息，因为总统显然是代表贵族盎格鲁人的，而且马上就会被人民赶下台。与此同时，法国应当在公海上对美国船只进行报复。当法国人在 1796 年春季真正开始这样做，而且没收的第一艘船名叫"弗农山庄"时，门罗认为这是富有诗意的正义向人间宣示的神谕。而且，他希望本杰明·富兰克林·贝奇的《曙光报》能够发表他从巴黎寄回来的一些抗议《杰伊条约》中最令人愤怒条款的秘密公报（当然是以假名）。所有这一切都是美国派往法国政府的正式使节做出来的![45]

　　极端程度稍弱一些却更能体现这种精神的另一个例子，在 1795 年 8 月华盛顿决定将《杰伊条约》提交参议院审议时，浮出了水面。在杰斐逊之后担任国务卿的是埃德蒙·伦道夫，就像门罗一样，他是弗吉尼亚王朝的第二梯队成员之一。他之所以能够被委以此种职位，是因为他对华盛顿有着毫不动摇的忠诚。然而，他的主要政治习惯却是在需要他明确表达自己对某一项决定的信念时，都会摇摆不定。可怜的伦道夫，一个本来很体面的人，居然昏了头，同意与即将离开美国的法国公使约瑟夫·福契特会面。福契特将这次交谈的要点记录在一份急件中，这份急件后来在海上被一艘英国巡洋舰截获了。英国人迫不及待地将它转给了美国政府。在华盛顿向全体内阁成员大声朗读这份急件之后的第二天，伦道夫就提交了辞呈。[46]

　　福契特急件中所记载的内容与我们根据学术研究所知道的内容，并不完全一致。根据福契特的说法，伦道夫索取了贿赂，从而参与了支持"威士忌暴动"的神秘计划。尽管在这项指控上伦道夫肯定是无辜的，但是福契特急件的总体意思和语调都表明，伦道夫表露了自己对华盛顿政府的内政外交持反对态度，对旨在复辟君主制的"金融家阶层"的崛起表达了悲痛，谴责了将美国贸易置于"英格兰厚颜无耻"的奴役之下的行为，并且还说自己是政府内"爱国人士"的唯一喉舌，是将头眼昏花、令人悲哀、完全处于困惑之中的华盛顿拉回理智的最后一线希望。伦道夫这些不幸的话语并不完全是一种背叛行为，正如他在余生徒劳无益、含混不清地解释的那样。实际上，他不过是在说杰斐逊向朋友们说的、门罗在巴黎向任何人说的那些话时，被抓住了而已。那种认为金融家和君主主义者策划的险恶阴谋已经在华盛顿的眼皮底下控制了联邦政府的观点，在弗吉尼亚州精英阶层中流传得十分广泛，以至于他们自己根本没有意识到，他们的那些话在反对这种观点的人看来，是多么具有阴谋性质。[47]

因此，当华盛顿坐下来撰写他的告别词时，三个主题马上就从政治图景之中浮现出来，抓住了他的注意力：第一，他需要证明，尽管即将退休，但他依然掌握着国家，那些关于他已年迈不堪、无法处理政务的谣言是明显错误的；第二，他希望为国家铺设一条中间道路，而且以一种温和方式，把最激烈的批评者推向辩论的边缘——在那里，他们歇斯底里的指控、火药味十足的语言和悸动不已的道德确定感，将随风飘逝；第三，这位自愿走下政坛的伟人，希望利用最后这次从公共舞台退下去的机会，解释自己对美国独立战争真义的看法。总而言之，它意味着人民团结一致，正如以前的大陆军那样，因此那些利用外交政策对国内政治搞分裂活动的人，尽管打着美国独立战争原则的旗号，但都在无意之中颠覆了他们宣称要为之战斗的事业。这是他最后一次走上战场战斗，他要将自己的标准树立在战场中央，让军队在他周围集结起来，而不是在对边缘地带不切实际的冲锋中迷失方向，他还要以身作则地告诉他们，他们只有坚守他划定的阵地，才能再一次大获全胜。

148

　　"告别演说"的写作方式，正如事后证明的那样，几乎是其核心主旨——必须让狭隘的利益屈从于更伟大的事业——的最完美证明。几代学者花费了大量笔墨，试图确定到底是谁撰写了进入新闻界并最终走入历史书的那些语句。就像一个错误线索一样，"告别演说"的作者问题让历史学家们陷入各种证据的迷宫之中，试图发现谁才是真正的作者。同时，这次被追猎的对象却安坐在证据网络中央，他们是如此的显而易见，以至于被人们完全忽略了。换句话说，"告别演说"根本就是一次合作过程的产物。其中某些语句是麦迪逊写的，大部分则出自汉密尔顿之手，而其中的所有观点都是华盛顿的。实际上，"告别演说"的起草和编辑，是华盛顿敦促全体美国人民团结一致、集体前进的隐喻。[48]

　　这个合作过程在四年前，即 1792 年 5 月，就开始了。当时华盛顿找到麦迪逊，要他帮忙撰写一份告别演说词。当时确信自己在一任届满后肯定要退位的华盛顿，之所以选择麦迪逊，是因为他最信任的两个朋友汉密尔顿和杰斐逊，正因党派斗争而忙得不可开交。麦迪逊为自己与华盛顿的三次谈话做了大量记录，然后起草了一份文件，这份文件的许多关键语句都是以总统的语气写成的——"政府中的党派精神正成为新的困难之源"，"我们都是同一个国家的孩子"，国家的"主要利益是一致的……气候和土地的多样性自然地形成了不同地区之间的双向关系"，并形成了"一个亲密的、永久的联盟"。麦迪逊建议不要向国会以口头演说的形式发表"告别演说"，而是以"向人民直接发表演说"的形

149

式在报纸上刊登出来。后来，华盛顿听从其全部内阁成员的劝告，不情愿地答应再担任一届总统。因此，他就将麦迪逊起草的告别演说收起来，以备他日使用。[49]

正好四年之后，这一天到来了。1796 年 5 月 15 日，华盛顿将退休演说的第一稿寄给了汉密尔顿，这次无论怎么劝说都不能改变他的决定了，他决定宣布自己将离开公共生活。这份文件的一部分重复了麦迪逊在 1792 年起草的内容，这是具有高度讽刺意味的，因为当时麦迪逊已经成了国会中反对华盛顿政策的主要领袖，成了他以前反对的党派精神的最生动实践者了。（联邦党人称麦迪逊是反对派的"将军"，称麦迪逊的导师、隐居在蒙蒂塞洛的杰斐逊为"大元帅"。）华盛顿将麦迪逊之前起草的内容加进来的原因有二。其一，它以清楚而强有力的语言表达了一个他现在还想说明的主要观点：让宗派和意识形态差异服从于更大的国家目的，由于这种观点是某个似乎已经忘记了这个训诫的人写的，从而显得更能唤醒糊涂麻木之人；其二，将之包括在内相当于公开说明他四年前就想退休，因此他现在的决定不过是实现了他长久以来的一个愿望而已。[50]

对于华盛顿来说，第一点是十分重要的。那些激烈的批评者当时正叫嚣着，华盛顿对不受欢迎的《杰伊条约》的支持将使他在 1796 年不可能当选，因此他决定退休并不是一种真正自愿的行为，而是对政治现实的被动认识。汉密尔顿试图让华盛顿相信，他在这一点上可能过于敏感了，他若确实想参加第三次竞选，肯定能够轻松获胜。（汉密尔顿显然是正确的。）但是，华盛顿不希望人们对他自愿的退出决定有丝毫的怀疑。这既是个人尊严问题，也是重要的政治先例。通过将麦迪逊在 1792 年起草的内容包括在内，他相当于告知世人他甚至不想担任第二届总统，这样就增加了他自愿拒绝第三个总统任期的可信度。正如华盛顿所言："它即使不会将某些攻击完全化解，也将让攻击变得乏力……那些确信我已不再受欢迎、毫无再次当选总统希望的人，会毫不客气地对我进行狂轰滥炸。"[51]

华盛顿发给汉密尔顿的告别演说第一稿的第二部分集中谈论了外交政策问题，这些问题主导着他的第二个任期。他完全知道汉密尔顿支持《杰伊条约》。（他甚至还建议汉密尔顿在为他撰写辩护词之前先咨询一下杰伊。）但他还是希望汉密尔顿知道，他或杰伊的亲英偏向不得在任何程度上溜进这份文件之中：它应当强调美国的中立，并"促进这个国家真正的、永久的利益"。字里行间表露的必须是华盛顿的观点，而不是汉密尔顿的观点。汉密尔顿可以是起草人，但作者必须是华盛顿。"我总是急于比较与我交换意见的那些人的观点，"华盛顿这样解释道，"并再将这些观点（不受这些观点约束）与我自己的观点相比较，尽力从中汲取全部有益的内容。"汉密尔顿根本不需要得到有关这个过程的详细指示。这个过程与华盛顿担任大陆军总司令期间和参谋们发展出来的，后来被他运用于内阁之中的那个过程别无二致。所有重大决定都是集体行为，其中顾问们就像车轮辐条一样，通常以书面形式做出各自的贡献。但最终的决定、最终的语词选择，却是由车轮中心决定的，这个中心总是华盛顿。[52]

汉密尔顿还意识到，他不仅被要求为当时的人而写，而且也要为后代而写。"我的目标是，让这份文件重要且持久有益，"他这样向华盛顿说道，"避免所有只属于当前的例外，包含将持久生辉、经得住时间检验的思想和精神。"他花了整整两个月的时间修改华盛顿的草稿，扩充并强化了麦迪逊关于超越党派分歧、团结在全国政府的民选代表周围的那部分内容。[53]

7 月 30 日，他将自己的劳动成果送给了华盛顿。华盛顿认为，汉密尔顿的草稿"非常公正，以至于应该向人民反复灌输"。他唯一有保留的地方就是这份文件的长度。"我想，即使是一份大报的所有栏目，也会很难容下当前草稿的全部内容。"华盛顿这样说道。他最后又补充说："要么就是我可能错了。"（他确实错了。）汉密尔顿并不像华盛顿那样相信自己已经出色完成了工作，于是马上重新起草文件，两个星期之后他将新稿送交华盛顿。但是，华盛顿更喜欢最初的那一稿。[54]

151

随后的一个月中，那一稿的多个修订本在二人之间来来回回好多次，华盛顿敦促汉密尔顿要说得透彻明白，并要他做一些增删。"我要将这份文件中所有被标记为不重要的段落删除，"他在 8 月 25 日写道，"而且，正如你所看到的，我用铅笔写了一些旁注，我请你对这些旁注进行更深入成熟的思考。"如果汉密尔顿认为有必要做其他一些修改，那么他应当"清楚地使用插入、删除标记，或者在旁注中说明，以免发生任何错误"。华盛顿要求，未经他的许可，不得在最后一刻对文稿偷偷进行修改。当定稿准备在 9 月交付印刷时，他还亲自修改了 1086 行中的 174 行，并从头至尾复查了标点符号——这是他最后的审查。正如印刷商亲眼观察到的："他简直是字斟句酌。"因此，这样的结论似乎是公平的：这份"华盛顿告别演说"，并非徒有虚名。[55]

那么，汉密尔顿的贡献在哪里呢？其主要是，确保对华盛顿思想的详细论述能够在一个强有力的修辞框架中展开，这个框架从头至尾都将保持一种庄严而尊贵的语调；确保在论述华盛顿观点的过程中，保持恳切和恰当的轻重缓急，体现十足的自信与从容：这种自信与从容对华盛顿关于国家本身的论述来说，具有核心意义。汉密尔顿对华盛顿的语调有着几乎完美的把握，他的政治生涯就是从独立战争中（作为一个参谋官）为华盛顿撰写信件和备忘录开始的。因此，他在让自己的倾向和风格屈从于华盛顿的更大目标方面，可谓手到擒来。尽管整个起草过程是一个合作过程，但是要区分哪部分是汉密尔顿完成的，哪部分出自华盛顿之手，几乎是不可能的。

汉密尔顿本人也算得上一位艺术大师，他能够在时间紧迫的条件下写出气势恢宏的散文。这一点在整个独立战争那一代人中，无人可与其比肩。即使在"告别演说"中，我们还是可以领略到汉密尔顿的独特文笔。例如，尽管华盛顿同意汉密尔顿对 1787 ～ 1788 年宪法和解的看法，但是只有汉密尔顿才能够以如下方式将它写出来：

152

　　联邦政府，是我们自己选择的，不曾受他人的影响
或威胁，是经过充分研究和缜密思考之后建立起来的，
其原则和权力之分配完全遵循自由之精神，它将安全与
活力紧密结合，其自身内部还具备自我修正机制，有充
分且正当的理由要求得到你们的信任和支持……人民有
建立政府的权力和权利，这个观念本身就预先假定了，
每个人都有义务和责任服从一个如此成立的政府。[56]

或者在美国的国家利益和外交政策问题上，思想依然是华盛
顿的，但是以汉密尔顿的语言写出来：

　　我们处理外国事务的最重要原则，就是在与它们发
展商务关系时，尽量避免涉及政治……欧洲有一些主要
利益，这些利益与我们毫无或甚少有关系。因此欧洲必
定卷入纠纷之中，这些纠纷之缘起基本上与我们毫不相
干……完全避免与外部世界建立永久联盟，是我们真正
的政策……一个国家若希望得到另一个国家不带任何私
利的帮助，这种想法愚蠢至极……期待或指望国与国之
间存在真正的恩惠，实乃最严重的错误。这是一种幻
想，经验会弃之如敝屣，而自重之国应视若无物。[57]

当汉密尔顿将这一段的草稿交给约翰·杰伊，让他提意
见时，杰伊表达了对这种写作风格的崇拜，但认为论点有些
许不妥。"我认为，"他在给华盛顿的信中这样写道，"说我

们从来不应当指望得到其他国家的帮助，可能并不十分严谨，因为这种断言似乎意味着，国家总是循着或者总是应当循着利益动机行事。"杰伊的意见来得太晚了——"告别演说"已经交到了印刷商手中——而且可能也不会产生什么影响。华盛顿的意思完全就是汉密尔顿所表达的意思。杰伊认为英格兰未来对美国会有善行，就好像杰斐逊认为法国会与美国团结一致一样，都不过是多愁善感，是国际关系真实世界中的幼稚幻想而已。[58]

153

除了措辞严谨、节律恰当之外，汉密尔顿的主要贡献是让华盛顿免于陷入个人情绪之中。5月的草稿中，华盛顿将下面这段文字放到了靠近开头的地方：

> 我并不寻求你们赐予我的职位……（现在已经有了）花白头发的这个人，除了从独立战争结束到新政府组建的短暂间隔外，不论是以军官身份还是文官身份，已经将四十五年的时间——他一生中最精华的时期——献给了服务祖国的事业；希望他的过失，无论数量多大，会随着他不久之后的与世长辞而湮没；如果这些过失没有造成什么恶果，愿它们被寄存在遗忘之墓中，因为他马上就要步入退休阶段了。[59]

汉密尔顿删掉了"花白头发""他一生中最精华的时期"以及"他的过失，不论数量多大"；他将这段文字调到了"告别演说"的最后而不是开头，这样就显得不那么悲

天悯人，而更像是不卑不亢的最后表白。华盛顿意识到了这
种变化，并对汉密尔顿让他"显得不那么自我"表示感谢。
也就是说，汉密尔顿的草稿掩盖了总统的伤口，或至少阻止
总统过于张扬地显露它们。[60]

　　汉密尔顿对华盛顿思想状态的敏锐把握，只有一次让华
盛顿感到失望。然而这次辜负和它所导致的"告别演说"
缺失的那部分，打开了一个更大的窗口，通过这个窗口我们
可以看到华盛顿试图描绘的整个国家设想。1796 年起草告
别词的过程中，华盛顿一直催促汉密尔顿加上一段在波托马
克河新首都里建立一所国立大学的内容。汉密尔顿不同意添
加这样的内容，他合理地论辩道，这样一个具体建议不适合
出现在要在更高层面上发挥作用的演说之中。汉密尔顿提议
将这个建议放在秋天向国会提交的最后咨文中，可能会更好　　154
一些。但是华盛顿坚持说，他希望这个想法是"告别演说"
中的一个重要部分。"坦白地说，"他解释道，"我对将这个
建议提交立法机构的效用深表怀疑。国会可能会歪曲我赋予
它的重要性，而这一点足以促使我在退出政治舞台的最后时
刻，以某种方式，将这个问题告知公众……好让人民思考这
个措施的重要性。"[61]

　　汉密尔顿最终屈服了，不过是很勉强地屈服。最后，他
将一个只有两句话的段落不协调地插在"告别演说"的中
间部分，它呼吁"建立传播知识的机构"，并无关痛痒地敦
促"公众意识启蒙"。华盛顿表示不满意，但决定略过这个

问题。然而，他要让汉密尔顿知道，有些东西丧失了，他建立国立大学的想法是与某个更大的问题联系在一起的。"通常，在青少年时代，友谊已经形成，习惯也已确立并将长久坚持，"他解释道，"来自美利坚合众国四面八方的青年人被联系到一起，而且会不同程度地发现，世界上并不是只存在让联邦内不同地区之间产生嫉妒和偏见的理由……除了独立战争让美国不同地区的人们聚集起来一起，进而消除了这种印象，还有什么能够做到这一点呢？一个世纪的交流往来都无法实现七年战争所成就的东西。"[62]

这是一个典型的华盛顿式思想：它植根于战争年代的经历，简单却十分必要，它以当时尚在形成过程中的模式为基础，试图为未来增添发展动力。就像对波托马克河的执迷一样，他发起的建立国立大学的运动，从来没有产生什么结果。但是，这两个计划都是与更大期望联系在一起的设想。就国立大学而言，华盛顿意识到美利坚合众国之所以还是一个形成中的国家，是因为其人民尚在形成之中。将庞大的、极度分散的、多样化的人口凝聚在一起，确实需要相当长的时间。然而，致力于实现国家目标的机构就好像独立战争中的大陆军一样，能够缩短时间进程，推动美国走过发展必经的脆弱且问题重重的阶段；这个阶段中，分裂甚至内战都存在很大的可能性。

在整个"告别演说"中，华盛顿一直在劝诫美国人民，要将自己视为一个有着共同命运的整体。对我们而言，它听起来毫无新意，这是因为我们就站在华盛顿设想的未来场景之中。但是，他关于国家团结的劝诫，与其说是一种描述，毋宁说是一种期望；与其说是提醒了我们曾经的状态，毋宁说是预测了我们可能变成的样子。实际上，华盛顿在进行这种劝诫时，刻意使用了国家团结已成为既定事实的语气，目的是让国家团结听起来更容易实现。尽管华盛顿清楚地知道，事实绝非如此。最终，"告别演说"主要是一个对未来的预言，以及如何将它变成现实的谆谆教诲。

另外，它也是对华盛顿在1790年代被污蔑为君主复辟的辩护。他说的是，如果最初没有一个共和国王，那么这个新生的准国家，可能不会有机会完成它的长远使命，可能在短期内就会消亡。在某种意义上，华盛顿是在为他的总统生涯辩护，说这是共和主义原则的关键例外。沿着这条路走下去，当征服这片大陆的共同经历和纯粹的时间流逝使美国人民成为一个更具凝聚力的民族时，居于共和主义精神核心的自由主义习惯就可以被充分地表达出来。然而，就目前而言，中心必须坚持住。这里的中心是指一个拥有充分权力迫使公民缴税和服从法律的强大联邦政府。大陆军的老兵，比如汉密尔顿和约翰·马歇尔，完全能够理解这个关键点。有趣的是，作为反对派共和党的主要领袖——杰斐逊和麦迪逊——却从来没有在大陆军中服役，他们显然无法理解。

这个新生国家如何顺利度过发展过程的第一个后华盛顿时期呢？在"告别演说"中，华盛顿大致给出了自己的答案：将你们自己看作一个国家；让地区和政治差异服从于美国人这个共同的身份；将联邦政府看作一个代表了你们的集 156

体利益的盟友而不是敌人（若你们愿意，将联邦政府称为
"我们"而不是"他们"）。随后的 12 月，在国会第八次也
是最后一次发表咨文时，华盛顿给出了一个更具体的指示。
批评他的共和党人将《杰伊条约》说成一份与魔鬼达成的
协议，认为它必将导致内政与外交上的大灾难。然而，审视
美国政治全景后，华盛顿看到一切已经开始平静下来：与南
部和西部边疆印第安部落的条约正在商谈之中；英国人正根
据《杰伊条约》从西部驻地撤军；由于与大不列颠恢复了
贸易，美国经济发展势头迅猛，贸易带来的财政收入使国家
债务的偿还速度大大快于预期。政治全景上的唯一暗点就是
法兰西了，其巡洋舰正在阻拦美国在西印度群岛的航运活动。
华盛顿建议对与法兰西共和国的"准战争"局面保持耐心，
并预言（事实证明他是正确的）"正义、坦率和友谊的精
神……将最终确保胜利"。他似乎是在说，信心是一个自我实
现的预言，在这种信心被正当化后，更是如此。[63]

　　更为具体的是，华盛顿指出在他离开国家舞台后，为了
弥补他不在的缺陷，要扩大而不是缩小联邦政府的权力。他
建议，国会开展新一轮的联邦计划：制订新计划以鼓励国内
制造商；补贴农业改良；建立一所国立大学（这是他不断
重复的观点）和一所国立军事学院；扩建海军以保护美国
在地中海和加勒比海的航运；增加联邦官员的薪资，以确保
担任政府公职并不取决于私人财富。直到 1825 年约翰·昆
西·亚当斯在就职演说中提出类似的计划，这个计划一直都
是涉及内容最广泛的扩大联邦政府权力的总统计划。在

1796 年的环境下，华盛顿似乎在说，美国唯一共和国王的
离任，使创建于联邦层次上、被制度化的中心力量变得有必　157
要，以此替代他个人的凝聚作用。[64]

最后，这些被联系在一起的美国人民指的是什么人呢？
若华盛顿希望联邦政府被视为"我们"而不是"他们"，那
么他是如何界定"我们"一词呢？他将"告别演说"说给
"朋友们和公民们"听。尽管他认为这种称谓将构成一个巨
大的、无所不包的网，将美利坚合众国不同地区的人们包括
在内，但这个称谓并不包括所有居民。他内心看到的大部分
听众，是那些有足够多的财产、有资格投票的白人成年男
子。严格地说，只有这些男子才是公民。他告诉汉密尔顿，
说他的"告别演说"是特别针对"这个国家的自由民阶
级"，这些人是指那些在小片土地上劳作并在家中生活的普
通农民。这将妇女和孩子都带到了政治图景之中，当然，他
们不是完全的公民，是美国人民的组成部分；他们的政治身
份包含在家庭之中，并且由家庭的男性家长体现出来。妇女
和孩子是二等公民，但毫无疑问是美国人。无土地的乡下居
民和贫穷的城市居民显然在这幅图景之外，尽管他们（更可
能是他们的后代）随着时间流逝最终能够获得美国公民身份。
因此，从未来的角度上看，他们也被包括在内。[65]

没有被提及而且理论上应当被排除在外的最大群体就是
黑人了，黑人中约 90% 是奴隶。华盛顿在"告别演说"中
对奴隶制只字未提，从而维护了国会在他担任总统早期就已
经采纳的正式立场：沉默。当然，沉默可能表达出许多东

西。但对华盛顿而言，未明说的信息是，已经为这个最具争议性的问题设置了延缓期限；这个问题比任何其他问题都更可能将脆弱的联邦摧毁，而他认为联邦是他一生的成就和主要的政治遗产。由于"告别演说"的主要目的是确认这种遗产并推动实现他的国家设想，因此华盛顿最不想提的事情，就是这个可能对整个事业造成最明显威胁的问题。就像1790年的麦迪逊一样，他希望奴隶制被排除在美国的政治议程之外。然而，与麦迪逊不同的是，而且与大多数弗吉尼亚人不同的是，我们有理由相信在华盛顿看来，延缓解决奴隶制这一政治问题的期限在1808年就应当结束，届时宪法将允许禁止奴隶贸易。

158

他在奴隶制问题上的沉默是战略性的，因为他相信奴隶制是这个国家身上的一个毒瘤，目前要在不杀死病人的情况下将之切除是不可能的。一个有趣的问题是，华盛顿设想的美国未来图景是否包括了废除奴隶制后将成为美国公民的非洲裔美国人？对于弗吉尼亚王朝的大部分领导人来说，答案是明显的，而且是否定的。即使像杰斐逊和麦迪逊这样希望废除奴隶制的人，也都想当然地认为被解放的奴隶必须被迁移到其他地方。华盛顿从来没有赞成过这种结论，他也从来没有接受杰斐逊在《弗吉尼亚笔记》中提出的黑人低人一等的种族主义理论。他倾向于认为造成黑人当前悲惨处境的不是自然而是教育；也就是说，他认为奴隶制是罪魁祸首，它阻碍了黑人智慧和责任感的养成；而在他们获得解放之后，这些最终会逐步且自然地出现。[66]

　　到了 1796 年，他已经开始起草最终遗愿和遗嘱了，他详细写清各项条款，确保在其妻子逝世之时，他的所有奴隶都将获得解放。他甚至还写下了更为详细的设想：弗农山庄那时将被划分成一块块土地卖出去，所得收益的一部分将被用来在未来几十年中帮助他那些获得解放的奴隶及他们的孩子。他在这一点上的行为就像往常一样，比他的话语更具有说服力，因为这些行为表明，他甚至在自己死后揽了一个责任：帮助他生前的那些奴隶在美利坚合众国的边界内向自由过渡。他是否还设想过，黑人和白人在未来某个时刻会和谐地生活在一起，这是不清楚的。但是，他将这个问题置于悬而未决的做法，在弗吉尼亚州的政治精英中都是非常罕见的。

　　他可能而且也确实设想了将印第安人包括在内。1796 年 8 月末，在他对"告别演说"做最后修改之时，华盛顿写下了"致切罗基族"。从严格的法律角度来说，密西西比河以东每个印第安部落都算得上一个国家，或者一个由土著居民组成的、位于不断扩张的美利坚合众国境内的准国家。当然，那里正是问题所在，而且无法避免的悲剧也正是在那里上演。在华盛顿的设想中，美国人民的西进是义无反顾、不可阻挡的。"我同样对这个问题进行了大量思考，"他向切罗基族宣布，"而且衷心希望各印第安部落和他们的白人邻居，能够尽情地享受让生活舒适幸福的所有美好事物。我还考虑了如何做到这一点，并发现只有一条道路可以让他们最终到达这个理想结局。我希望所有的印第安部族都能够走上这条道路。"[67]

159

华盛顿指出的"一条道路"要求印第安人认识到，反抗白人的人口扩张无异于自杀。唯一现实的解决方法是，印第安人接受不可避免的结局，放弃他们那种需要占据大片土地的狩猎和采集经济，将农业作为首选的生活模式，并最终经过数代以后逐步融入更大的美国社会之中。华盛顿承认他要求得可能太多了，"要走上这条道路似乎有些困难"，因为它意味着压抑印第安人本能的抵抗欲望，并放弃为他们所珍视的部落价值观。正如他已准备好退休一样，华盛顿实际上是在催促印第安部落退出印第安生活方式。"我给你们提的建议，"他带着某种悲伤情绪写道，"也正是我自己马上就要做的。几个月之后，我将离开这个伟大的城市，退隐于农田。在那里我将采取措施增加牛、羊和其他有用牲口的数量。"如果印第安人能够沿着他的足迹，那么印第安人与白人和平共处的局面就会自然到来，而他们逐步融为单一美利坚民族的愿望也将在下个世纪实现。不论现代美国人认为华盛顿的建议中有多少道德缺陷和文化强权因素，这个建议的两个主要特点是很清楚的：其一，它符合他那种认为历史只能提供有限选择的毫不妥协的现实主义精神；其二，它将印第安人放到了被称作美国人的民族大家庭之中。[68]

人们对"告别演说"的反应也遵循了往常熟悉的模式。绝大多数公众饱含热泪、激动不已，为美国政治的核心人物离开政治感到遗憾，但同时也认为他的训导正如某个内阁成员所言，"是美利坚合众国人民心声的最全面记录与表达"。

160

共和党人则将他反对国内政治分裂、避免卷入外国事务的警告，斥为"一颗病态心灵的恶毒之语"。在《曙光报》中，本杰明·富兰克林·贝奇重新发表了以前对华盛顿的指控：华盛顿是一个叛国贼，在独立战争中曾与英国人一起搞阴谋活动。"在某种意义上这个人确实是无与伦比的，"华盛顿谈到贝奇时说道，"他诽谤中伤的本领只逊于其厚颜无耻的个性，而且二者都是无人能敌的。"华盛顿总统最后所做的事情之一，就是将自己对贝奇指控的反驳存放在国务院。历史学家很久之前就发现，贝奇的指控是基于伪造的英国政府文件。1797 年 3 月，华盛顿离职了，当时在他耳畔回荡的是无数支持者的欢呼，当然还有极少数批评者的吼叫。[69]

在去往弗农山庄的路上，他在亚历山大市停留下来，发表了一次演讲，强调他将忠于"告别演说"所阐明的那些原则。"乌云会——毫无疑问会经常——出现在事件的发展过程之中，悬浮在我们的政治利害之上，"华盛顿讲道，"但是，对这些原则的坚定遵守，不仅能驱散乌云，而且会在经历这些短暂的阴暗之后，让我们的未来变得更加明亮。"他绝对相信自己将永远是正确的，尽管共和党媒体制造的这些"短暂的阴暗"——法兰西是美国的国际盟友，联邦政府是美国的国内敌人——曾多次使华盛顿感到绝望，并不时暴跳如雷，这也是华盛顿的典型脾气。（即使隐居在"葡萄树和无花果树"下，华盛顿还是继续订阅了 10 份报纸。）他比美国历史上任何一位领袖，都更坚定地走自己的道路，更习惯于让历史证明他是多么正确。但是他在弗农山庄最后两年半的生活一直是阴云密布，因为他担心自己最后的忠告会被忽略，与之伴随的是，他在历史中的位置也将被人唾弃。[70]

这种担心的部分原因在于他的居住地点。弗农山庄位于弗吉尼亚州境内，而弗吉尼亚州已经成了共和党反对派的大本营，共和党人的目标就是颠覆华盛顿所代表的外交立场和整个联邦政府的正面形象。实际上，弗农山庄成了敌对区内的一块飞地，被忠实于弗吉尼亚模式的邻居包围着。曾经是最杰出的弗吉尼亚人的华盛顿，在他们眼中，已经站到了对立面。尽管华盛顿以前是全能的解决问题之神，现在他却成为棘手的问题，是被安放在弗吉尼亚城堡中央的特洛伊木马。华盛顿将余生大部分时间和精力放在监督建设新首都——此时早已决定新首都将以他的名字命名——的事实，更加证实了他们最强烈的担忧。因为那座城市和它注定要拥有的名字，正如杰斐逊及其追随者所认为的，象征着一场威胁弗吉尼亚所捍卫的一切的阴谋。就华盛顿而言，他催促自己的后辈到哈佛读书，避开弗吉尼亚州甚嚣尘上的地区主义教育，从而以这种方式回应他的弗吉尼亚批评者。他似乎越来越以在"致切罗基族"信中看待印第安部落的方式，来看待弗吉尼亚州了。美国的命运正指向一个方向，若弗吉尼亚州的部落领袖们决心背道而行的话，那就由他们去吧；他们显然站在了历史发展的错误一边。[71]

生命的终点在 1799 年 12 月 14 日到来了。前一天，医生针对他的肺炎实施的放血和水疱疗法已经无济于事，华盛顿让医生停止了这些野蛮治疗，好让他在平静中死去。"我就要走了，"他告诉站在床边的那些人，"将我体面地安葬，而且不要在我死还不到三天的时候，就将我的尸体放到墓穴中去……你们明白我的话吗?"尽管他并没有什么永生的幻想，但他显然害怕自己在还活着的时候被埋葬，或许他真的相信耶稣就是如此。他的最后一句话是："脉搏很好。"他以惯有的自信，在生命的最后一刻感受着自己的脉搏。[72]

5
合　作

162　　由于华盛顿所享有的崇高地位，新生的美利坚合众国在
1796 年之前成功避免了真正竞争性的总统选举。如果当时
出现了竞争性总统选举，如何让它不导致国家分裂，直到今
天还是人们不断猜测与思考的话题。尽管在关于《杰伊条
约》的辩论中已经出现了少量的、常规化的政党机制，但当
时还不存在任何类似于现代政党的有组织的运作结构。选出
选举人以组成选举团，各州采用的方法大不相同。而且，候
选人可以公开拉选票的观念本身就违背了一种原则假设：这
种行为本身就代表候选人承认自己不配担任联邦职务。

　　尽管在华盛顿第二任期内联邦党人和共和党人已经出现
了明显的政治分野，而且新闻界里那些狂热的评论者也以党
派主义的方式相互猛烈攻击，但是政党标签和以具体问题为
导向的公共平台的重要性，仍然比不上候选人的独立战争资
历。二十年过去了，对"1776 年精神"的记忆依旧清晰，
担任总统的主要条件依旧是个人在 1776 ~ 1789 年独立斗争
中所扮演的历史角色。只有那些在这项事业风雨飘摇之际，
勇敢站出来并在全国范围内推进这项事业的政治领袖，才有
资格成为美国总统。

托马斯·杰斐逊、本杰明·富兰克林和约翰·亚当斯聚集在杰斐逊位于费城的住所,起草《独立宣言》。(图片由 universal images 提供。)

杰斐逊撰写的《独立宣言》草稿复制版本。在 1790 年，《独立宣言》被认为是整个大陆会议的杰作，几乎没有人知道杰斐逊在其中扮演的角色。（图片由 Bridgeman Images 提供。）

被称为"费城奇迹"的 1787
年制宪会议制定了美国宪法,
它旨在创立有实权的联邦政
府,同时又无法违背 1776 年
精神。这一点后来成为分裂
美国奠基者们的主要原因。

（图片由 AGE 提供。）

DUEL BETWEEN ALEXANDER HAMILTON AND AARON BURR.

▲ 阿伦·伯尔和亚历山大·汉密尔顿的决斗发生于 1804 年 7 月 11 日早晨，汉密尔顿被击中右肋，第二天就逝世了。伯尔没有受伤，但从此声名不振。〔图片由 Bridgeman Images 提供。〕

▶ 亚历山大·汉密尔顿出身卑贱，从攻打英军据点到推销自己的全国财政计划，以及最后同意与伯尔决斗，汉密尔顿总是极力证明自己的卓越能力。〔图片由 Stocktrek Images 提供。〕

阿伦·伯尔血统高贵，其一生可谓一只精明的蜘蛛，在忠诚于谁上往往顺势而为，他可以让自己跳出地狱，同时编织好罗网让其他人入网。（图片由 Bridgeman Images 提供。）

詹姆斯·麦迪逊享有国家主义者、弗吉尼亚天赋之子和宪法之父的盛誉，与汉密尔顿、杰斐逊均有过"伟大的合作"。在国家主义信仰和弗吉尼亚传统的革命信念之间，他摇摆不定。（图片由 universal images 提供。）

▲ 蒙蒂塞洛，弗吉尼亚州中部的一个庄园，在长达 56 年的时间中，一直都是杰斐逊的宅邸。（图片由 Photoshot.com 提供。）

◀ 托马斯·杰斐逊以写反对不列颠侵略的文章而闻名，与麦迪逊在"1790 年妥协"、反对汉密尔顿金融计划，以及后来反对华盛顿签署《杰伊条约》上密切合作；与约翰·亚当斯有着终生的友谊。（图片由 Stocktrek Images 提供。）

▲ 19世纪末，从波托马克河向北俯瞰华盛顿特区。建都波托马克河归功于"1790年妥协"，即麦迪逊同意让国会通过汉密尔顿财政计划的核心条款，作为回报，汉密尔顿同意将首都建在波托马克河。（图片由Bridgeman Images提供。）

▲ 弗农山庄是乔治·华盛顿的宅邸。华盛顿退休后，一直居住于此。图中右上方为居住区域，左下方为华盛顿之墓，右下方为波托马克河。（图片由AGE提供。）

▶ 本杰明·富兰克林1787年担任宾夕法尼亚州废奴协会主席，并在提交国会的废奴请愿书上签字，反对奴隶制成为他生命中最后一项事业。（图片由heritage提供。）

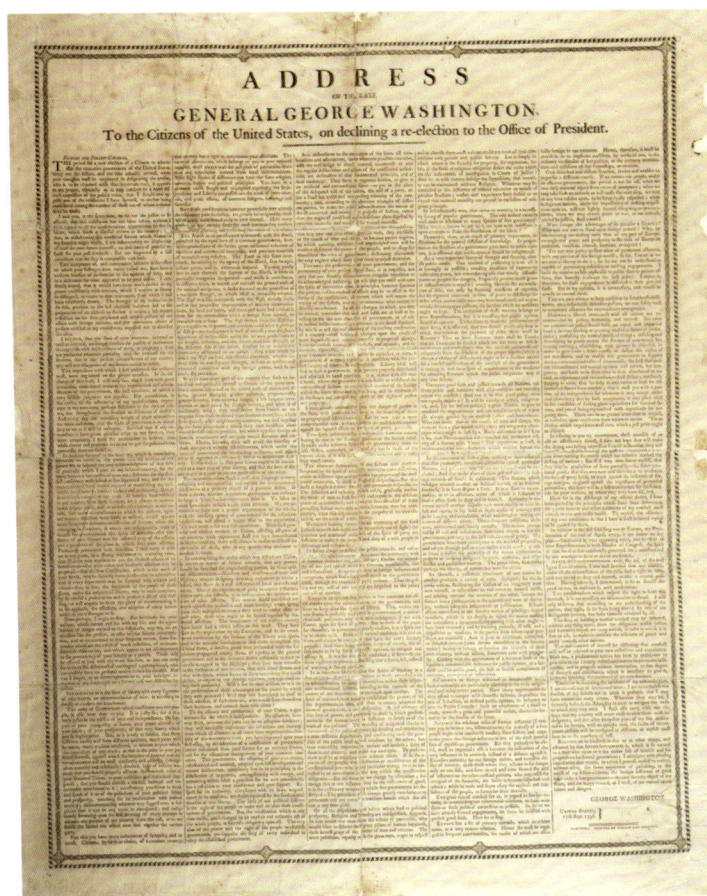

▲ 乔治·华盛顿的告别演说，表达了华盛顿"对内团结、对外独立"的政策理念。与《独立宣言》和林肯的葛底斯堡演说一道成为对美国永久遵循的原则的基本宣言。〔图片由 Bridgeman Images 提供。〕

◀ 制宪会议代表们在宪法上签字时，本杰明·富兰克林诙谐地说，刻在屋内前面那把椅子上的太阳现在似乎确实在冉冉升起。〔图片由 Stock Connection 提供。〕

乔治·华盛顿在整个第二任期，一直渴望在弗农山庄的"葡萄树和无花果树下"，享受"光荣的孤立感"。（图片由 Bridgeman Images 提供。）

约翰·杰伊受华盛顿指派，于 1794 年与英国签订《杰伊条约》。该条约的签订造成了华盛顿总统任期内的最大危机，引发了对其君主倾向的最恶毒攻击。（图片由 AGE 提供。）

约翰·亚当斯是美国第一位副总统，是被他描述为"人类曾经发明或想象过的最不重要职位"的第一个占据者。后与托马斯·杰斐逊争夺总统之位，伟大的合作逐渐走向伟大的对抗。（图片由 Photo researcher 提供。）

阿比盖尔·亚当斯是约翰·亚当斯的红颜知己，有着非凡的政治直觉。在亚当斯尽力回避与杰斐逊交往期间，她成了亚当斯的主心骨和合作伙伴。（图片由 Bridgeman Images 提供。）

▲ 亚当斯位于昆西市的宅邸。他曾诙谐地称它为"蒙蒂奇洛",意为"非常小的山峰",以示对杰斐逊"蒙蒂塞洛"(意为"小山峰")的尊重。(图片由superstock 提供。)

◄ 约翰·昆西·亚当斯一直是他父亲在欧洲的消息前哨,约翰·亚当斯宁愿相信儿子对欧洲事务的深刻了解,而不是官方报告。(图片由 superstock 提供。)

本杰明·拉什是亚当斯最亲密的朋友之一，是亚当斯和杰斐逊之间友谊得以恢复的中间
人。（图片由 universal images 提供。）

有希望担任总统的有二三十人，其中塞缪尔·亚当斯、 163
亚历山大·汉密尔顿、帕特里克·亨利和詹姆斯·麦迪逊能
得到一定程度的支持。但是，任何人列出的名单中，占据头
四名的名字几乎都是一样的：乔治·华盛顿、本杰明·富兰
克林、约翰·亚当斯和托马斯·杰斐逊。当然，到 1796 年
时，华盛顿已经完成了自己的总统使命，富兰克林也已经与
世长辞，只剩下亚当斯和杰斐逊这两个选择了。到 1796 年
春，总统将在两人之间诞生。

他俩是不谐和的一对，但是每个人似乎都认为历史将他
们联结到一起。所有人一眼就能看出两人之间的不谐和：亚
当斯是一个又矮又胖、勇于承认错误的新英格兰人，而杰斐
逊则是一个又高又瘦、端庄寡言的弗吉尼亚人；亚当斯易
怒、好斗，而且能言善辩，他最喜爱的交谈形式就是辩论，
而杰斐逊则总是冷静、自我克制和谜一样的人，他认为辩论
是对他自己脑海中自然和谐之音的违背。我们可以继续罗列
下去：一个是北方佬，另一个是南方种植园主；一个是辩论
家，另一个是作家；一个是一只牛头犬，另一个是一只灰
狗。他俩是美国独立战争那一代中最奇怪的一对。[1]

正是独立战争将他俩拉到一起。他们在大陆会议期间曾
肩并肩地工作，二人都坚定地反对与英格兰讲和，都是起草
《独立宣言》委员会的成员。1784 年，他们又在巴黎相聚。
在那里，杰斐逊成了亚当斯家中的非正式成员，而且正如阿
比盖尔·亚当斯所言，"杰斐逊是我的另一半能够以完全自
由和自我保留的方式进行交往的唯一一人"。第二年，杰斐

逊又到伦敦并在亚当斯夫妇家待了数星期之久。在那里，这
两位美国公使，一起忍受了乔治三世对他们的侮辱：当时在
一次正式的宫廷仪式上，乔治三世故作卖弄地不理睬他们。
亚当斯从来没有忘记那个场景，他也从来没有忘记当时站在
他旁边的朋友。[2]

毫无疑问，两人之间存在重要的政治和意识形态差异，
这种差异构成了他们 1790 年代站在对立的党派立场上的基
础。然而，两人意气相投，曾共同经历过独立战争和对他们
的人生产生重要影响的事件，因此亚当斯和杰斐逊在个人情
感层面的紧密关系超越了纯粹的哲学思想上的差异。他们是
经历了 1776 年痛苦与欢欣的"兄弟会"成员。不管后来有
什么分歧，都不可能动摇这种根深蒂固的亲密关系。他们了
解、信任甚至热爱对方的理由是不言而喻的。

因此，这两个 1796 年总统竞选的主要对手，不仅都拥
有无可挑剔的独立战争资历，而且作为一个团队而赢得荣
誉。在独立战争那一代中，有几个推动了历史发展的合作典
型：华盛顿和汉密尔顿在独立战争中的合作，以及后来在华
盛顿第二任期内的合作；汉密尔顿和麦迪逊在撰写《联邦
党人文集》上的合作；麦迪逊和杰斐逊在协调共和党反对
汉密尔顿金融计划和后来反对《杰伊条约》上的合作。但
亚当斯－杰斐逊合作是所有合作中最伟大的一例，这部分因
为他们两人的重要影响力和相互对立的政治立场。在他们二
人之间做出选择，就好像是在美国独立战争的大脑和心灵之
间做出选择一样。

如果独立战争资历是评判的主要标准，那么亚当斯几乎是不可击败的。他的职业生涯（实际上他的一生）都是美国独立战争造就的。反过来他也将美国独立当作自己毕生的事业。或许富兰克林和汉密尔顿可以算得上这群人中最没有背景的，但是亚当斯如果出生在英国或者欧洲的话，终其一生都会是默默无闻的那种人。

还好，1735 年，他出生在波士顿以南 12 英里的布雷茵特里，父亲是农夫和鞋匠，他将亚当斯送到哈佛读书，希望他将来能够成为牧师。大学毕业后的十年中，他一直都在探索自己的灵魂，期望获得神启；与此同时，他先是当乡村教师，然后成为实习律师来维持生计。1760 年代中期，两个重大事件决定了他的命运：其一，1764 年他与阿比盖尔·史密斯成婚，二人发展了一种平等而亲密的合作关系；其二，他站出来领导了反对《印花税法案》和反对不列颠对美洲殖民地实施的任何政策的运动。美国独立成了神对他的召唤，成了他以近代清教徒般的热忱来追求的使命：这个牧师的会众就是美国人民。 165

尽管亚当斯因对自己的怀疑而深感苦恼，但他从来没有怀疑过自己的事业。到 1774 年召开大陆会议时，他和他的表哥塞缪尔已经成了新英格兰反对不列颠权威的著名人物。在大陆会议内部的辩论中，由于约翰·亚当斯谴责与英格兰达成任何妥协，由于他的《政府论》（这篇文章后来成了数个州制定宪法的指导文件），他获得了"独立事业的阿特拉斯"美誉。当大陆会议的其他代表还在继续寻找避免与不列颠决裂的途径时，亚当斯就坚持认为独立战争已经开始了。他成功说服华盛顿担任大陆军总司令，并亲自选择杰斐逊来起草《独立宣言》，这是旨在赢得弗吉尼亚对独立战争的支持的两个战略决定。他担任战争和法令委员会主席长达一年多的时间，并在战斗最激烈、最不确定的时候，扮演了战争部长的角色。

1777 年大陆会议决定让他到巴黎与富兰克林会合，同法国就联盟事宜进行谈判。他在 1779 年回国了几个月，刚好让他有时间几乎是单独起草马萨诸塞州州宪法。接着他就回到了巴黎，继续就结束这场战争的和平条约进行谈判。这次经历造成了他对富兰克林的终生敌意：富兰克林发现约翰·亚当斯有着令人不可忍受的严厉，而且过于勤奋。（亚当斯认为，富兰克林对法国动机的看法过于天真：法国当然是反英国的，但是它并不亲美；他还认为富兰克林过于陶醉于自己作为在巴黎的终极美国人的地位。）直到 1788 年，他都待在欧洲，首先是与杰斐逊共同就新生美国的法律承认问题以及从阿姆斯特丹的荷兰银行那里贷款等事宜进行谈判，接着作为美国派驻圣詹姆斯王朝的第一任公使来到伦敦。正是在这里，他的这个长久信念得到了确认：英格兰"对我们的在乎还不如其对塞米诺尔族印第安人的在乎"。他无法出席制宪会议，这让所有人都感到遗憾，因为他和麦迪逊被认为是美国国内在政府问题上最有学问的两个人。他利用自己在伦敦的闲暇时光写下了长达三卷的政治哲学著作，题目是"为美利坚合众国宪法辩护"，该书强调了强势行政部

门、两院制立法机构和制衡原则的优点。他及时回到了美 166
国，从而被选举为美利坚合众国第一任副总统，这被大部分
观察家，包括亚当斯本人在内，解释为民众对他为美国独立
做出的历史贡献的承认。美国那些伟人中，富兰克林已经年
迈体衰，因而亚当斯此时得到了"一人之下，万人之上"
的地位。[3]

他的声誉被两个几乎是灾难性的挫折损害了，其中一个
是他无法控制的，另一个则要归咎于他自己的反复无常。前
一个挫折是，亚当斯不幸成了他所描述的"人类曾经发明
或者想象过的最不重要职位"的第一个占据者。后来担任
副总统的那些人不断补充和延长着那种半幽默式的抱怨：副
总统就是被囚禁在了肃穆庄严的政治监狱之中（例如，"这
个职位连一桶唾沫都不值"），然而是亚当斯最先编造出那
些笑话的，因为他是第一个经历这种矛盾的美国著名政治
家：尽管离最高权力只有一个心跳的距离，却只能在政治的
死胡同中憔悴凋萎。[4]

根据宪法，副总统的职责有二：在总统死亡、生病或者
被剥夺职位之时，执掌总统之位；在参议院中担任临时总
统，只在需要打破参议院投票僵局时投票。在担任副总统的
八年中，亚当斯所投票数——至少三十一次，甚至可能多达
三十八次——比之后任何一位副总统所投票数都要多。这部
分是因为当时参议院的规模比较小，更容易出现僵局。但
是，在亚当斯初次试图参加辩论之后，参议员们决定副总统
是不能被允许说话的。亚当斯在给阿比盖尔的信中写道：

"每天都要听别人说话达五个钟头，而且我还不能自由开口说话，这绝对是一种惩罚；特别是当我听到的内容在我看来都是过于幼稚的、轻率的、没有经验的时候，就更是如此了。"这是一个巨大的讽刺：这个在大陆会议上不知疲倦地呼吁独立的演说家，在新政府的立法机构中却必须保持沉默。"我的职位，"他抱怨道，"对于一个自由之子来说，是一种过于严重的限制。"美国政治辩论的最大火山被要求只能私下里爆发几下。[5]

这些话不时地出现在他写给阿比盖尔的信中。当时阿比盖尔待在位于马萨诸塞州昆西市的家中，与像本杰明·拉什这样独立战争年代的老战友在一起。亚当斯对自己被参议院放逐以及自己的声音被压制，感到深恶痛绝，就好像一匹充满战斗激情的老战马，现在却在关乎共和国将朝何处去的紧要关头，被放到牧场上吃草一样。亚当斯就是亚当斯，他的苦恼在他对这种不公局面的激烈言词中得到了多彩却弄巧成拙的发泄。"我们独立战争的历史从头至尾都是一个谎言，"他在1790年给拉什的信中这样写道，"整个事情的核心就是，富兰克林博士的避雷针重击了地球，接着就蹦出了一个华盛顿将军。富兰克林给他充上电，自此以后所有的政策、所有的谈判、全部的立法机关和战争都由这两个人掌控。"按照亚当斯自己的观点，经验和训练已经让他准备好了在赢得独立战争并巩固胜利果实的长剧中扮演核心角色。然而，他却被驱逐到旁边担当个小角色，而那些迟来的人，比如汉密尔顿和麦迪逊，却占据着舞台中央。[6]

让事情变得更糟糕的是，他在参议院的职责还使他远离了内阁讨论。华盛顿很少就政策问题咨询他，明显是认为副总统职位是参议院中的职位，因此让亚当斯参与行政决策过程，就违反了权力分立原则。当被朋友们问及他遭到总统内阁孤立的情况时，亚当斯往往敷衍地以宪法原则回应。"行政权力完全不在我的职权范围之内，"他说道，"因此若我卷入其中的话，将让局面变得非常微妙，因此我尽力避开它。"他十分渴望被内阁咨询，但是也过于自傲，不愿意把自己往前推。他坚定地支持了华盛顿政府的所有主要计划，包括汉密尔顿的金融计划、镇压威士忌暴动、《中立宣言》以及《杰伊条约》，尽管他对这些计划的制订几乎没有任何影响，而且私下里还对汉密尔顿与银行家和投机者的关系颇有保留。很难想象，这个从来都富有战斗精神的、极易冲动的美国独立斗士变得无关紧要、不为人注意，然而，这就是副总统职位使他陷入的困境。[7]

由于亚当斯在参议院第一次会议时说的那些话——当时还没有决定副总统不得参加参议院辩论，亚当斯本人也要对使自己变成边缘人物的局面负一定责任，这个问题只不过是一个小的礼仪问题：国会议员们应当如何称呼总统。尽管这根本不是什么翻天覆地的问题，但由于美国人对君主制的过度怀疑——此种怀疑弥漫在任何有关总统在刚刚批准的宪法下有多少权力的谈话之中，因此它依然具有象征意义。任何支持建立强有力的行政部门的人，都极易招致这样的指控：这个人是个准君主主义者，是美国独立战争中共和原则的背叛者。

168

　　亚当斯对自己在独立战争中的资历是如此自信，以至于他认为自己不会招致这样的指控。但是，当他就官员服饰在参议院进行演说，并建议以"陛下"或者"国王"来称呼华盛顿时，他的话马上就成了不少尖刻笑话的笑柄。其中就有人说，他曾长期滞留在英格兰，染上了"贵族病"，可能更愿意被人称作"圆胖老爷"或者"布雷茵特里公爵"。杰斐逊对亚当斯万分愚蠢的建议深表绝望，说这是"我听到过的最荒唐的事情"。[8]

　　亚当斯试图以自嘲的方式，让自己从君主制的沼泽中脱身，宣称他只不过是想让行政部门拥有与立法机关的可怕权力相抗衡的机会。"许多小鱼一起会吃掉大鱼，"他开玩笑地说道，"除非大鱼能够将所有小鱼都吃光。"他写信给本杰明·拉什时说，若所有正式头衔都要被丑化，那么或许拉什的孩子应当开始以"本"（Ben.）来称呼他们的父亲。[9]

　　然而总体上，亚当斯的内心是非常愤懑的，并试图为自己辩护。作为一个从来就认为自己有责任对拳击场上的每一次铃声都做出回应的拳击手，亚当斯拒绝放弃这个信念：新的美国政府需要强大的行政力量。在发表于《美利坚合众国公报》上的三十一篇论文中——这些论文后来被收录进《与戴维拉对话集》（*Discourses on Davila*）并出版——他论辩道，所有稳定的政府都必须坚持他所谓的"君主制原则"，即要有一个核心人物，这个人被授权体现国家意志，并保护普通公民免受更加富有、出身更好的那些人的权力欺压。他继续论述道，大部分欧洲国家在可预见的未来内，可能依然需要保持君主世袭制，以使这些国家能够逐渐转向完全的共和体制。

这种论述似乎是为了让自己招致误解，事实情况也正是如此。终其余生，亚当斯生活在阴云之中，人们怀疑他要在美国复辟君主世袭制，并且一旦被选为总统，他完全可以封自己为终身国王并让儿子约翰·昆西·亚当斯继承王位。他可以在末日审判到来之前一直辩称这样的指责是荒谬的——它们确实荒谬，而且他也确实一直在如此辩论。然而，亚当斯已经为自己贴上了"君主主义者"的标签，这个标签将在长久的时间中、在历史书籍中聒噪不已。由于华盛顿自己没有孩子（国父华盛顿几乎肯定是不能生育的），他就不那么容易遭到此种要让儿子继承职位的指控了。（有趣的是，在美国前六位总统中，只有亚当斯有男性继承人。）如果说华盛顿是一个尚可信赖的准君主式总统的话，那么亚当斯就是不可信任的秘密君主。[10]

事实上，《与戴维拉对话集》中的文章成了他与杰斐逊的友谊出现第一道严重裂痕的起因。托马斯·潘恩《人的权利》（美国版）的出版商印刷了在今天会被称作"新书推荐短评"的宣传材料，上面引用了杰斐逊的话（杰斐逊原以为没有人知道他就是作者）。在这个短评中，杰斐逊顺便提了《与戴维拉对话集》中的"政治异端理论"。每个人都知道这本书是亚当斯写的。亚当斯极度愤怒，称在所有人中，杰斐逊应当最清楚他在欧洲时并没有皈依君主制。杰斐逊表达了自己的遗憾，并向华盛顿解释道："我担心，出版商的不谨慎已经使我和这个朋友的友谊遭到了损害。对现今世界上最诚实、最大公无私的亚当斯先生，我有着无比衷心的尊敬。"之后，二人之间进行了让人光火的通信。杰斐逊试图提醒亚当斯，他们二人的珍贵友谊并不取决于他们对政府形式是否持有完全一致的看法。然而，明显感到被伤害的亚当斯，则以其典型的好斗风格回信称："我并不知道，你认为哪种政府形式是最好的形式。在我们的严肃交谈中，我想不起来有哪一次涉及什么政府形式问题。即使我们曾经偶尔提到这个问题，也是浅尝辄止，没有什么深刻解释。"在表达完自己的观点之后，亚当斯退回到了更为安全的地带："我们之间长达十五年的友谊，从未有过哪怕最短暂的中断，而且在这次事件之前，我们也从来没有对此表示过丝毫怀疑。这份友谊从来且现在依旧是我最为珍视的。"[11]

170 　　杰斐逊同样非常珍视这份友谊，以至于他宁愿否认自己正在逐步形成如下信念：亚当斯不幸"上了君主主义联邦党人的当"，而且——尽管不是有意的——把自己的巨大威望给了反对独立战争原则的、愈演愈烈的阴谋，而这些原则正是亚当斯和杰斐逊曾竭尽全力创造的。至少杰斐逊写信给其他人时是这样说的。给亚当斯写信时，他宣称自己对《与戴维拉对话集》的评论被曲解了，他当时实际上"根本就没有指向你的任何文章"。这绝对不是真话，然而，在杰斐逊的观念中这是一种可以被原谅的事实歪曲，因为他这样做的目的是维护他与亚当斯的友谊。亚当斯的风格是针锋相对、大声呐喊、激昂论辩，然后再拥抱对方；而杰斐逊的风格是尽力回避、制造借口，然后让自己相信一切如故。[12]

曾经，这两种完全不同的风格确实磨合得不错。亚当斯和杰斐逊在华盛顿的第一个任期内保持着真诚的关系，尽管几乎所有人都清楚地看到，他们站在联邦党人和共和党人正逐步扩大的裂缝两端。亚当斯因居副总统之位而几乎被封住了口，而且在很大程度上被忽略了；杰斐逊尽管私下建议麦迪逊如何能最好地对抗汉密尔顿的金融计划，但他同时是华盛顿政府的一员，这种局面对维持他们的友谊也有所帮助。1793 年，亚当斯加入美国哲学学会时，是杰斐逊陪他去的。亚当斯对阿比盖尔说"我们依然关系很好"，意思是他们之间的友谊维持下来了。不过，只是勉强维持下来。[13]

杰斐逊对法国大革命的激情——尽管法国大革命过于疯狂、过于血腥——让亚当斯忍受不了。杰斐逊认为法国大革命的一系列事件与美国独立战争相联系的看法，在亚当斯看来，简直是疯了。（"丹东、罗伯斯庇尔、马拉等都是一些狂暴之徒，"他在 1793 年写信给约翰·昆西·亚当斯时称，"毁灭的种子已经被播种进了法兰西的土地，它们都会发芽长成巨大的怪物。"）他开始将杰斐逊说成一个危险的梦想者，他就像大部分弗吉尼亚人一样，由于欠下英国债权人的债务，以至于他对欧洲事务的判断都被一种充满极端敌意的反英国病误导了，这种反英国病已经使他无法对美国的海外利益进行客观估计。他需要"从他的债务中脱身……并且按照自己的收入来安排生活"。事实上，杰斐逊已经"被自己的梦想和因反对宪法和本届政府而变得酸刻的脾性给毒害了"。[14]

171

到 1793 年杰斐逊从国务卿的职位退下来的时候，二人的友谊在亚当斯的记忆中，就只剩下一些怀旧的模糊踪迹了。"我在如此长的时间中习惯于对他的能力和良好脾性做出积极评价，"亚当斯向阿比盖尔倾诉道，"以至于我无法对这次事件（杰斐逊退休）没有丝毫的遗憾……但是，他不够坦率，他固执地反对所有形式的政府权力，以及隐藏在外表之下的偏见……已经几乎让我对这件事无动于衷了，我不会为之伤心落泪……他的心灵现在已经被激情、偏见和派系斗争毒害了。"[15]

作为一个资深的杰斐逊观察家，亚当斯对这位朋友离开公共生活的决定表示了怀疑。"杰斐逊认为这样做就可以获得一种谦虚、温和、恭顺的美名，完全没有任何野心或虚荣心，"他向约翰·昆西·亚当斯解释道，"他自己甚至可能自欺欺人地相信了这一点。但是若有机会到来，整个世界将会看到，他自己也会感到，他实际上像奥利弗·克伦威尔一样野心勃勃，尽管没有能力成为军人。"在某种意义上，亚当斯所表达的意思是，他比杰斐逊本人还明白是什么样的心理力量促使杰斐逊归隐蒙蒂塞洛。尽管杰斐逊穷尽复杂的推诿手法使人们无法看清他的内心对话，但亚当斯已经感觉到杰斐逊的退出只是暂时的，这两个老同事不久之后就要展开争夺总统职位的战斗了。伟大的合作注定要成为伟大的对抗。[16]

最了解杰斐逊的观察家是詹姆斯·麦迪逊，至少就他们各自的职业生涯而言是这样的。在与亚当斯的合作关系中，杰斐逊是年轻的一方，而在与麦迪逊的关系中，他是年长的一方。由于年龄和政治经验，杰斐逊总是倾向于尊重亚当斯，同样出于年龄和政治经验的考虑，杰斐逊主导了他与麦迪逊的关系。他们二人的合作早在独立战争年代就在弗吉尼亚开始了，并且在 1780 年代得到巩固：当时杰斐逊居于巴黎，麦迪逊则成为他关于国内政治事件的最可靠的消息来源，特别体现在宪法的起草和批准上。后来证明，这是麦迪逊最具创造力的时期，也是他唯一一段完全脱离杰斐逊影响而独立行事的时期。

172

尽管到了 1790 年代他们两人之间已经到了无条件信任对方的地步——1790 年代他们共同领导了共和党人反对联邦党人的内政和外交政策，但是他们的合作关系缺乏亚当斯 - 杰斐逊合作关系的戏剧性：亚当斯与杰斐逊的合作关系似乎象征着新英格兰和弗吉尼亚之间的紧张关系，象征着对立的意识形态和脾性为了共同事业而结合。麦迪逊在脾性上站在杰斐逊的对立面——他不会不分青红皂白地一扫无遗，会更加细致和精确，是散文而不是杰斐逊式的诗歌。但是，由于他总是屈从于杰斐逊的意志，因此他们之间从来就没有发生过那种能够透露内情的冲突，而正是这种冲突使亚当斯和杰斐逊的合作显得生动。如果说亚当斯与杰斐逊之间的裂痕，是他们合作的魔力之源，那么杰斐逊和麦迪逊的联盟则好似流水无痕，虽然不那么具有魔力，却更加流畅，默默地发挥着效用。

　　若说亚当斯和杰斐逊是作为美国人——1776 年作为美国摆脱英国殖民统治的早期斗士，1780 年代作为美国驻欧洲的两位主要使者——而走到一起，那么杰斐逊和麦迪逊则是作为弗吉尼亚人而结盟，两人都致力于确保弗吉尼亚州的利益在全国政府中获得胜利。尽管这是一项更为狭隘的事业，但它具有一个更协调、更集中的政治议程的全部优势，在这种议程中两人都扮演着清晰的角色。

　　杰斐逊是伟大的战略家，麦迪逊是灵活的战术家。"我将一直心甘情愿地听从你的命令，"1794 年麦迪逊这样写信给杰斐逊称，"而且，若情况需要我会继续给你写信。"杰斐逊当时刚刚开始在蒙蒂塞洛隐居，沉醉于自己的退休生活，而麦迪逊则刚刚回到费城的政治战争之中。麦迪逊的信重新开启了美国历史上最成功的政治合作。而且，它还象征着杰斐逊竞选总统活动的开始，尽管杰斐逊本人并不知情，甚至还特意进行自我否认。[17]

　　隐居期间，一方面，杰斐逊的信件对政治避而不谈，总是强调他对翻修蒙蒂塞洛的种种设计、作物轮作计划、将日内瓦大学迁移到弗吉尼亚州的奇怪建议，以及制造肥料的最佳流程等。他写给麦迪逊的信也是以"蒙蒂塞洛的杰斐逊"——从政治家转为农民、隐居在"我那偏僻的故乡"的杰斐逊——为特征。政治问题偶尔也溜进他们的对话之中，就好像一株异国植物出现在各种野豌豆之中。另一方面，麦迪逊的信充满了来自首都的政治新闻——汉密尔顿的背叛行为和据称他在财政部伪造财政簿记的行为、华盛顿对

173

"威士忌暴动"不祥的过激反应、反对《杰伊条约》的社会风潮，其中很多信是用暗语写的，目的是防备到邮局刺探消息的人。[18]

麦迪逊不声不响地组织着共和党人旨在让杰斐逊接替华盛顿的活动。1795 年 10 月阿伦·伯尔造访蒙蒂塞洛，目的是讨论将纽约的选举人票拉到杰斐逊一边，并以此作为让他竞选副总统的交换条件。其他一些共和党活跃人物，比如众议院发言人约翰·贝克利，则集中处理另一个关键州——宾夕法尼亚州——的各个政治派别。另一边，联邦党人的编辑和辩论家则开始对抗这场为杰斐逊开展的竞选运动，并大力进行反杰斐逊的舆论宣传：担任弗吉尼亚州州长时，面对不列颠军队他没命地逃亡，颜面扫地；他是一个顽固的亲法派；他是一个理论梦想家，"更适合于在大学里做教授，当哲学社团的主席……但显然不适合担任一个伟大国家的第一号人物"。当这一切在杰斐逊身边如火如荼地进行时，他却坦言自己对参加总统竞选毫不知情。他可以将手放在圣经上发誓自己从来没有被告知这些计划中的任何一个。[19]

麦迪逊秘密地安排着具体事务。他明白——实际上这是他们二人合作的一个关键方面——若要杰斐逊重返政坛，就必须让这位良师益友在内心维持这种幻觉：自己根本不可能重返政坛。杰斐逊需要我们现在所称的"推诿"，这不仅是为了他的政治生涯，而且是为了他私人生活的宁静。在杰斐逊与麦迪逊的合作中，麦迪逊不仅负责处理琐碎的具体细节，还负责将杰斐逊与他本人灵魂深处悸动不已的政治野心隔离开来。

最迟到 1796 年夏季，当华盛顿退休已成定局，杰斐逊
竞选总统一事人尽皆知、满城风雨之时，杰斐逊还宣称对竞
选计划毫不知情。麦迪逊曾在蒙彼利埃逗留了四个月，而尽
管蒙彼利埃离蒙蒂塞洛只有几英里远，麦迪逊还是没有去看
望杰斐逊，因为他担心自己会被迫进行可能打乱杰斐逊推诿
手法的谈话。"我没有见过杰斐逊，"他在给门罗的信中用
暗语写道，"而且，我认为这是让他不必向他的朋友解释自
己根本就没有参加这次争夺的最好方式。"因此，杰斐逊成
了美国最后一个认识到这一事实的人：他正在与他那位来自
马萨诸塞州的老朋友争夺总统之位。[20]

与此同时在昆西市，这个朋友正带着自己的政治野心玩
着策略。亚当斯的伙伴是阿比盖尔，她的政治直觉能够与麦
迪逊的非凡技巧比肩，而且她对丈夫情绪化天性的了解超过
其他任何人。她是他的红颜知己，是他可以将自我怀疑、虚
荣心和内心想法和盘托出的唯一对象。然而现在，杰斐逊已
经走到了对立面，而且他们的友谊已经弱化到礼貌地尽力回
避交往的地步，阿比盖尔成了亚当斯的主心骨，而且在大多
数情况下，成了他唯一的合作伙伴。亚当斯每年都有长达九
个月的时间离开费城，除了费城夏季令人窒息的热浪、每年
的黄热病以及让他感到厌恶的工作等原因之外，还因为他需
要到她的身边去。

不幸的是，除了他们二人分开时的通信之外，我们对他
们在一起时说了些什么，毫不知情。在国会开会的那几个月

中，他们每周通信两到三次，其中大部分内容都是轻松的私人内容。"任何男人，哪怕他已经六十岁了，都不应当一次离家超过三个月。"阿比盖尔在他离开她回到费城后不久就写信抱怨道。"哦，这样的话我就可以将自己的头靠在你的怀中了，"亚当斯回信时写道，"但是你怎么能提什么'六十岁'呢？若我此刻就在你身边的话，我马上就可以向你证明我还没到四十岁呢。"[21]

然而同样经常的是，亚当斯也利用二人的通信将自己的想法记录下来，在参议院中沉默不语的处境妨碍了他公开交流自己的意见和看法。他抱怨道，参议院中辩论的质量比大陆会议差多了，尽管他个人对阿伦·伯尔流畅而冷静的风格颇为着迷——他将阿伦·伯尔说成"像鸭子一样肥胖，像烤鸡一样红润"。他很孤单，渴望妻子的陪伴，也渴望得到她的政治建议。"我希望坐在你身边，每天晚上与你讨论参议院中的辩论。现在我却一个人坐在这里，对各种政治可能性冥思苦想。"阿比盖尔耐心听完了亚当斯关于法国大革命注定要失败的话，但比亚当斯更加乐观一些。"我在天亮之前的几个小时里都清醒地躺在那里，反复思考着法兰西问题，"她写道，"我目前的想法是，尽管他们有那么多的陈规陋俗，他们勇敢的军队最终会为他们建立一个政府，尽管这个政府的性质到底是怎样的，还很难预测。"[22]

阿比盖尔对批评《杰伊条约》的共和党人做出尖锐的回应，称他们是"没有任何头脑的雅各宾党人和党派主义的傀儡"。亚当斯表示同意，尽管他同时还认为，那些"极

175

端的"或者过分的联邦党人对英格兰的热爱和共和党人对法兰西的迷恋一样，都是误入歧途的。"我希望不幸和敌对会让约翰牛①的脾气变得缓和一些，并且让他们为自己的傲慢吃点苦头，他们现在还不够谦虚。如果我没有错的话，将他们的嚣张气焰打下去将注定是美国的命运。然而，我同样希望，这个令人厌恶的任务不要马上强加到我们头上。"与华盛顿一样，他也认为《杰伊条约》是一次精明的（若说是苦乐参半的话）交易，它或许能够将与英格兰的战争推迟一代人之久。同时，他希望英格兰和法兰西拼死战斗。至于乔治三世，则是个"永远不可能恢复常态的疯狂的傻瓜"，然而在独立战争年代，"他的呆傻正是我们获得解救的良方"。[23]

当亚当斯对华盛顿没有受过什么正式教育且对经典著作缺乏了解进行严厉评论时，阿比盖尔斥责了他：华盛顿是除了她丈夫以外唯一能够保持客观的人，因此不应当在他背后说三道四。若是其他人如此直接地纠正他的错误，亚当斯肯定会像维苏威火山一样爆发了。然而，由于这种政治建议来自阿比盖尔，他打心底里表示欢迎。"将更多的建议告诉我，"亚当斯恳求道，"这比我在整个星期听到的国会辩论都更富有成熟的思想、优雅的风格和杰出的智慧。"阿比盖尔认为此种赞扬完全是为了取悦她。"我的信是多么混杂不堪啊——政治、家里的琐事和农业上的趣闻——请你用它们

---

① 英国或英国人的拟人化称呼，指典型的英国人。

来点燃你的雪茄烟吧。"然而，他尽情品尝它们，并将它们全部保存了下来。[24]

接着，他们还谈到了有关总统选举的敏感问题。尽管没有明说，亚当斯知道——这意味着阿比盖尔也知道——总统职位是对他在独立战争中的贡献的正当奖励。没有其他任何人（或许除了杰斐逊以外）能够与他对独立事业的贡献相提并论。如果他不是将副总统之位作为获得总统职位的垫脚石，他凭什么愿意在那黄金般的年代沉寂于副总统职位的阴影之中呢？就像杰斐逊一样——实际上，就像那个时代每一位自尊自重的政治家（或许伯尔除外）一样，亚当斯根本就没有竞选这个职位的意图。（伯尔有这种意图，而且采取了行动。）"我决心在这个愚蠢而邪恶游戏中，做一个沉默的旁观者，"亚当斯向阿比盖尔解释道，"并且将它当作一出喜剧、闹剧或者一次体操表演来欣赏。"接着，他补充说明了自己的一个坦率想法："但我不知道不担任总统我该怎么生活下去。"[25]

这就是亚当斯的行为模式：首先，否认自己有什么政治野心，这和杰斐逊很像；接着，直面这种野心，因为它们而产生负罪感，因为它们而坐立不安；最后，很不情愿地承认它们是他的一部分。华盛顿的继任者将会面临"过度的压力……而且极易踉跄地摔倒"。哪个心智正常的人会希望得到这样的职位呢？而且，他并不适合承担所有的礼仪性责任："我憎恨举行招待会、发表演说、致辞、回答提问、宣言等诸如此类做作的、刻意安排的、违反常理的东西。"他对阿比盖尔很阴郁地说道。然而，他又揭示了对内心想法的再思考："但这一切我都能够做到。"[26]

阿比盖尔让自己的回信与丈夫内心对注定之事的漫长求索契合起来。没有错，总统是一个吃力不讨好的工作，"一个最令人不快的位置：充满了荆棘，到处都是牢骚，总有人来挑你的错，对你诽谤中伤、谩骂诋毁"。但是（她迎合亚当斯内心的反转），"上帝之手必须有人去接纳，注定之事必须有人去完成"。这是否意味着，她愿意让亚当斯成为总统候选人，并且若他当选，她也乐意接受呢？阿比盖尔拒绝回答这个问题，直到1796年冬末才松口。"我的雄心是不要做罗马的头号人物。"她略带羞怯地说道。她唯一的政治雄心就是"统治我丈夫的心灵。那是我的王位所在，而且在那里我可以拥有绝对权威"。若亚当斯被选为总统，那么这是对他一生为国家服务的"过度却光荣的奖赏"，而他自然需要一个"会围绕着你，打理你的鬓角，照料你的咳嗽，并为你冲一杯热咖啡的妻子"。亚当斯的回信简直是狂喜不已："嗨！嗬！哦，亲爱的！我愿永远做你最贴心的朋友。"有她站在自己身边，亚当斯就根本不需要什么内阁了。[27]

既然他个人的雄心壮志已经为人所知，既然阿比盖尔已经上船，二人的合作就开始高速运转起来了。1796年3月和4月，亚当斯夫妇开始评估各州可能出现的选举团投票情况。他担心新英格兰可能不会支持他担任总统，她却相信新英格兰肯定会坚定地支持他。（她是对的。）来自纽约州和

177

宾夕法尼亚州的报告表明，亚当斯的主要威胁——杰斐逊——在那里的人气直升。亚当斯预见到他们二人在选举团投票中的争夺将非常激烈，甚至可能与杰斐逊打成平局，这将使整个选举过程进入众议院。或者，假设杰斐逊以非常接近的票数位列第二，这样杰斐逊岂不就成了副总统？（直到宪法第十二修正案通过之前，选举人一直都是分别对总统和副总统候选人进行投票，而不是对由两个候选人组成的竞选搭档进行投票。）难道这种局面不会将总统和副总统置于"对立的阵营"，从而导致"国家事务危机"吗？阿比盖尔认为这种猜测只是一种没有必要担心的假想而已。（事实证明她错了。）而且，她依旧对杰斐逊心存一点幻想，认为杰斐逊完全能够加入亚当斯这边。"尽管在政治上是错误的，尽管他以前曾经是托马斯·潘恩《人的权利》的支持者，尽管他经常在为人处世上犯错误，我并不认为他是一个不真诚或者腐朽的人物。"而且，所有这些对未来不幸和危机的不安猜测，她批评道，都有悖于一个要成为国家最高官员之人的身份。阿比盖尔还说，最近她做了个梦，梦中她正坐在一辆马车上，突然有几个很大的炮弹向她飞过来。但是，炮弹都在到达她的马车之前在空中爆炸了，爆炸所产生的金属碎片也在中途落到了地面，没有任何危险。这是一个明显的信号：停止无用的担忧。选举人和上帝站在他们一边。[28]

事实证明阿比盖尔只对了一半。选举人投票情况是按照地区界限进行的，亚当斯得到了新英格兰，而杰斐逊得到了南方。12 月各州的统计结果纷纷出来，亚当斯多次发脾气，阿比盖尔劝慰他保持镇静。联邦党人选择了亚当斯和南卡罗来纳州的托马斯·平克尼分别竞选总统和副总统。汉密尔顿的幕后操作有让平克尼胜过亚当斯的危险，尽管汉密尔顿宣称，他的主要目标是将杰斐逊完全踢出局。曾经一度，当平克尼似乎就要获胜，亚当斯将位列第二时，这个昆西市圣人爆发了：平克尼是一个"无名小卒"，在"无名小卒"手下服务的那种耻辱是他所不能忍受的；若他最后还是位列第二，他将辞去副总统职务。然而，12 月 30 日，弗吉尼亚州和南卡罗来纳州的选举结果表明，亚当斯在这两个州都得到了 1 张选举人票。亚当斯停止了愤怒，开始庆祝。"约翰·亚当斯一生中从来没有感到如此平静。"他在给阿比盖尔的信中写道。这是一次险胜，他以 71 票对 68 票战胜了杰斐逊，平克尼紧跟杰斐逊之后，而杰斐逊的竞选拍档伯尔则被远远甩在了后面。[29]

在整个统计选举人票的过程当中，杰斐逊一直刻意保持着无动于衷和不知情的姿态。很明显，他意识到自己是候选人之一。麦迪逊将对各州的选票估计送到蒙蒂塞洛，而且这种选票估计在当地报纸上也有报道。尽管杰斐逊宣称自己正忙于对蒙蒂塞洛的改造和作物轮作计划，无暇顾及此类事情，然而他内心的某个隐秘处肯定正密切关注着一切，因为他在正式结果出来的两个月之前，就曾经预测亚当斯将以 3 票优势取胜——最终结果正是如此。

12 月 28 日，杰斐逊给亚当斯写了封祝贺信，对"曾经

发生的或被人设计好的各种旨在分裂我们的小事情"表示
遗憾，并且否认自己有任何卷入总统竞选的意愿。"我没有
统治人的野心，"他解释道，"这是一件痛苦且不讨好的差
事。"他还不厌其烦地驳斥那些有关他不愿意在老朋友兼对
手的手下供职的谣言。"我可以明确地说，我没有任何拒绝
担任亚当斯先生副手的情绪。我一生之中都是他的副手，在
大陆会议上是他的副手，在外交战线上是他的副手，而且在
我们的文官政府中也是他的副手。"昆西市内，阿比盖尔正
反复强调她的持久信念：相信杰斐逊会重新和她的丈夫交
好。"你知道，"她对亚当斯说道，"我和那位先生的友谊已
经经历了他的错误和缺点的考验——我对他的缺点和错误并
非视而不见。我相信他还是我们的朋友。"[30]

　　随后的几个星期中，亚当斯和杰斐逊采取了两种恰到好
处却完全不同的政治战略，以应对他们在政治上有点尴尬的
重修旧好。这两种战略都承认，不论谁继任华盛顿的总统之
位，都可能面临无数问题，这部分是因为华盛顿第二任期内
外交政策上的深刻分歧，但更重要的是因为上天注定了华盛
顿是那个时代最伟大的美国人，是无法替代的。虽然始于这
个共同的起点，但这两种战略之后却走上了完全对立的行为
路线。

　　亚当斯战略的核心特征是，把杰斐逊奉为心腹，并让他
进入自己的政务会议。也就是说，建立一个两党政府，其中
杰斐逊可以享受被总统咨询并发挥自己的影响力，而这是亚
当斯本人担任华盛顿政府的副总统时所没有享受到的。亚当

179

斯开始在他知道肯定能传到杰斐逊那里的私人交谈中透露这
种想法。这个想法确实传到了杰斐逊那里。"我的朋友们告
诉我，亚当斯先生谈论了我们之间的伟大友谊，"杰斐逊说
道，"而且对与我共同主持政府的前景表示满意。"亚当斯
传达的信号是，1776 年的合作已经复活了。若说没有哪个
领袖能够独自填补华盛顿离任所留下的巨大真空的话，那么
亚当斯和杰斐逊二人的重新组合——这种组合在完成以前的
政治任务中表现得不同凡响——可能至少有机会维护华盛顿
已经确立的领导国家的传统。阿比盖尔支持这样的想法；而
且，这可能是她首先提出来的主意，因为她相信杰斐逊和她
丈夫之间的政治分歧，并没有摧毁两人在过去二十年的交往
中建立起来的好感和信任。[31]

　　信任是至关重要的。在 1790 年所有有关内政外交的争议
中，亚当斯和杰斐逊都站在不同的立场上。而且，他们都对
对方做出了非常苛刻的评价，这种评价植根于他们在美国独
立战争应当采取什么路线上所秉持的对立信念。然而，亚当
斯的这种倾向是独一无二的：只要建立了个人信任和友好的
基本关系，那么政治及意识形态上的严重分歧都是可以商量
的。在亚当斯的思维体系中，亲密关系胜于意识形态。

180　　亚当斯的几个最亲密朋友——塞缪尔·亚当斯、埃尔布
里奇·格里、本杰明·拉什、莫西·奥蒂斯·沃伦——都是
热诚的共和党人，却依旧被他信任。他特别愿意宽恕或者忽
略政治分歧，只要对方是 1776 年"兄弟会"的成员之一。
正如菲舍·艾姆斯所言，他"内心有一种独立战争情结，

而且崇拜被独立战争……合法化的人格、原则和方式，并且……对任何在独立战争年代找不到基础且不在当时就已赢得的声望嗤之以鼻"。根据这个标准，比起那些只不过是这出独立战争历史剧勉强的或边缘的参与者（坚定的联邦党人），杰斐逊是一个更可靠的同事。"他（杰斐逊）的才能我非常了解，"亚当斯在给格里的信（他知道这封信肯定会传到蒙蒂塞洛）中写道，"而且，我从来都相信他的荣誉和真诚，他对祖国和朋友的热爱。"[32]

由于当时不存在任何组织完整、充分的现代政党体系，亚当斯就将自己的两党政府计划以肯定会被媒体挖出来的信件和谈话的方式，非正式地透露出来。杰斐逊就是这样知道了亚当斯正考虑采用一种大胆的策略，来应对总统任期内最为严峻的问题。比如，派一个类似杰伊使团的代表团到法兰西，这次是商谈一个旨在避免与另外一个欧洲强权发生战争的条约。而且，亚当斯也让人们知道，他正考虑让杰斐逊或麦迪逊来领导这个代表团，即将共和党的领导层纳入外交政策的制定程序中来。当麦迪逊听说了这个传言时，他几乎不敢相信自己的耳朵。"报纸上说，要派一个特派公使到法兰西去，"他写信给杰斐逊，"而且那个人就是我。我没有理由认为这个故事的前半部分有什么真实性，而后半部分也纯粹是天方夜谭。"[33]

但是，这个传言是真实的。阿比盖尔支持这个计划，而且这个想法可能又是她首先提出来的，尽管亚当斯夫妇之间的通信内容十分亲密无间、重叠交叉，使我们根本无法确定谁是这个计划的主导者。当这个试探气球飘到另外几个忠实的联邦党人那里时，他们也不相信；因为在他们看来，它就好像故意将特洛伊木马放入联邦党人的城堡中一样。亚当斯听到了联邦党人的反应并告诉阿比盖尔，若这种反应太过顽固，那么他将威胁"辞去总统职位，并让杰斐逊来领导人民走向和平、富裕和强大，只要他愿意"。无论如何，他确信两党协作将使制定完全中立的外交政策更具可能性，这种政策正是华盛顿试图确立而且也是美国人民所需要的。"我们将既没有约翰牛，也没有路易狒狒。"他向阿比盖尔开玩笑地说道。他对两党中不赞同其想法的那些人的回答是一个蔑视群雄的词组："闭嘴"。[34]

181

杰斐逊在沉默寡言方面是个大师，特别是当他有不同意见的时候。但早期从蒙蒂塞洛发出或者泄露的信件表明，他事实上愿意考虑并同意以之前伟大合作中的个人信任为基础，建立两党政治联盟。他多次强调自己的说法（这种说法既是真诚的，又是具有误导性的）：当他知道自己成了总统候选人，感到无比尴尬。"直到我发现我的名字被一致推举了出来，与亚当斯先生的名字竞争为止，"他写道，"我一生中都从来没有与任何人就这个问题交换过哪怕一个单词。"事实上，他之所以宣称自己感觉很尴尬，是因为他被迫与这样一个人竞争：他认为这个人更像是自己的兄长，而且也因为年龄和经验，更有资格担任总统。"几乎没有人相信我真正的想法，"他写信给自己的女婿称，"然而，这丝毫不影响我希望自己位列第二而不是第一的想法的真实性。"

当佛蒙特州选举人票的争议可能导致最终出现平局并使选举进入众议院时，杰斐逊放出话来，说他愿意将佛蒙特州的选举人票计算到亚当斯头上，"以避免在如此早的时候就出现什么假总统现象"。他的这种姿态看起来是大度与宽容的典范。[35]

这绝不是什么表面文章，它是杰斐逊思想的最高一层。在这个外表之下，他与亚当斯一样，一直执着地关注乔治·华盛顿留下来的巨大阴影。他以不属于自己典型风格的隐喻向麦迪逊坦白："总统（华盛顿）在泡沫马上就要破裂之时离开是很幸运的，这样只能由其他人收拾残局了。然而，尽管他的离开发生在各种困难开始出现的时刻，但你将看到这些困难将被归咎于新一届政府。华盛顿还像往常一样，有凭借别人的良好作为而获得赞誉和将困难留给后来者的绝好运气。"他确信"没有哪个人离开总统之位时的声名，会比得上他登上总统之位时的声名"。当与一个法国朋友在蒙蒂塞洛散步时，他更详细地说到了自己对棘手的政治形势的战略把握："在美利坚合众国目前的局面下——已经出现了两党分裂，而且两党相互指责对方背信弃义和叛国……这个高高在上的职位（总统位）被危险的礁石环绕着，而且最杰出的人也未必能够完全避开它们。"尽管华盛顿能够超越党派，但"美利坚合众国的下一任总统只能是属于某个党派的总统"。根本就没有什么安全的中间路线，只有一片注定要被双方的交叉火力扫荡的无人区域。[36]

因此，从杰斐逊的角度来说，亚当斯建议的实质就是他俩联合起来，背靠背地站在那片死亡区域内。杰斐逊的第一

182

直觉就是接受亚当斯的邀请。在祝贺亚当斯获得选举胜利并明确告知他"我从来没有在任何时候希望出现与此不同的结果"之后，杰斐逊对政府必须妥善协调党派纷争提出了警示。"自你在《巴黎条约》上签字以来，"杰斐逊以不祥的口吻指出，"我们的视野之内从来没有如此阴霾密布。"然而，他感到很高兴，也很荣幸自己能够发挥建设性作用，以推动国家度过这段困难时期并复兴"1776 年精神"——"当时我们正在为祖国的独立而战"。他结尾处做了一个模糊的许诺，表示要再续从前的合作关系。[37]

若收到这样一封信，亚当斯肯定会异常兴奋（因为他们最近非常不自然的通信中充满了虚饰语言，而且这封信看起来是在向他妥协），但是，这封信从来没有寄出。相反，杰斐逊决心将它先交给麦迪逊，以确保措辞没有任何不妥。麦迪逊提出了六个理由，来说明杰斐逊的姿态为什么可能导致无法承受的政治风险。最后也是最重要的理由是一个无可争辩的结论："考虑到亚当斯先生的政治举措有可能迫使共和党持反对立场，以及我们所处局势的极端不确定性，让他持有这样的书面文字——其中你个人的敏锐和情谊体现出对他的赞扬和信心——将有可能导致极端尴尬的场面出现。"简言之，杰斐逊必须在他对亚当斯的个人友情——这种友情是显而易见、广为人知的——和他对共和党的领导之间做出选择。若杰斐逊的主要目的是向亚当斯表示一种怀旧的友好之情，那么麦迪逊建议，通过将这封信的部分内容透露给他和亚当斯的共同朋友就可以做到。（事实上，麦迪逊已经处理了

183

这方面事宜，他将杰斐逊的这些话告诉了本杰明·拉什，按道理拉什肯定会将它们转达给亚当斯，他也确实这么做了。）但是，杰斐逊不能让自己卷入亚当斯政府的政策制定过程中，以免影响他在作为反对党的共和党中所扮演的领袖角色。[38]

每当麦迪逊提出这样的战术性建议，杰斐逊几乎总是言听计从。然而，他希望麦迪逊知道，这是有代价的。"亚当斯先生和我本人从独立战争开始就是真挚的朋友，"他解释道，"我们远离了曾经将我们团结在一起的政治链条的事实，并没有让我对他内心的正直有过丝毫的怀疑。我希望他知道这一点。"说过这些话并将它们恰当地记录在自己的灵魂深处后，杰斐逊同意泄露这封信的部分内容，这就足够让他问心无愧了。"至于让我参与亚当斯政府，"他接着说道，"若他指的是内阁的话，我的责任和个人倾向已经为我关上了进入内阁的大门。"所谓"责任"，杰斐逊指的是领导反对亚当斯总统的共和党的责任；而所谓"个人倾向"，杰斐逊指的是他个人对亚当斯提议的那种内阁讨论和政策辩论的厌恶。杰斐逊最后说道："我不可能愿意每天都像一名角斗士一样到角斗场上去，并在每一次对抗中殉难。"杰斐逊并没有承认自己选择将对党派的忠诚置于高于对亚当斯的忠诚的位置（对于杰斐逊而言，意识形态是建立密切关系的最好基础）。相反，他倾向于从个人角度来做出决定。他根本就不愿意也没有精力在担任政府职务的同时，还为共和党的政治议程辩护。尽管从心理上他无法把自己当作一个政党领袖，但事实上他已经是政党领袖了。[39]

　　这是一个痛苦的个人决定，也是一个重大的政治决定。亚当斯在几个星期里都对此一无所知。他从他们的共同朋友那里得到的消息，都是强调杰斐逊接受失败的大度。这听起来不错。阿比盖尔依旧相信，杰斐逊应当是可以被信任的，而且两党联合是一条正确路线，将一位著名的共和党领袖（这个人可能是麦迪逊）包括在派往法国的和谈使团之中也是一个精明的决定。另外，那些被亚当斯选来加入内阁的联邦党人（他保留了华盛顿的顾问们，这是他最大的错误）却威胁称，只要亚当斯试图推行两党路线，他们就要全体辞职。（事后看来，这对亚当斯来说可能再好不过了。）假如杰斐逊同意恢复合作，这位即将就任的总统如何才能打破僵局，我们无从知晓。

　　事实情况是，一场非常戏剧化的面对面遭遇战推动了情节发展。1797 年 3 月 6 日，亚当斯和杰斐逊与华盛顿一道在费城的总统府进餐。亚当斯了解到，杰斐逊不愿意加入内阁，而且杰斐逊和麦迪逊都不愿意加入去往法国的和谈使团。杰斐逊了解到，亚当斯正在与那些联邦党人顾问搏斗，那些人反对杰斐逊在政府中发挥任何显著有力的作用。吃完饭之后，他们一起沿着市场街走到第五大街，那里与杰斐逊起草《独立宣言》的地点只隔了两个街区：大约在二十一年前，亚当斯在大陆会议上曾激烈地为之辩护。正如杰斐逊后来回忆的那样："我们相互告别，自此以后他从来没有就这个问题说过哪怕一个字，也从来没有就政府准备采取的任何措施咨询过我。"但是，杰斐逊本人当然早已决定，他更愿意扮演一种反派角色：反对他正式供职的政府。[40]

几天之后在宣誓就任副总统的仪式上，杰斐逊开玩笑说自己对议会程序的记忆已经生锈了，这是一个明显的信号：他打算将自己的时间花在观看参议院辩论这种没有什么损害的事情上。在亚当斯于 3 月 13 日宣誓就任总统之后，亚当斯写信告诉阿比盖尔，华盛顿当时曾低声嘟囔道："啊！我现在已经完全退出，你却完全进去了！看看我俩之中谁会是最快乐的人。"毫无疑问，华盛顿离职的场景占据了媒体报道的主要篇幅。亚当斯告诉阿比盖尔，这就好像"一个太阳已经完全降落，而另一个正在升起一样（尽管不那么绚丽多彩）"。有着更敏锐历史直觉的评论家则注意到，行政权力的第一次交接进行得很顺利，几乎可以说是平淡无奇。杰斐逊在就职仪式结束之后马上启程返回蒙蒂塞洛，去组织他的"共和党流亡政府"，并等待不可避免的灾难落在他的老朋友亚当斯总统头上。对亚当斯来说，他现在已经失去了杰斐逊这样一位同事，而且联邦党人的内阁成员全都忠于汉密尔顿，他只剩下阿比盖尔了：她是他可以真正信赖的唯一合作伙伴。他对她发出的带有强烈爱意的呼喊之中，混杂着某种绝望成分。"我一生之中从来没有像现在这样需要你的建议和帮助，"他恳求道，"时局关键而危险，你必须在我身边帮助我……你只能让我们的农场随风而去了。没有你，我将一事无成。"[41]

顺着美国历史回头望去，我们很难发现还有哪个总统像亚当斯总统那样，被一个外交政策问题以及国内对如何解决这个问题的巨大分歧所主导。实际上，亚当斯的总统任期可能是下面这种真实历史现象的最经典例证：前任总统遗留下来的政治情况决定了后一任总统领导力的具体参数。也就是说，是历史塑造了总统，而不是总统塑造了历史。凭借后见之明来看，杰斐逊对 1796 年的战略估计越来越像一种真知灼见：不论是谁接任华盛顿的总统职位，他都注定要失败。

除了追随美国历史上最伟大的英雄这个极为艰巨的任务之外，亚当斯还面临双重的两难境地。一方面，国家已经在大西洋和加勒比海上与法国私掠船展开了一场未公开宣布的战争。最主要的政策问题是显而易见的：美利坚合众国到底应当宣布与法兰西开战，还是寻求外交解决？亚当斯选择了后一种路线，就像华盛顿一样，他愿意以任何代价来维持美国的中立。除此之外，他还开始建立海军，这将使美利坚合众国有能力进行防御战争——如果与法兰西的谈判以失败告终。

现在看来，这是唯一正确且现实的政策。然而，谈判要想成功，法国就必须有一个足够稳定的政府，而且它还要充分相信美国的力量，才会与美国进行严肃的和谈。这些条件在亚当斯担任总统期间都不具备。直到拿破仑作为独裁者出现为止，法国政府——最终被称为"督政府"———直都不过是由不断变化的政治派别组成的徒有虚名的联合政府，它根本就不可能保持什么连贯一致的政策或者方向。而且，从法国人的角度来说（从英国人的角度来说情况也一样），新生的美利坚合众国在涉及面甚广的英法争霸战中，至多不过是一个扰人心烦的小因素而已，更多情况下根本就没有任何重要性。总之，国际层面上根本就不具备解决亚当斯总统任期内核心问题的重要条件。因此，这个问题是不可解决的。[42]

另一方面，让已经足够糟糕的局面变得更加糟糕的是，联邦党人和共和党人之间的辩论已经堕落成一种意识形态战争。每一方都真诚地认为对方是美国独立战争核心原则的背叛者。曾存在于华盛顿第一个总统任期内的政治共识，已经被联邦党人和共和党人在"威士忌暴动"和《杰伊条约》上的争执打得支离破碎，到 1797 年则已经瓦解得荡然无存了。当杰斐逊将这种崩溃描述成旧交故友之间的信任丧失时，他道出了卷入这种极端党派主义、如粪便一般恶臭的政治文化中的许多人的心声。"那些一生都很亲密的朋友，"杰斐逊说道，"为了避开见面而走到街道两边，并将头扭到另外一侧，生怕可能要得已手碰一下帽檐相互致礼。"他第一次使用了"隔离之墙"这个短语，这个短语后来因被他用于描述政治与宗教之间的适当关系而闻名。然而在这里，这个短语指代的是联邦党人和共和党人之间的政治和意识形态分歧。"政治和政党仇视摧毁了这里每一个人的幸福，"他在给女儿的信中写道，"他们似乎认为自己就好像火蛇一样，火是构成他们的基本元素。"[43]

杰斐逊对这种不断升级的政党战争的解释，是极富讽刺意味的，因为正是他推动了个人信任的最终崩溃，而且也正是他拒绝了亚当斯伸出的再续旧好的橄榄枝，从而彻底抛弃了党派合作。但是，杰斐逊在这个方面是非常具有代表性的：一边哀叹长久以来一起共事之人的分裂，一边亲自筑起加剧这种分裂的隔离之墙。联邦党人和共和党人一样，都指责对方是心胸狭隘的党派主义者，从来没有承认也从来没有明确意识到，他们自己的行为也符合他们贴在敌人身上的党派主义标签。

1790 年代，那种可以存在合法的反对党的观念尚未在政治文化中形成，因此政党的演化发展是在将"政党"视为污辱性词语的环境下进行的。实际上，独立战争的领袖们缺少适当的词汇来描述他们正在创造的政治现象。而他们所继承的语言却将真正的政治差异和分歧固定在夸大和凸显两党的不可调和性的框架之中。就像杰斐逊一样，亚当斯认为这种僵局是一种相互信任的瓦解。"你可以为我作证，"他写信给儿子约翰·昆西·亚当斯谈论杰斐逊的反对党时说道，"我是多么不希望放弃他。带着同样的不愿意，我不得不将他看作一个心灵已经被偏见拘囿的人……不论作为一个哲学家他是多么的明智和科学，但作为一个政治家，他不过是一个孩子，不过是政党的玩偶。"[44]

在国内事务上，亚当斯继承了一种过度紧张的政治气氛，其与国际层面上混乱争斗的不祥和棘手相比，可谓毫无二致。在多个意义上，这确实是一种史无前例的局面：他的副总统实际上是反对党领袖；他的内阁只忠于对华盛顿的记忆，其中几个成员认为此种记忆就体现在亚历山大·汉密尔顿身上——当时汉密尔顿已经正式退出政府；政治党派正逐步固化成教条主义的意识形态阵营，可是任何一方都没有将对方视为除背叛者之外任何其他东西的语言力量或精神力量；整个共和政府实验的核心信念——这种信念认为内政外交政策的权威性源于公共舆论——将一种全新的影响力赋予媒体，而媒体当时却还没有发展出任何稳定的行为规则，以区分谣言和真实报道。这是一剂制造政治混乱的药方，像华盛顿那样的坚韧不拔者要控制这种混乱都必须费尽九牛二虎之力。任何其他人，包括亚当斯在内，都根本没有多大的成功机会。

若后见之明让我们可以客观描述当时的历史环境（这种历史环境反过来又决定了限制亚当斯总统政策的历史参数）的话，那么它还要求我们必须认识到，这种历史环境的主要参与者中，没有哪个人拥有超凡的洞察力，从而能够让他们看清楚历史到底为他们准备了什么。（他们相信自己正在创造历史，没有任何其他道路可走。）实际上，联邦政府的政治制度和权威性还太幼嫩、不成形，根本无法有效应对这个新生国家内政外交方面的种种挑战。

因此，发生的一切都是高度即兴的、高度个人化的。亚当斯基本上不理会他的内阁——反正其中大部分成员都忠于汉密尔顿，而是向自己的家庭寻求建议，这实际上就使阿比盖尔成了他非正式的女性内阁成员。杰斐逊恢复了与麦迪逊的合作关系，不过现在调换了角色：杰斐逊开始在费城的联邦政府中指挥作为反对党的共和党，而麦迪逊则从自己隐居的蒙彼利埃往外传递政治智慧。尽管联邦政府的中心是费城

188

的总统办公室和国会办公室，但真正发挥作用的权力中心却是两个以信任为基础所建立起来的政治合作关系。在未能复兴独立战争年代的伟大合作之后，亚当斯和杰斐逊带着各自的亲密朋友，分道扬镳了。

　　亚当斯这一方的合作几乎带有部落合作性质。尽管亚当斯本人作为一名政治家和外交家经验丰富，但是他没有任何担任行政领导的经验。他从来没有担任过州长，杰斐逊却担任过。他从来没有担任过军事指挥官，而华盛顿担任过。他认为联邦党人领袖的身份不仅不合乎体统，而且与他作为总统的责任完全不兼容：总统应当像华盛顿那样超越党派争议，并像一位只关注国家长期利益的"爱国的国王"那样做出决定。结果是，协调国会或内阁内部政治派别的念头，从来就没有在他的脑海中出现过。相反，他宁愿依赖于自己的判断以及家人和值得信赖的朋友的建议。

　　这解释了他最早做出的也是最具争议的两个决定。第一个决定是，他坚持让埃尔布里奇·格里加入派往法兰西的和谈使团。格里在某种意义上是新英格兰版本的本杰明·拉什，是一只与亚当斯夫妇关系密切的可爱的牛虻，但是他的意识信念却以不可预测的形态悬浮于整个政治图景之上。最近的风向将他带入了共和党阵营，使他成了法国大革命的坚定辩护者。这就是阿比盖尔认为格里"脑袋里有根歪筋"的主要原因。亚当斯本人也警告格里不要将法兰西此时发生的一切与美国独立战争混淆。"法国人推行共和政府的能

力，"亚当斯坚持认为，"还比不上费城街头烈日曝晒下的 **189**
雪球，连一个星期的时间都坚持不了。"尽管阿比盖尔对格
里有所保留，亚当斯还是希望让格里加入和谈代表团，以证
明他的两党合作原则，同时也为了确保他能够从自己信任的
朋友那里得到坦率的报告。[45]

第二个决定是，他任命约翰·昆西·亚当斯担任美国驻
普鲁士公使。他儿子对此表示反对，说亚当斯对自己的任命
肯定会被批评为一种任人唯亲的做法，而且会激起类似于亚
当斯正在培养他为总统接班人的指控。"你的理由根本就经
不起任何考察，"亚当斯回击道，"这是我所知道的你那些
观点里面基础最不稳固的一个。"这是一种典型的亚当斯式
的虚张声势，对自己明知是正确的政治意见大声否认，因为
这个建议是完全政治性的、纯粹自我保护性的而拒绝听取。
最重要的是，他希望儿子能作为他个人在欧洲外交中心的消
息前哨。"我希望你继续无所拘束地给我写信，"他写信补
充道，"但写给其他部门时，可要更加小心谨慎一些。"他
将是自己的国务卿，而且宁愿相信儿子对欧洲事务的深刻了
解，而不是什么官方报告。[46]

这两个决定在第二年都带来了好处，当时直接宣布与法
国开战几乎是毫无疑问的。那个灵活且肆无忌惮的法国外交
部部长塔列朗拒绝接待美国和谈使团，并接着派来三个代理
人索取五万英镑的贿赂，作为开展任何进一步谈判的前提条
件。当亚当斯知悉了这个蛮横无理的要求时，他马上命令代
表团返回美国，不过他并没有向国会和公众公开那些谈及索

贿行为的官方公文。阿比盖尔说这是一个"非常痛苦的决
定"，因为"总统知道他无法打出自己最强有力的牌"。但
是，亚当斯知道公众对这个后来被称作"XYZ 事件"（得名
于那三个法国代理人）的反应，肯定是极端爱国主义的、
绝对好战的。通过推迟公开这些公文，他赢得了时间。在这
段时间中，特立独行的格里则选择留在巴黎，与法国外交家
们就如何避免这场马上就要到来的战争进行非正式讨论。他
送回来的报告要人们保持耐心，因为法国督政府内部越来越
认识到索贿是一次严重的失算。约翰·昆西·亚当斯的欧洲
消息网络也敦促应明智地拖延时间。尽管国会内部联邦党人
不断施压和公开"XYZ 事件"之后战争狂热情绪不断加剧，
亚当斯依然想根据这些报告坚守着与法国和解的希望。[47]

190

　　阿比盖尔是亚当斯没有正式头衔的内政部长。从最实际
的角度来说，亚当斯根本就没有什么内政政策，因为他相信
将注意力放在流变的公众舆论以及新闻界中如火如荼的党派
斗争上，是与他作为总统的正确姿态不相符的：总统应当对
摇摆的国民心态保持不闻不问。阿比盖尔倾向于强化行政独
立的信念。她解释道，杰斐逊就像一棵柳树，枝条会随着任
何政治风向而弯曲摇摆；而她的丈夫却像一棵橡树："他可
能被连根拔起，他可能被砍倒，但是他从不弯腰。"[48]

　　尽管如此，她还是密切关注着共和党报纸上高度党派主
义的对话，并且定期向丈夫汇报反对党的诡计和指控。当
《曙光报》的一篇文章说亚当斯"老迈、丑陋、秃顶、瞎眼
而且跛脚"时，她开玩笑说只有她一个人拥有这方面的私

人知识，可以为他的身体状况作证。公众对"XYZ 事件"的反应致使美国国内对法国支持者的敌意骤然升温。阿比盖尔高兴地注意到威廉·科贝特的反杰斐逊社论出现在了《箭猪公报》上。这些社论将杰斐逊描述成"这个国家内部法国化那一派"的总头目，而且是"美国督政府"的主要成员之一。她很高兴地报告了人们在 7 月 4 日的祝酒词："愿约翰·亚当斯能够像参孙一样，用杰斐逊的颚骨杀死成千上万的法国人。"她告诉亚当斯在费城街头流传的举行支持法国的游行示威计划，据说组织者正是"所有大恶棍中的超级恶棍，背叛祖国的卖国贼——阴间的卑劣之徒杰斐逊"。她预测，共和党领袖们"将……最终在公众眼中获得类似于独立战争亲英分子的地位"。[49]

尽管我们并不能肯定，但确实有相当多的证据表明，在说服亚当斯支持被统称为"外侨和叛乱法"的四项立法上，阿比盖尔发挥了决定性的作用。这些臭名昭著的立法无疑是亚当斯担任总统期间犯下的最为严重的错误。它们的目的是要将在国外出生的居民驱逐出境或者剥夺他们的公民权。这些人中的大部分都是法国人，他们倾向于支持共和党人。而且，它们还规定发表"反对美利坚合众国的任何虚假的、诽谤性的、恶毒的作品"的行为将构成犯罪。亚当斯直到临终之际还在宣称这些法律从来没有得到他的支持，它们的主要支持者是国会中的联邦党人激进分子，他很不情愿地在这些法律上签了字。[50]

所有这些都是非常真实的，然而尽管他自己有所保留，

191

却没有听从像约翰·马歇尔这样温和联邦党人的建议，最终仍然签署了这些法律。（甚至最终对这些法律表示了支持的汉密尔顿，也对《惩治叛乱法》所开创的危险先例感到极端害怕和心寒。）然而，阿比盖尔却没有什么反悔的表示。"没有任何东西会起作用，除非国会通过一个有关惩治煽动叛乱的法案。"她在 1798 年春天写信给自己的姐姐时写道。只要通过了这样的法案，"公众的愤怒就可以落到他们（共和党编辑们）忠实的头脑上……在其他任何国家，贝奇及其所有的报纸可能在很久以前就已经被查封了"。她对丈夫的爱，她作为总统保护人的角色，使她已经不再有任何疑虑。她甚至敦促根据《客籍法》将在瑞士出生的当时担任众议院共和党领袖的阿尔伯特·加勒廷驱逐出境。她说，加勒廷"这个表里不一、狡猾、多余的卡西乌①，这个被输送到美国的外国人"，由于发表了"妨碍他们的事业且阻止他们实现伟大目标"的演说或者提出了此类宪法修正案而犯下叛国罪行。加勒廷和杰斐逊阵营中的其他成员一样，应当被看作"背叛国家的叛国贼"。[51]

当然，亚当斯本人必须为批准这种党派主义立法成为法律而承担责任，这些立法后来损害了他的历史声誉。然而，即使如他一直所坚持的那样——"外侨和叛乱法"从来都没有得到他的热情支持，阿比盖尔对这些立法毫不含糊的支持也

---

① 古罗马将领，刺杀恺撒的主谋之一。曾组织军队反对古罗马当权者，战败后自杀。

肯定会让他签署这些立法。换言之，如果她曾经反对过这些立法，我们就很难想象亚当斯会采取他后来的那种行为。这一次，信念和亲密关系使他误入歧途。

具有讽刺意味的是，亚当斯担任总统期间做出的最为重要的（也是最为成功的）决定，是当阿比盖尔在昆西市时做出的。当时阿比盖尔正逐渐从风湿热中康复，而那些反对这个决定的联邦党人却将这个决定归咎于她。这明显是亚当斯一时冲动而做出的决定，他于1799年2月18日宣布派另外一个和谈使团到法兰西。国会中的一位联邦党领袖西奥多·塞奇维克称自己当时就好像"被雷击了一样"，并总结了其他同僚的反应："若让世界上最恶毒的心灵和最杰出的头脑来选择一个最具毁灭性的措施，必定是亚当斯所采取的那个措施。"时任国务卿但不忠于亚当斯政府的蒂莫西·皮克林（亚当斯后来对他深恶痛绝）也说自己像"被雷击了一样"，并且敏锐地对亚当斯的动机进行了一番描述："亚当斯做出这个决定根本就没有征求政府内部任何人的意见，而且正是因为他知道我们肯定都会反对这个措施。"阿比盖尔本人则称，新英格兰的所有联邦党人都为之惊奇不已："他们就像一群受到惊吓的鸽子，根本没有人做好响应这一举措的准备。"[52]

192

费城新闻界流传的说法表明，亚当斯之所以会如此冲动地做出这个决定，是因为那位机敏非凡的妻子当时不在他身边，无法劝说他不要做出这个决定。决定前的两个月中，不论是在公开的还是私下的场合，亚当斯都一直抱怨自己比一个"遁世者"强不了多少，而且他"很希望健谈的妻子能在身边"。阿比盖尔注意到《箭猪公报》上有一篇社论对她不在亚当斯身边表示遗憾。"我想，"她写信给亚当斯时说道，"他们将希望利用某个人来保持公共对你的兴趣。"亚当斯宣布派遣新和平使团的行为再次证实了若没有阿比盖尔，亚当斯不是丧失了心态平衡，就是完全失去理智。亚当斯拿这些说法开起了玩笑。"它们应当能够满足你的虚荣心，"他写信给阿比盖尔时说道，"这样你就可以安心养病，重回我的身边。"阿比盖尔也同样以开玩笑的口吻回信，但是发出了支持亚当斯决定的明显信号："若真这样的话就好极了。可是，这位老妇人会告诉他们，他们错了，因为她认为这个措施是政策上的大手笔。"[53]

历史正是如此，因为亚当斯派出的那个代表团最终与法国达成了终止美法"准战争"的外交协议，亚当斯的决定成了华盛顿外交思想的第一次实质性行动。而且，它也成了美国独立于欧洲战争的先例，而这个先例将在随后的一个多世纪中影响着美国的外交政策。然而，在当时党派战争如火如荼的环境下，亚当斯的单方面行为无异于一种政治自杀。"他承受了一个不受欢迎的措施给他带来的全部压力，"阿比盖尔说道，"他知道这种压力……会以连珠炮一样的谩骂落在他的头上。正如他预想到的，他被政敌辱骂、诽谤。这种局面在当时就已经想到了。然而，对他这一决定的最大反对声却来自他的朋友圈。"阿比盖尔的意思是，亚当斯选择了疏远联邦党人的主流政策，联邦党人的主流派也将其政策看作亲法之举，而且只有杰斐逊及其共和党人才会做出这样的决定。《箭猪公报》的社论也已经转向反对亚当斯了。联邦党人中盛传的流言说，他们这位昔日党派领袖已经完全心智失衡了。（亚当斯得意扬扬地写信给阿比盖尔说，他现在可以用《惩治叛乱法》来查封联邦党人的新闻机构了。）他是那种不归属于任何党派的总统。[54]

他为什么要这样做呢？亚当斯内心似乎同时考虑了三个原因，正是这三个原因决定了其外交政策方向。直到当时，外交政策还在联邦党人和共和党人水火不容的政治议程之间左右摇摆。

第一，他对汉密尔顿挥之不去的怀疑已经发展成完全的不信任，接着又演化成强烈的个人愤怒。两年来，汉密尔顿一直躲在幕后向亚当斯的内阁发出各种指示。尽管亚当斯对这些东西有着模糊的认识，他却并没有太在意。毕竟，他从来就没有怎么注意自己的内阁。然而，1798 年夏季，汉密尔顿劝说国会内的联邦党人授权建立一支数量庞大的"临时军队"（后来被称为"新军"），规模在 1 万 ~ 3 万士兵，以应对可能马上就要到来的对法战争。亚当斯支持军事准备的原因在于将它当作让法国人看到美国政府坚定决心的外交手段。而且他强烈倾向于建立一支海军，他认为海军是"浮动的炮台和防卫屏障"。建立常备军对他来说是一件具有内在危险性且非常昂贵的事情。"陆军在任何地方都是昂贵的，"他向国防部长解释道，"而在我们这个国家显得比在任何其他国家都更加昂贵。"既然与法国的冲突发生在公海之上，有什么必要的理由建立陆军吗？"目前来看，"他说，"法国陆军到达美国本土的可能性比法国陆军登陆天堂的可能性都要小。"[55]

接着，亚当斯心中看到了整幅恐怖的图景。汉密尔顿的目的是让"新军"成为他个人的权力工具。毫无疑问，要请华盛顿出山来担任这支军队的总司令，然而同样可以预见的是，已经年迈的华盛顿将军肯定会将实际的指挥权交给他以前的副官。亚当斯怀疑，这个他以前不信任、现在极端厌恶的汉密尔顿，认为自己就是美国的拿破仑，准备宣布军事管制法律，并且以国家的唯一拯救者的面目出现。阿比盖尔赞成亚当斯的想法，并称汉密尔顿是"波拿巴第二"，怀揣着不可告人的建立帝国的野心。（若他们能够读到汉密尔顿的私人通信，他们可能会发现，汉密尔顿的计划是非常宏大的：他计划让自己的远征军挺进弗吉尼亚，像对待"威士忌暴动"一样镇压在那里负隅顽抗的共和党人；接着军队取道路易斯安那地区，进入墨西哥和秘鲁，将所有居民从法国人和西班牙人的统治之下解救出来，并让他们成为不断扩大的美利坚合众国的公民。）尽管亚当斯赞同"外侨和叛乱法"，但汉密尔顿带领这样一支军队的可能性将使整个共和政府完全被一种经典的终结行为扼杀，也就是军事独裁。没有人比亚当斯更清楚这种历史发展模式，也没有人，甚至是杰斐逊，比亚当斯更加痛恨汉密尔顿。阿比盖尔说亚当斯决定与法国政府重启谈判是"政策上的大手笔"，因为这个决定避免了与法国的战争，从而一举瓦解了汉密尔顿建立陆军

194

的理由。[56]

第二，亚当斯从身处普鲁士的儿子约翰·昆西·亚当斯的报告（这些报告是建立在约翰·昆西·亚当斯在巴黎和阿姆斯特丹的关系网络之上）中发现了新证据，这些证据表明塔列朗现在渴望与美利坚合众国维持和平。1799 年 1 月亚当斯的次子托马斯·波尔斯顿·亚当斯从欧洲返回美国，带来了约翰·昆西·亚当斯提供的最新文件，这些文件表明塔列朗不仅会接待美国和平代表团，而且还可能对美国在过去三年中损失的船只货物进行赔偿。不论亚当斯 2 月做出的决定在外人看来是多么冲动，该决定实际上是亚当斯以自己的亲儿子——具有战略意义的、最值得信赖的心腹——提供的外交建议为基础，并经过认真思考而得出的结果。

第三，从蔑视两党政治议程的独特行为原则中，亚当斯获得了深刻的个人满足。再次向法国派遣和谈使使团使他不再受民众欢迎，使大多数观察家认为这是一种政治自杀。这些反而让他坚信：这个决定是正确的。在他看来，设计总统职位的目的就是要让总统超越政党争吵，并超越各个政党所认定的所谓的国家利益。更具说服力的是，其最大能量的最充分展示总是发生在（他所理解的）长远公共利益与眼前政治情势相冲突的时候。

亚当斯的这种风格或许可以被称为"开明的刚愎自用"，这种风格实际上是寻求各种机会来展示（往往是以惹眼的方式）他做出自我牺牲的高风亮节。他为被指控犯下"波士顿大屠杀"之罪的英军辩护，并在离美国独立尚有一

195

年时召开的大陆会议上坚持认为美国已经独立，而且还要求
人们对总统职位持有一种更为尊崇的态度——尽管人们因此
而指控他是一个君主主义者。这些全都是亚当斯风格的一部
分，一种藐视传统、充满敌对意识的脾性，这种脾性使他易
于被他人疏远。（约翰·昆西·亚当斯以及亚当斯的曾孙亨
利·亚当斯在下一个世纪中都表现出了这种风格，这表明这
种脾性源于亚当斯家族血统之中。）亚当斯总统在 1798 年面
临的政治局势恰好激起了他心中那种过度的道德感。尽管阿
比盖尔在整个过程中都伴随他左右，但对亚当斯本人而言，
这个过程是他与自己内心的魔鬼和怀疑情绪合作的过程，是
他个人的独立宣言。

　　亚当斯总统面临的所有内政外交挑战，在杰斐逊和麦迪
逊眼中，完全是另一番景象。他们在拒绝亚当斯抛过来的橄
榄枝、承担起领导反对党的职责之后，马上就将队伍紧密团
结在他们的信念之下，并将亚当斯所遭遇的几次危机都看作
瓦解联邦党人的绝好机会。他们真诚地认为，联邦党是一种
有组织的、反对美国独立战争真义的阴谋。"就什么也不
做、只争取时间而言，我们占尽了天时地利人和"，杰斐逊
写信给麦迪逊时说道，如何与法国交往，以及汉密尔顿派和
杰斐逊所称的"亚当斯派"在"联邦党阵营内的深刻分裂"，
给共和党带来了政治优势。共和党的政治议程要想获得胜利，
联邦党人的政治议程就必须失败。尽管亚当斯从来没有完全
属于任何一个党派范畴，而且最终决心让自己与双方都保持

距离，但是作为联邦党内当选总统的领袖，他不可避免地成
了共和党有组织的反对行动的目标。[57]

麦迪逊从来没有像杰斐逊那样对亚当斯有过什么个人好
感，因此让他来领导丑化亚当斯动机和品格的行动，会容易
一些：

> 或许，现任总统与前任总统在人格上可谓天壤之
> 别……一个冷静、周全而且谨慎，另一个的情绪则会被
> 任何一个小火花点着，并燃成熊熊大火。一个总是关注
> 着公共舆论，随时准备在无法引导舆论的时候追随公共
> 舆论，另一个则以最为恶毒的情绪和指控来侮辱公共舆
> 论。华盛顿是战场上的英雄，克服了内阁内部的任何危
> 险。而亚当斯却没有哪怕一丁点儿的军人品格，作为政
> 治家他也是一个十足的堂吉诃德。前一任最高行政首脑
> 以其真挚之情在任何地方都寻求和平，尽管采取了错误
> 的方法；而后一任最高行政首脑却竭力要进入战争，这
> 正是前一任所竭力避免的。

后一点成了杰斐逊－麦迪逊合作关系中的一种信念，即
亚当斯实际上是希望与法国开战的。麦迪逊宣称，亚当斯是
"两国和解的唯一障碍，而且如果战争确实爆发，他就是战
争唯一真实的起因"。[58]

杰斐逊和麦迪逊甚至试图让自己相信，亚当斯虚构了所
谓的"XYZ事件"，目的是要动员群众支持他宣布与法国开

战。杰斐逊和麦迪逊两人还相互告知，塔列朗并没有那么愚蠢，也没有那么寡廉鲜耻，以至于会试图从美国和谈代表团那里索取贿赂。亚当斯组织了"一次对法国政府的诽谤"，这是其"诈骗伎俩"的一部分。麦迪逊不认为亚当斯拖延公布关于索贿事件的文件是为了避免出现公愤而要求开战的混乱局面，更不认为这是谨慎明智、富有政治家风范的决定。相反，他认为这是亚当斯为了制造最大杀伤力而精心设计的。"亚当斯先生愿意与法兰西和解的声名确实是绝妙非凡的。"麦迪逊挖苦道。他的意思是，亚当斯完全不配享有这种声名。当杰斐逊虚情假意地说，他的这位老朋友曾是独立战争原则的忠实追随者时，麦迪逊反驳道："他在历次演说中给出的每一个答案，都越来越暴露出他所真实追随的原则……废除英国王权看起来并不是他的独立战争原则之一。至于他是否总是这样坦白，只有那些在 1776 年了解他的人才最为清楚。"一句话，杰斐逊应当从怀旧的记忆中脱离出来。亚当斯就是个叛国贼。[59]

尽管杰斐逊更了解实情，但他还是附和了麦迪逊的观点。他将流传在国会走廊中的谣言告诉了麦迪逊，这个谣言的大意为曾经有人听见亚当斯宣布，"这就是我对法国的不信任之所在，他们一旦同意与我们达成一项对我们如此有利的条约，我认为拒绝这个条约就是我的责任所在"。（实际上，亚当斯当时正在听取格里关于与法国重启和谈的恳求。）流传在费城街头的另一个谣言也没有逃过杰斐逊的耳朵：华盛顿已经放出话来，说他不赞成亚当斯的外交政策。

（实际上恰恰相反，华盛顿认为亚当斯的外交政策有效实践了他长期遵循的美国中立原则。）另一个谣言又说，亚当斯正暗中破坏将首都迁到波托马克河的计划（这同样是不真实的）。接着，当1799年2月亚当斯出人意料地宣布要向法国再派一个和谈代表团时，杰斐逊告诉麦迪逊，这个"千里挑一的决定"是亚当斯迫不得已而做出的。杰斐逊掌握的可靠证据表明，塔列朗已经威胁泄露亚当斯此前的和谈计划细节，并以此要挟亚当斯就范。"请注意，我说的这一点不过是猜测而已，"杰斐逊告诉麦迪逊，"但是这种猜测是以我们眼皮底下的众多文件和种种迹象为依据的。"（其实，所有文件和迹象都是虚构的。）[60]

如果说亚当斯家庭内合作所发挥的主要作用是将他隔离起来，并最终让他远离两党之间的意识形态战争，那么杰斐逊和麦迪逊之间的合作所发挥的主要作用是，制造一些东西来强化各自对亚当斯总统的攻击，这种攻击往往不惜放弃最基本的事实准确性。在他们心目中，国家面临着巨大的政治危险，联邦党人带来的威胁已经使整个共和政府实验处于危险之境，这场战斗是一场殊死搏斗，仅将对方当作俘虏关押起来是不行的。他们让自己相信，亚当斯就是敌人，并用所有的证据来证明这个顽固不化的、极端成问题的信念。

杰斐逊那种无与伦比的自我否定能力也有助于让他们的事业保持纯洁，至少在他内心深处是这样认为的。1798年，他委托詹姆斯·卡伦德撰文诽谤亚当斯。此人是一个臭名昭著的专事诽谤和揭丑之徒，当时他刚刚泄露了汉密尔顿与玛

198

利亚·雷诺兹的通奸事件。在《我们面临的未来》中，卡伦德不负杰斐逊所望。他将亚当斯描写为“一个头发灰白的纵火犯”，并说他不仅决心与法国开战，而且决心宣布自己为终身总统，并让约翰·昆西·亚当斯成为他的接班人。当杰斐逊面对指控——位居副总统，却还向卡伦德付钱，让他撰写诽谤总统的文章——时，杰斐逊宣称自己对此一无所知。卡伦德随后将杰斐逊写给他的那些信件公开以证明他们的同谋关系，杰斐逊看起来惊讶不已，并称这些东西表明，他隐藏得最深的秘密并不是那些他不让自己的政敌知道的秘密，而是那些连他自己都不知道的秘密。[61]

1798 年春，国会开始就《惩治叛乱法》进行辩论，杰斐逊最担心的是这个法案可能是专门针对他的。他向詹姆斯·门罗抱怨说：“因为我被发现与法国督政府有着罪恶的通信往来，因此我的名字在整个城市流传。”联邦党人的报纸文章指控杰斐逊通过在美国的亲法机构将信息传递给法国政府，并且与《曙光报》——共和党的主要舆论阵地——的主编本杰明·富兰克林·贝奇经常会面。杰斐逊私下向麦迪逊承认这些指控基本上都是真实的。尽管他是亚当斯政府的第二号人物，但正如国会中的联邦党人领袖所描述的那样，他还是“反对党的生命与灵魂所在”。杰斐逊为自己辩护，宣称他与贝奇的会面并不是秘密进行的，他确实与贝奇见过很多次，但他并不像联邦党人所指责的那样，是与他“关起门来”秘密会面的。而且更为基本的是，杰斐逊根本就不认为自己的行为是煽动叛乱或者叛国。相反，他指控说，实际上是那个经过正当选举程序而成立的联邦党人政府犯下了叛国罪行。[62]

这就是问题的核心所在。杰斐逊真诚地认为——麦迪逊也强化了他的这种信念——联邦党人正在全国范围内实施的政策和计划（它们构成了联邦政府的庞大议程，这个议程让美利坚合众国与英格兰而不是法国更接近）代表了对"1776年精神"的背叛。"外侨与叛乱法"的通过以及新军的建立，更加确认了联邦党人的政治议程违反了美国独立战争的主要信条这一事实，这些使人们联想起英国议会对殖民地新闻界所施加的限制，以及当年驻扎在各个殖民地大城市内的英国军队。对这些措施的反对，在以前被视为美国人民合法表达异议，现在怎么可能是叛国行为呢？

能够为这个问题提供一个清晰答案的法律框架当时还不存在。就现代标准而言，杰斐逊积极参与发动反亚当斯舆论的行为，以及向诸如贝奇这样的亲法激进分子泄露情报的做法，几乎已经构成可以弹劾的叛国罪行了。然而在讨论《杰伊条约》期间，汉密尔顿也对亲英分子有过不谨慎的信息泄露行为。而且，他在幕后秘密指示亚当斯内阁的行为也瓦解了行政部门的权威，若在现代这种行为可能早已让他进监狱了。然而，当时距离宪法的通过和批准才十年的时间，到底什么是叛国或者煽动叛乱还是模糊不清的；而且，在没有得到历史认可的情况下，关于这方面的判断就更成问题了。由于在美国独立战争宗旨和宪法所确立的原则上缺乏一致意见，联邦党人和共和党人都不过是漂浮在一片相互指控

199

和党派偏见的海洋之上而已。中心之所以不能控制局势，是因为根本就不存在什么中心。

杰斐逊与麦迪逊的合作在这个极度不稳定的时期达到顶峰。这个顶峰就是他们一唱一和地起草了《肯塔基决议案》和《弗吉尼亚决议案》。杰斐逊于 7 月 2 日和 3 日到蒙彼利埃拜访麦迪逊，讨论如何应对《惩治叛乱法》（第二天参议院就通过了这部法案）。（具有讽刺意味的是，联邦党人认为这是庆祝 7 月 4 日独立日的最佳方式。）他们一致认为必须发动一次宣传攻势，反对杰斐逊所称的"巫婆的统治"。当年 8 月和 9 月，杰斐逊一个人在蒙蒂塞洛撰写了后来人们所称的《肯塔基决议案》。其中的主要观点是，《惩治叛乱法》是违宪的，因为它侵犯了各州公民控制自己内部事务的天赋权利；每个州"在这份协议规定的情况之外都有一种天赋权利"——在宪法没有特别指明属于联邦政府管辖范围的那些情形下——"来推翻其他人对属于它们的权力的僭夺"。这是关于州权的最为经典的表述方式。此外，他还提出了一个总观点：联邦法律可以被各州宣布为无效，而且若联邦国会或者法院蔑视它们的决定的话，它们还拥有退出（杰斐逊称之为"分离出"）联邦的合法权利。如果说《惩治叛乱法》是对公民自由的严重威胁，那么杰斐逊的响应则是对联邦政府统治权以及整个联邦命运的严重威胁。[63]

对杰斐逊来说幸运的是，肯塔基州立法机关决定删除他的草稿中有关宣布联邦立法无效的那部分，因为这种对联邦法律的公开蔑视似乎是过度的，而且带有不必要的危险性。

麦迪逊更为理智一些的最终作为《弗吉尼亚决议案》发表的观点，也在全国新闻界流传，并努力实现着同一个目标——谴责《惩治叛乱法》。不过，麦迪逊并没有宣布联邦立法无效这样的观点。事实上，《弗吉尼亚决议案》将"外侨与叛乱法"描述为对宪法"令人担忧的背离"，它们违反了宪法第一修正案中的言论自由保障。麦迪逊没有挑战联邦政府的权威，相反，他诉诸联邦政府所提供的保障，并含蓄地表明，是联邦法院而不是各州是宪法的最终裁判者。可以说，杰斐逊的思想路线从逻辑上是最终被南方邦联于 1861 年采纳的"宪法的契约理论"的开端，而麦迪逊的观点则是现代司法审查原则以及宪法保障言论自由和新闻出版自由原则的滥觞。[64]

当麦迪逊就宪法问题发表言论或者写下文字时，杰斐逊总是言听计从。他向弗吉尼亚州的共和党人一再强调，他坚信"我们联邦契约中的真正原则"将所有内政问题留给了各州；若联邦国会未能废除《惩治叛乱法》，"我们就应当从那个我们如此珍视的联盟退出来，而不是放弃我们所保留的自治权利"。然而，杰斐逊于 1799 年 9 月造访麦迪逊之后，他同意软化自己在退出联邦上的立场。"这不仅是因为我尊重他的判断，"正如他自己所言，"还是因为除了出现大量严重侵犯州权的情况之外，我们不应当说什么从联邦分离出去的话。"或者，按照他写在《独立宣言》中的文字，201 只有在发生"一系列滥用职权和强取豪夺的行为"之后，才可以谈论退出联邦的问题。麦迪逊谨慎且不声不响的干涉将杰斐逊从那些革命式分离主义的暗示中解救出来，并且巧妙掩盖了他们在宪法上的巨大分歧。他们合作的需要和团结一致对付联邦党人的需要，战胜了他们在美利坚合众国联邦主权范围上的水火不容。[65]

　　政治生活中只有几个普适法则，其中一个法则指导了共和党人在亚当斯总统任期最后一年的行为。这个法则就是，当你的敌人正在忙于自我毁灭的活动时，不要去干涉他们。在联邦党人开始根据《惩治叛乱法》对共和党人的编辑和作家发起控诉时（当时一共提起了十八项指控），这一点就已经非常明显了：人们普遍认为这种起诉就是一种政治迫害。大部分被告人成了当地的英雄人物或者国家的烈士。麦迪逊马上总结说："我们的公共疾病可能会不治自愈。"意思就是，联邦党人的律师以如此厚颜无耻的党派主义指控和袭击共和党人的历史观，只能促使人们转向他们所试图扼杀的事业。而且，对外国人的指控也使得联邦党人后院起火：原来坚定支持联邦党人的纽约州爱尔兰移民和宾夕法尼亚州德国移民，现在大规模地转向支持共和党人。[66]

　　杰斐逊所称的"巫婆的统治"甚至已经开始呈现政治喜剧的形态，这部喜剧中遭到取笑的反而是联邦党人。例如在新泽西州，当一个喝醉酒的共和党编辑被指控曾淫秽地提及总统臀部时，陪审团做出了无罪判决，理由为只要说的是事实，就可以作为一个合法成立的辩护理由。讽刺并不仅限于此。当詹姆斯·卡伦德因诽谤罪而在里士满的监狱服刑

时，他听说了杰斐逊与一个名叫萨利·海明斯的黑人混血奴
隶有性关系的流言。后来，他认定杰斐逊没有为他攻击亚当
斯的工作而支付足够多的金钱之后，便将这个故事昭告天
下了。[67]

但是，这个让人欣欣不已的绯闻（到了 1998 年这个故
事的真实性才借助 DNA 技术得以确认）并没有帮助亚当斯
总统赢得 1800 年的选举。实际上，亚当斯总统的坏运气或
糟糕的时机选择一直持续到了最后。他派往法国的和平使团
与法国达成了结束美法"准战争"的条约，但是好消息来
得太晚，没有对选举产生什么影响。而且，起初遭到亚当斯
反对、最后被亚当斯视为多余之物的新军耗费联邦预算的程
度，已经迫使联邦政府寻找新的收入来源。即使新军被解散
了（这是亚当斯的功劳，让亚当斯感到安心不少），维持这
支军队的花费也已经落在了选民头上。亚当斯似乎不知怎么
回事，不但没有得到他应得的政治奖赏，反而领受了完全应
属于他人的批评。

阿比盖尔早期对亚当斯和杰斐逊之间竞争——橡树对柳
树——的描述，被证明是对未来的正确预言。或许，最能体
现杰斐逊更具灵活性的事例发生在外交战线上。在整个亚当
斯主政时期，杰斐逊及其共和党追随者一直认为，法国大革
命就是欧洲大地上的美国独立战争，因此法兰西就是美国的
主要国际盟友。但是，当拿破仑推翻了法兰西共和国并宣布
自己是全权的军事独裁者时，杰斐逊马上顺应时势转变了自
己的立场——正如亚当斯预测的那样。"让……（美国人

民）认识到他们自己的性格和所处局势与法国人有着本质的差异，"他在 1800 年说道，"而且，不论共和主义在那里的命运如何，我们都有能力让共和主义在这里神圣不可侵犯，这是至关重要的。"这就是华盛顿和亚当斯在长达十年的时间里一直竭力推行的外交中立政策，杰斐逊曾将它谴责为对"1776 年精神"的背叛。杰斐逊的转变是如此迅速，以至于几乎没有人注意到他是如何敏捷地放弃共和党人对抗两届联邦党人政府的最主要武器的。现在，杰斐逊和麦迪逊都清楚，这个武器已经没有必要了，因为共和党在州一级的更出色组织，几乎确保了他们在马上就要到来的总统选举中获得胜利。[68]

由于一连串的坏运气、糟糕的时机把握及其共和党敌人高度集中的政治战略，亚当斯却意外获得了不错的选票统计结果。他的表现远胜于联邦党人在国会议员选举中的表现，那些联邦党人在共和党人取得压倒性胜利的情况下失去了众议院中的席位。除去纽约州，他赢得的选票数实际上比他在 1796 年赢得的多。由于阿伦·伯尔精明的政治操作，纽约州的 12 张选举人票全部投给了杰斐逊。早在 1800 年 5 月，阿比盖尔（她是亚当斯一方选定的计票人）就曾预言"纽约州将是决定选举天平倾向的关键"。根据最后的统计结果，她的丈夫以 65 票比 73 票落在了杰斐逊和伯尔之后。[69]

选举过程中最富戏剧性的一幕是由汉密尔顿提供的，尽管它发生得太晚，对选举结果没有什么影响。10 月，汉密尔顿撰写并私下印刷了一本长达 54 页的手册，对亚当斯的

203

品格进行攻击,将他描述成一个本质上就不沉稳的动物,一个受虚荣心和自己对独立的理解驱使的人,一个由抽搐和暴怒组合而成的人,根本"不适合享有最高行政首脑之位"。亚当斯以与自己典型的冷静态度不相符的方式对这种人身攻击做出了回应。"我相信,"他说道,"这对汉密尔顿的伤害比对我的伤害还要大。"他是对的。由于这本册子出来得太晚,根本没有影响太多的投票者,而其中的诽谤谩骂倒是让所有人看到了联邦党内部的深刻分裂,而且大部分读者也都认为汉密尔顿本人失去了理智。就政治角度而言,汉密尔顿的小册子纯粹是政治上的致命行为,或许是一种自杀行为,和他后来决定在维霍肯与阿伦·伯尔决斗的行为,没有什么两样。他的声誉自此再也没有恢复到原来的状态。[70]

联邦党的情况也是如此。杰斐逊和麦迪逊的合作不仅要让共和党人夺得总统宝座,而且正如杰斐逊所形象描述的那样,他们更大的目标是"让联邦主义陷入无底深渊,永无翻身之日"。当麦迪逊宣布共和党人的事业已经"完全获胜"时,他不仅是指共和党人已经赢得了总统选举而且控制了国会,还是指联邦党已经完全陷入混乱之中了。尽管此后的十多年时间里,联邦党人在新英格兰依然保留了一些孤立的权力据点,但作为曾经主导了何为美国正确道路之辩的全国性运动,它已经成了强弩之末。杰斐逊当时并没有发明"1800 年革命"这个术语来表达共和党人的节节攀升;历史学家也没有将这个术语解释成一个更加尊奉民主的政治派别的兴起,这种解释杰斐逊可能也只能非常模糊地理解,如果

204

说他能够理解的话。（实际上杰斐逊认为共和党的胜利代表了"1776年精神"的复兴而不是什么革新，代表了对联邦党人试图界定的1787年宪法和解的拒斥。）但是，更符合历史真实情况的是，当时没有人知道共和党人的胜利意味着联邦政府将取得积极的进步。然而，有一点是清楚的：华盛顿和亚当斯政府所呈现的某种特定形态的政治和政治领导方式，已经被成功推翻并遭受了决定性失败。杰斐逊和麦迪逊之间的合作是未来的政治生活形态，而亚当斯夫妇的合作则是过去的政治生活形态。[71]

死去的是亚当斯的政治观和自我认知。这种政治观和自我认知认为，共和国有一种长远的集体利益，这种利益应当与党派主义分离开来，而且应当让它完全不受政治的影响；而美国政治家的责任就是要让公共利益获得神圣地位，同时还要有意识地忽略和愉快地遗忘特定选区的党派主义诉求。1800年以后，亚当斯所谓的"君主主义原则"已经在美国政治文化中消亡了，与之一同逝去的还有华盛顿和亚当斯对"党派主义道德"的强烈蔑视。这种蔑视从来都取决于在独立战争年代的资历（那些亲自参与了国家创建过程的人被视为可被信赖的或会以负责任的方式行事），但随着人们对独立战争的记忆逐步淡化，那些信任光环也逐渐褪色了。当然，杰斐逊可以而且的确是那个"兄弟会"中的一员，然而他被选为总统却标志着一个时代的终结。"人民"已经取代"公众"，成了政治智慧的主要来源。没有哪个领袖能够可信地宣称自己将超越党派争议。正如杰斐逊在华盛顿下台时所领悟到的，美国总统自此以后必须永远是某个政党的领袖。

在亚当斯阵营中，没有哪个人能够认识到这是一次历史的转折，相反他们都认为这是一种道德堕落的不祥征兆。亚当斯尖刻地说道："杰斐逊有一个政党，汉密尔顿也有一个政党，而国家却没有。"如果道德本身不再是美国政治生活中的一种理想，那么它在公共生活中也就失去了安身立命之地。如果亚当斯式的政治家是一种时代错误（实际上正是如此），那么亚当斯的总统任期正好是这种错误逐渐消逝的纪念碑。1800 年 2 月，亚当斯签署了《孟特芳丹条约》，正式结束了与法国的敌对状态。让他失去民心的政策和自己独特的风格确实发挥了作用。现在，他带着这种信念解甲归田了。正如他自己所言，他已经"驾着船……进入了一个和平安全的港口"。[72]

极具讽刺意味的是，亚当斯夫妇合作的最后一项重要责任是，监督将联邦政府迁移到波托马克河的整个过程。尽管行政部门的全部资料不过就 7 个箱子，但阿比盖尔还是对最后这件杂事所带来的身体负担十分不满。她同样对总统府内寒冷的、幽暗的、尚未完工的房间深感不满。此后的几个星期中，杰斐逊能否成为下一位长期住户尚不清楚，因为最后的选举人票统计结果表明，杰斐逊和伯尔所得票数相同。有谣言称，亚当斯当时打算马上辞职，好让仍然是他的副总统的杰斐逊接任他，从而阻止一场宪法危机。亚当斯放出话来，说选举人选择的明显是杰斐逊，而且杰斐逊也明显更加

205

优秀一些，而伯尔"就像一只气球，里面充满着可燃气体"。最终，众议院在第 36 次投票中选择了杰斐逊担任总统，危机过去了。[73]

尽管过去八年中杰斐逊和亚当斯之间的怨恨不断累积，尽管杰斐逊在过去四年中对亚当斯总统造成了很多伤害，但阿比盖尔依然坚持让她的丈夫在她动身前往昆西市之前，邀请"以前的朋友"来吃点蛋糕、喝点茶。他们的这次谈话没有留下什么记录，尽管杰斐逊告诉麦迪逊，他对亚当斯夫妇十分了解，因此确信"气氛将是自由而宽松的"。然而，在总统就职仪式当天，当杰斐逊沿着仍然满是木桩的宾夕法尼亚大街走向尚未完工的国会大厦时，亚当斯并没有出现在他身边。亚当斯不愿意出现在就职仪式上，他搭乘那天早上四点钟的马车出城去与阿比盖尔会合了。此后的十二年中，他没有与杰斐逊说过哪怕一个字。[74]

6

友 谊

　　亚当斯认为他跋涉 500 英里回到昆西市，意味着他最终　
退出了政治舞台，这再正确不过了。到家的时候，他注意到
谷仓旁边的空地已经长满了野草，这让他随口说了一句轻率
的话：他"成功地用……荣誉和美德换来了肥料"。他返回
家里的那天，下了一场暴风雨，他认为这是上天的一个预
兆，预示麻烦将紧跟着步入他的退休生活——这种生活正如
他自己所言："以自然元素的发酵来替代道德、智识和政治
世界的革命。"作为一个曾经推动那些政治革命的人，他曾
宣称自己在暴风雨中也会从容不迫。然而现在，在他六十六
岁高龄的时候，渴望一点安宁难道有什么不自然吗？"现在
已经远离了所有的阴谋，而且已经摆脱了搅动这个世界的所
有或大或小的激情，"他解释道，"我希望我能够享受到比
以前任何时候都要多的宁静。"[1]

　　追随亚当斯的麻烦并不是那场似乎伴他而来的暴风雨，
而是那些藏在他内心深处的、始终与他如影随形的东西。阿
比盖尔在 1801 年 7 月发现，他在田间与其他雇佣工人一起
工作，一边挥动镰刀，一边念念有词，咒骂着他的政治对
手。从我们所知道的他的私人信件中，我们了解到汉密尔顿

是其敌人名单上的第一名。他说汉密尔顿是"一个苏格兰小贩乳臭未干的私生子"，"像波拿巴一样有野心，却没有波拿巴勇敢，而且要不是我，他肯定将让美国卷入一场与法兰西的战争以及一场自己人打自己人的内战之中"。[2]

207　　名单下面离汉密尔顿不远的就是他以前的朋友兼总统职位继任者杰斐逊了。尽管他对杰斐逊的憎恨要少很多，然而他所受的伤害可要多很多。他们曾经一起完成了那么多成就。1776年一起与时局抗争，1780年代在欧洲代表美国，华盛顿掌权期间超越了政治上的不同见解。然而，在他自己担任总统期间，亚当斯相信杰斐逊出卖了他以及他们之间的友谊。然而，杰斐逊是以如此间接、如此狡猾的方式完成这一切的，就好像一个入室抢劫者没有留下任何指纹一样。杰斐逊是"一个如影子一般的人"，亚当斯现在这样认为，这个人的性格"就像大河一样，深不见底、无声无息"。当评论其他政敌时，亚当斯表现得相当有"文采"。例如，托马斯·潘恩就是"我们这个时代的森林之神①……是一只介于猪和狗之间、野猪骑在母狼身上而最终生产出来的杂种"。然而，谈到杰斐逊的时候，这种"有声有色"的诨名以及不相关的形象就不那么容易出现了。当一个人的核心品格难以捉摸时，就很难具体地谈论这个人了。[3]

　　亚当斯本人对杰斐逊的复杂情感最终通过阿比盖尔表露出来。这是一段心酸痛苦的经历。1804年，杰斐逊的次女

----

① 源自希腊神话，森林之神淫逸放纵、好色成性。

玛丽亚·杰斐逊·埃普斯在分娩期间死于并发症。阿比盖尔决定写一封慰问信，并解释说："各种原因让我一直没有执笔写信，然而现在我心灵上的强烈情感冲破了种种羁绊。"她在信中回忆了自己当时照顾刚刚到达伦敦的九岁玛丽亚的情景。阿比盖尔向杰斐逊坦言道："一段时间以来，我以为这一生不会有什么事情会再激起我们相互之间的同情了。"然而失去一个孩子的痛苦超越了她理性上的克制。她希望杰斐逊知道，此时她的心与他在一起。[4]

杰斐逊在理解一封信的语气语调上通常都有着非常敏锐的感觉，然而这一次，他没有注意到阿比盖尔写下的明显的警示，认为她的来信是一种恢复友谊的邀请。他抓住机会回忆了一下他和亚当斯长久的政治合作历程。"友好之情陪伴我们度过了许多漫长的、重要的历史时刻，"他写道，"我们从政治经历和反思中得出的不同结论，从来没有影响过我们相互之间的敬意。"尽管他俩曾两次同台竞选总统，然而杰斐逊坚持认为"我们从来没有成为对方的障碍"。政治对立从来没有销蚀他们之间的尊重之情。

杰斐逊坦承，他只有一次认为亚当斯的决定是"针对个人的不友好行为"。这个不友好行为是，亚当斯在担任总统的最后几个星期任命了许多联邦党人来填补法官职位空缺。这些法官——被带着某种误导性说成"午夜法官"——是在总统选举之后任命的，因此就让杰斐逊没有机会来自己选择法官。（最主要的不友好行为是，任命约翰·马歇尔担任最高法院的首席大法官；可以说约翰·马歇尔是亚当斯

208

最持久的反杰斐逊遗产，这部分是因为马歇尔在法官之中享有权威，部分是因为杰斐逊和马歇尔相互鄙视。）但是这种不友好行为，正如杰斐逊所言，"为友谊留下了一些可以被原谅的东西"，因此"在思考了一段时间之后……我衷心地原谅了这一点，又回到以前那种对他（亚当斯）的尊重上来"。[5]

杰斐逊的信让阿比盖尔愤怒不已，尽管她保持了克制。"你高兴地谈到了一些让我必须回信的话题。"她这样开了一个带着不祥意味的头。杰斐逊认为自己是受害方，有一种道德上的优越感，因此可以原谅她丈夫。这种想法本身，就是荒谬的。既然杰斐逊谈到了政治背叛问题，那就请杰斐逊先生"原谅我在这里自由讨论……这种讨论打碎了之前让我感觉尴尬的枷锁"。郁积已久的愤怒喷涌而出："现在，先生，我完全坦白地告诉你，到底是什么切断了以前的友谊纽带，而且我要让你看到，我现在对你的看法已经与我曾经的看法非常不同了。"

在对亚当斯离任之前任命法官的做法进行了猛烈辩护之后，阿比盖尔直接攻击了杰斐逊的品格。她宣称，在亚当斯的整个总统任期内，杰斐逊一直利用自己的副总统职位，来破坏杰斐逊被选民选来辅佐的那个人的政策。这已经坏透了。然而，最严重的冒犯行为发生在 1800 年选举期间。杰斐逊在那次痛苦而激烈的竞选中，犯下了"最黑暗的诽谤罪，并说了最严重的谎言"。表面上看似冷淡、超然的杰斐逊，暗中却雇用了诸如詹姆斯·卡伦德这样的造谣中伤专

家，对亚当斯进行最为蛮横无耻的诽谤：亚当斯精神失常，
亚当斯试图加冕称王，亚当斯计划让约翰·昆西·亚当斯接
替自己的总统职位。"这些，先生，我认为是对个人的伤
害，"阿比盖尔说道，"是砍掉戈耳迪之结的那把利剑。"臭
名昭著的卡伦德后来转而攻击杰斐逊，并指控他与他的家务
奴隶萨利·海明斯有性关系，这是极富讽刺意味的，而且也
是完全罪有应得的。"你所珍爱的毒蛇，"她心满意足地说
道，"最终反过头来咬了养育它的那只手。"因此，若有什
么需要原谅的话，这种原谅应当都是由亚当斯所赐。同时，
杰斐逊应当搜寻一下自己的灵魂。她最后用文字捆了杰斐逊
一个耳光："朋友之伤，源于忠诚。"[6]

在杰斐逊众多的通信之中，他从来没有收到过这样的
信。没错，他有自己的诽谤者，然而联邦党人通常是在公共
媒体上攻击他，他可以而且确实将这种攻击当作党派主义的
舆论宣传，并对它们嗤之以鼻。然而，阿比盖尔的指控却是
私下的、个人的，是来自他所尊重的亲密朋友的。而且，这
些指控完全超出了政治上的党派主义，关涉荣誉和信任问
题。他的第一反应就是明确指出共和党和联邦党双方都在
1800 年选举中说谎并歪曲事实，他遭受的"诽谤与谎言"
和亚当斯所遭受的是等同的。（这完全是真实的。）接着，
他认为"了解我们的任何人，都不大可能相信我们曾经卷
入那种肮脏的事情"。实际上，在让卡伦德诽谤亚当斯一事
上，他没有发挥过任何作用。（这是谎话。）"不论那些人如
何挑我的毛病，"杰斐逊恳求道，"我都已经学会了置之不

理。"然而对像阿比盖尔这样的朋友而言,"我知道这些朋友的心灵充满智慧,只需要指出事实,就可以使他们的心灵恢复常态,我无法无动于衷"。[7]

阿比盖尔对杰斐逊的辩解充耳不闻。在她看来,杰斐逊的否认正好证明了他的口是心非。他卷入幕后的政治阴谋是众所周知的。阿比盖尔最初不肯承认这一事实,因为如她所言:"我的心在接受那些被理性强加的信念方面,是比较迟缓的。"即使现在,她承认:"我心中还留存着对你的友爱之情,哪怕现在对你的尊重已经烟消云散了。"但不容否认的是,为了赢得选举,杰斐逊将自己的荣誉都抵押出去了。批评他的那些联邦党人一直指控他是一个只有党派而没有原则的人。"请原谅我,先生,"阿比盖尔最后说道,"我担心你确实如此。"[8]

我们可以合理地肯定,在这简短的连珠炮中,阿比盖尔不仅是在为自己说话,也是代表她丈夫说话。亚当斯夫妇指责杰斐逊犯下了两桩严重罪行,这两桩罪行违反了约束独立战争那一代领导层的不成文的政治荣誉法则。杰斐逊的第一桩罪行(这桩罪行在我们今天听来可能既离奇又不合时宜)是,他亲自卷入了自己的总统竞选运动,而且是只带着一个目标来开展选举活动的:赢得总统选举。这就是控诉杰斐逊是一个只有党派的人的核心之义。这种行为在 19 世纪中叶变成了政治生活中一种可接受的甚至为人所期望的特征,而且至今仍是如此。然而,在独立战争那一代人的历史环境下,让自己忠诚于某个政党是不合法的。这种行为违反了当时人们认定的拥有管理公共事务资格之人所必须具备的两个素质：美德与公正无私。华盛顿和亚当斯都没有在他们自己的总统竞选中发挥直接作用。甚至连杰斐逊本人，作为打破这个传统的第一位总统，也感觉到有必要隐晦行事。接着，当遭到阿比盖尔的责难时，他马上就对自己的所作所为进行了全盘否认。根据历史记录，杰斐逊实际上是那个年代最强烈反对政党影响力的人。他认为党派忠诚是"一个自由且道德的官员的最终堕落"，并宣称"若我必须属于什么党派才能进入天堂的话，那么我宁愿不进天堂"。[9]

杰斐逊在政党问题上的立场与他在奴隶制问题上的立场一样，似乎包含着一种非常深刻的矛盾。在两个问题上，他那种对外显得正直无比的立场——奴隶制必须被废除，政党是腐化共和主义价值的罪恶力量——都与其个人行为和政治利益相悖。而且在这两个问题上，杰斐逊都努力让自己相信，这种明显的矛盾不过是表面现象而已。就他积极在幕后参与 1800 年总统选举而言，杰斐逊真诚地相信，联邦党人的胜利就意味着"1776 年精神"的消泯。任何可以避免这种可怕结局的东西都应当是合理的。他之后多次否认了自己曾直接参与总统选举活动，以至于他自己都开始相信自己的谎言了。这就是为什么阿比盖尔毫不留情地拒绝他个人关于这个问题的说法会触动他的神经的原因所在。他不习惯于让自己的话受到质疑，让自己的种种借口被揭穿，哪怕由他自己来质疑和揭穿都不行。

他的第二桩罪行则更加针对个人了。这桩罪行就是，他

211

诽谤了一个被他视为长期朋友的人。他提供金钱给卡伦德，让他对亚当斯政府进行抨击，尽管他知道这些抨击都是对事实的严重歪曲。亚当斯没有什么当国王的野心，尽管他确实信仰一种强有力的总统形象。他并不希望与法国开战，尽管他确实认为美国的中立应当优先于法美之间的联盟。亚当斯在这两个问题上的立场都与华盛顿的政策偏好相一致。然而，与华盛顿不同的是，亚当斯有自己的政治弱点，杰斐逊利用了这些弱点来为自己争取政治上的优势。即使严重歪曲事实是由麦迪逊或者共和党内某个次要人物鼓动，那也足够恶毒了。但实际上是杰斐逊本人发动诽谤和扭曲事实的，因此这就不仅是恶毒，而且是彻底的背叛了。就好像汉密尔顿躲在幕后辱骂攻击伯尔一样，唯一不同的是，就亚当斯的情况而言，那些诽谤完全是不实之词，这使他可鄙可恶的程度更深了。若亚当斯是一个决斗规则的信仰者（实际上他不是，杰斐逊也不是），那么对他人格的诽谤可能就是促使他寻求在决斗场上用子弹说话的最好理由了。对合众国早期的高层政治人物来说，他们之间的关系完全是个人关系，这种关系建立在相互信任之上。因此，只要公共问题和私人问题纠缠在一起，这种关系就极易导致背叛。

杰斐逊或许认为阿比盖尔会将他们之间的通信给她丈夫看，然而亚当斯本人直到几个月之后才看到了这些信。看完，他写下了自己的评价："整个通信过程是在我毫不知情的情况下开始并持续的，今天早上在亚当斯夫人的请求下，我看了全部信件。此时此刻，我对它们没有任何评论意见。"此后八年，昆西和蒙蒂塞洛之间变得死一般的寂静。[10]

这段时间杰斐逊太忙了，根本无暇为失去一个朋友而感   212
到忧伤。他的第一个总统任期成为美国历史上最成功的总统
任期，其顶点是购买了路易斯安那地区（1803 年），这让美
国领土面积实际上扩大了一倍。然而，他的第二任期却是由
一系列内政灾难和外交失败组成，其顶点是臭名昭著的
《禁运法案》（1807 年），它给国内经济带来了重创，也没
有最终避免迫在眉睫的与英格兰交战。亚当斯对杰斐逊总统
的评价混合了对其政策的公正批评和对其个人品格的偏见：

> 杰斐逊先生有理由进行自我反思了。他将如何在自
> 己的退休生活中排遣懊悔之情，我不知道。他必须知
> 道，他离开时政府的情况比其上一任离开时要糟糕得
> 多，而且这都是拜他个人的错误与疏忽所赐。然而，我
> 希望他的望远镜和数学仪器能够给他带来幸福。但是若
> 我对他的野心没有估计错的话……他肯定会破釜沉
> 舟……我对他没有什么个人怨恨，尽管他让自己能够找
> 到的每一个我的敌人都获得了荣誉与薪资。[11]

尽管他勇敢做出了漠不关心、毫不在意的姿态，然而事实
上，亚当斯对杰斐逊逐步成为那个年代的主要人物之一的事
实耿耿于怀。根据亚当斯的记忆，杰斐逊在大陆会议上扮演
的是一个非常小的角色。而他，约翰·亚当斯，则发表了那

么多振奋人心的演说，这些演说最终让犹疑不决的同僚们决心与英格兰决裂。但与此同时，杰斐逊就像一个害羞的中学生一样躲在黑暗角落，完全被慑服了，"以至于在整个大陆会议过程中，我从来没有听到他一次连续说三句话"。然而，现在每年的独立日却使《独立宣言》的象征性意义在公众记忆中变得越来越重要，遮盖了更加混乱却更具历史真实性的事实，并让杰斐逊这个配角摇身一变，成了这出历史剧的主演明星。"如果历史上曾经有过什么非常事件，"亚当斯抱怨道，"有哪一次非常事件的效果能比得上杰斐逊撰写的《独立宣言》呢？"没错，杰斐逊是一流作家，这也是

213 他——约翰·亚当斯——最终选择杰斐逊来负责起草这份著名文件的主要原因之一。然而，杰斐逊并不是什么有权势之人，只不过是个起草人而已；他写下的那些文字，不过是让在大陆会议以及各殖民地立法机关盛行不衰的观念以一种热情奔放的方式表达出来而已。亚当斯实际上领导了大陆会议的辩论，最终促使这些文字得以通过。而当代表们修改他的文字时，杰斐逊只是沉默不语、表情阴郁地坐在那里。实际上不过是"舞台穿插表演"的东西，现在却在人们的记忆中神圣化了，并且俨然成了独立战争历史剧中的决定性时刻。"杰斐逊偷了舞台效果之后逃跑了，"亚当斯悲叹道，"整个舞台的辉煌也被他窃取了。"[12]

亚当斯不是那种默默忍受一切的人。他对杰斐逊的嫉妒是显而易见的，而且当他回忆过去的战斗岁月时，他那悸动的虚荣心就变得非常明显了。这种虚荣心让他将自己那些自

吹自擂的结论告诉像本杰明·拉什这样的心腹知己。最简单的事实是，除此之外，这位老迈的"昆西市圣人"已经别无他事可做了。杰斐逊忙于履行总统的一切职责，而且在退休期间还要完成两个主要计划——改造蒙蒂塞洛和建立弗吉尼亚大学。然而，亚当斯唯一的计划则深藏于自己的内心。他的关注点（实际上是迷恋）在于，把握自己记忆的内部结构，撰写一部亚当斯版本的美国历史，并让自己在美国的伟人祠内拥有一大片宽敞空间。

他正在进行我们现在所谓的心理疗法：安坐在壁炉旁、被他自嘲地称为"我的王座"的椅子上，与内心的魔鬼进行无休止的辩论。在努力撰写自传时，他不时地失去控制，使自传完全成了对政敌连篇累牍的猛烈攻击（毫不奇怪，汉密尔顿是主要攻击目标），而且当他意识到他写的东西不过是情感宣泄、缺乏一贯性的时候，这部自传已经结束了（严格说来是写到一半就结束了）。由于他的老朋友莫西·奥蒂斯·沃伦的三卷本《美国革命史》（1805 年）没有将他作为其中的主要人物，亚当斯对她大发脾气。沃伦也以牙还牙。"我是如此难以把握你写的那些段落的意思，对你杂乱无章地提到的愤怒、未经整理的信件也是如此迷茫，"她解释道，"以至于我根本不知道如何写下评论。"沃伦最后以一种非常严厉无情的结论结尾，说亚当斯与她的通信完全是一些散漫的言语冲动，是"我曾经见过的最为强词夺理、最为恶毒、最不切题的文字"。

亚当斯并没有因此而气馁，反而在《波士顿爱国者报》

214

（*Boston Patriot*）上发动了另一轮回忆录攻势，目的是要"让历史记录恢复本来面貌"。这马上又让他陷入一连串的情感爆发之中。"让那些蠢驴对这些东西嘶叫或者大笑不已吧，"他忤逆地宣称，"我已经准备好给我的批评者和敌人奉上足够的食物，满足他们那贪婪的胃口……我对他们的谩骂充耳不闻。"在为《波士顿爱国者报》撰写冗长的回忆文章时，他还将自己比作一只野兽，这只野兽"用自己的牙齿咬住了一根绳索的一端，滑轮转动将它慢慢往上拉，穿过爆竹和焰火风暴。它们不停地从它身边呼啸而过，发出耀眼的光亮"，然而，尽管"那令皮肤焦灼的火焰让它呻吟、悲痛、吼叫，它也绝不会放开绳索"。坦白讲，他在忙乱却徒劳无益的自我辩护中，已经让自己处于半疯狂状态了。他每一次恢复自己声誉的努力，都不过是肯定了汉密尔顿出版于 1800 年总统竞选期间那个臭名昭著的册子的真实性：亚当斯有着飘忽不定的本性，他往往无法控制自己的冲动情绪。[13]

1805 年亚当斯与本杰明·拉什恢复通信，他实际上在信中几乎承认了汉密尔顿的结论。"我的一生中，许多时候我的内心是如此焦躁不安，"亚当斯忏悔道，"以至于我根本就没有考虑到别人会从什么角度来看待我说的话、我的行为甚至我的文字……当生命终结时，我留下来的那些踪迹，我认为，肯定会让后代感到非常困惑和迷茫。"与拉什的通信持续了八年之久，这让亚当斯能够直面自己内心的魔鬼，并且在一系列通信往来中将它们驱逐。总体来看，这些通信

是他所有信件中最富有文采、最轻松愉快、最具有启示力量
的。拉什建议，他们不要讨论那些俗套的话题，而要交流各
自做的梦。[14]

　　亚当斯欣然接受了拉什的建议，并且宣布自己随时准备
"以梦还梦"，与老朋友展开竞赛。拉什最初讲了他在1790
年做的一个"奇怪的梦"，梦中一个疯狂的流浪汉向群众许
诺，他可以"唤来雨水和阳光，并可以让风从任何一个他
喜欢的角落吹来"。拉什将这个雄辩的疯子解释为一个象征　215
性形象，代表了这个新生国家中所有宣称能够塑造公众舆论
的政治领袖。亚当斯随后写信回应："我梦见，我站在凡尔
赛市旷野中心的断头台上，周围是两亿五千万集会者。"但
这些集会者不是人，它们都是"皇家动物园中的居民"，包
括狮子、大象、野猫、老鼠、松鼠、鲸鱼、鲨鱼等。当他开
始向它们宣讲"所有生物都应当遵循自由、平等和友爱原
则时"，它们却开始相互厮杀。最后，他被迫逃离现场，
"背部的衣服被扯下来了，而且从头到脚都可谓体无
完肤"。[15]

　　与这种关于潜意识的谈话相契合的是，亚当斯和拉什的
通信倾向于强调非理性者的力量。亚当斯回忆道，波士顿有
一个法国理发师，他用"轻微分裂"这个短语来表示有一
点疯狂的状态。"长久以来我都认为18世纪的哲学家以及
几乎所有的科学家和文学家都有一点'分裂'……而且太
阳、月亮和星星将它们那里的疯子送到这里来了。"亚当斯
以他对拉什一贯的轻松态度，写了一段自嘲的笑话结束了信

件："我必须告诉你，我的妻子看了放在我桌子上的这封信后，命令我告诉你，她'认为我的大脑也有点分裂'，我自己也几近于半癫半狂了。"[16]

亚当斯一生中都倾向于认为，世界是他内心纷扰的情感投射在"那里的存在"。与拉什诚实而亲密的通信，使这种投射得以无拘无束地展现出来。他向其他人提了一个问题——这个问题既尖锐又引人同情——似乎是一声发自内心的痛苦呐喊："我，可怜而无知的我，为什么偏要以不同于这个时代其他伟人的面目，站在后代面前呢？"在他与拉什每月一次的通信中，亚当斯自己给出了这个问题的答案。亚当斯和拉什的通信也有类似于《爱丽丝漫游奇境记》中疯帽子的特点，两个人交换着自己的故事，分享各自知晓的奇闻轶事，看起来就好像是"亚当斯和拉什漫游奇境记"一样。然而，这出喜剧的背后却掩藏着极为严肃认真的洞识。[17]

这种洞识在很早之前就被发掘和详述，它对被人们经历的历史和被人们记忆的历史进行了区分，这种区分在列夫·托尔斯泰的《战争与和平》中得到了最为著名的描写刻画。（这个核心洞见是：所有毫无裂缝的历史叙述都不过是后来建构而已，这种观念是对传统历史解释的后现代主义批判的核心。）在拉什的影响下和回应拉什梦中灵感的过程中，亚当斯认识到，那些将美国独立战争写成历史的人，优先考虑的是选择与戏剧模式完全契合的事件和英雄，从而歪曲了那些真正参与创造历史的人在彼时彼刻更混乱、更不连贯的体验。杰斐逊起草《独立宣言》一事就是此种戏剧化歪曲的一个完美例证。在这些浪漫的文字之中，美国独立战争成了魔术般的灵感时刻，它不可逆转地将人们带向美国独立这一必然结论。

然而，按照亚当斯的记忆，"1774～1778 年所有关于人与事的最为严峻的问题"都是极具争议性和高度不确定的，通常"都是由某一个州的投票决定，而且这一票往往也是被个人决定的"。对于萨拉托加战场上的士兵和费城走廊中的政治家来说，没有任何东西是显而易见的、不可避免的，甚至是可以理解的："当时的政策是碎裂斑驳的；过去如此，现在如此，未来也如此。"现实中的美国独立战争与亚当斯的记忆以及他灵魂深处的激荡不安完全一样，它们的实质都是混乱不堪的。这就意味着再现当时所有主要人物心中兴奋的恐惧感，即他们不过是摸着石头过河，在毁灭的边缘跳着即席创作的生死舞蹈。[18]

亚当斯在被解构的美国革命史上的权威源于这个无可争议的事实：他当时"身处缔造国家的现场"。从 1765 年的《印花税法案》到 1801 年从总统之位上退休，亚当斯一直都是其间大部分（若不是全部的话）关键时刻的参与者，而且他与所有的主要人物都有过亲身接触。这马上就让他所喜爱的天定真相揭露者的身份获得了高度的可信性，他已经准备好揭开隐藏在所有关于独立战争的激情描述背后的混乱现实。例如，对美国独立的支持从来都是脆弱的，它随着战场上的每一次成败左摇右摆，而这种成败往往纯粹是运气问题。又如，将国家首都建在波托马克河的决定实际上是一次密室交易，其中隐藏的讨价还价和贿赂是如此之多，以至于没有哪个人能够彻底披露整个事情的真相。[19]

同样，对所有这些伟人的英雄主义描绘都是一种浪漫主义歪曲。例如，富兰克林确实是一位杰出的科学家和散文大师，然而他同时也是一个思想空洞的政治家和冒牌的外交家：在巴黎时他将大部分时间用在去各种沙龙与年轻女士调情上。华盛顿是美国无可争议的鼻祖，然而他更像一名演员而不是领袖，他擅长于"以莎士比亚式的……优秀来进行富有戏剧性的表演"，摆出令人印象深刻的姿态。而且他读书少，很少亲自撰写讲稿，根据他的一位内阁成员的说法，他"不可能在不拼错单词的情况下写成一个完整的句子"。总而言之，那些弗吉尼亚人是高度理想化的历史叙事的主要受益者，尽管亚当斯曾说："高地上没有哪个家伙会比我所认识的每一个弗吉尼亚人更具排外情结了。"这些弗吉尼亚人同样也擅长利用亚当斯所谓的"吹嘘者"，或者按我们的话来说，"左右逢源者"或公关专家。"拉什，这些吹嘘者是唯一能够扼杀丑闻的人，"亚当斯这样写道，"你和我从来没有雇用他们，因此丑闻总是围绕在我们身边。"当拉什带着某种顽皮的口吻说，亚当斯本人享受到了联邦党内"吹嘘者"的支持，并特别提到了威廉·科贝特的时候，亚当斯说自己当时完全不知情。"现在我以我的荣誉和我们两人的真诚友谊做担保，我从来没有见过科贝特这个人的脸，而且即使我在我那只喝粥的碗里遇见他，我也不认识他。"[20]

最后这句话，不仅是亚当斯和拉什之间的典型逗笑，而且也暴露了潜伏在整个亚当斯阵营中的自我本位动机：要确立一种更为现实的、非神化的美国独立战争历史。尽管亚当斯对这种被解构的历史的坚持，毫无疑问是一种智识上早熟的体现，然而同样毫无疑问的是，亚当斯打破戏剧化描述独立战争年代的动机在于他那受到伤害的虚荣心。直接说来，那种历史叙述没有让他在其中扮演主要角色。从本质上说，他对那些已被人们知晓和认作史实的虚构历史的批判，就像一次打碎所有雕像的运动；他之所以这样做，是因为雕刻家未能把他的雕像刻画得惟妙惟肖。

此外，亚当斯天生就能够对历史、对自己的生活，甚至对任何东西进行解构主义阐释。他就是以这种方式来看待世界的。从脾性上说，他是冲动的、易怒的，在本质上就喜欢挖苦讽刺。他发表的所有政治哲学类著作，包括《为美利坚合众国宪法辩护》和《与戴维拉对话集》，以及他未出版的自传，都缺乏连续一贯的形式。它们不像是著作，而更像是笔记，里面充满了对自己内心对话的散漫叙述，这些对话都会从难以预料的角度引出另外的对话。他最坚定的敌人——主要是富兰克林和汉密尔顿——称他思想上的飘忽不定是他患有心理疾病的表现。最近一些研究表明，亚当斯的问题出在身体上：他可能患有甲状腺功能亢进。然而，就我们的目的而言，分析造成这种状况的根源的重要性不及系统说明这种状况：他天生就没有能力将自己的思想与他对这些思想的感受分割开来，这致使他不信任任何对人类行为的纯粹理性描述，因为这种描述与他内心更热情躁动的情绪是不相容的。正如他对拉什所说的那样："不要自己欺骗自己了，法国乃至整个欧洲都没有什么老修道士能够无动于衷地看着一朵正在盛开的鲜花般的年轻处女。"正是这种内心的躁动让他更倾向于认为，所有宣扬某种道德的且充满着传奇色彩的英雄人物的完美叙述或故事，都不过是彻底的虚构。就像自然界不存在绝对直线一样，此类东西对他而言也是根本不存在的。[21]

然而，对于他以前的朋友、居住在蒙蒂塞洛的杰斐逊来说，这些东西确实是存在的。在成年生活的大部分时间中，杰斐逊一直致力于让自己的头脑和心灵处于其个性的不同区域。自 1807 年开始，杰斐逊的名字开始不时出现在亚当斯写给拉什的信件中。在此之前，杰斐逊一直是一个不可涉及的禁忌话题。当拉什让亚当斯谈谈他与杰斐逊在独立战争早期的合作关系时，亚当斯说了一个经典的否定句。"当你说现今世界上没有哪个人比我更了解杰斐逊时，你真的是大错特错了，"亚当斯强调道，"我几乎对他一无所知。"然而，亚当斯逐渐让杰斐逊溜进了他们的对话之中，并说杰斐逊谜一般的性格注定要让他占据历史书的很大篇幅。[22]

219　　他回忆了 1793 年杰斐逊从华盛顿政府退休的情景，说这明显是一次非常精明的战术撤退，目的是要为自己最终登上"金字塔的顶端"（也就是担任总统）做好准备。然而，共和党人的新闻报纸却将之描述成一种"毫无野心、毫不贪婪、大公无私的"举动。不知何故，杰斐逊甚至能够劝

说自己真心相信，他不仅可以不受任何诱惑影响，而且能够
幸福地隐居于蒙蒂塞洛的山顶之上。"当一个人拥有两个庞
大政党之一，而且他所属政党竭力宣称他为人大公无私
时，"亚当斯惊奇地说道，"甚至那些认为这种说法不过是
一种谎言的人，也会因为他们如此频繁地重复这种观点而最
终相信它是真的了。"[23]

1790 年代末，同一种模式又奏效了，当时杰斐逊接受
了关于欧洲事务的两个错误观念。其中之一是，杰斐逊认为
英格兰正在"摇摇晃晃地衰落下去"，它的经济正在崩溃，
而且"肯定马上就会陷入破产，从而无法保持其海军优
势"。第二个错误观念是——"这个观念更加错误也更加致
命"——法兰西代表未来的发展趋势，它"会建立一个自
由的共和政府，甚至一种堪为典范的民主制，君主制和贵族
制将被永远废除"，所有这些都将和平地、不流血地发生。
事实证明，在这两个问题上杰斐逊都犯了错。而且，亚当斯
对杰斐逊的两种观点均表示了不赞同，并被证明是正确的。
然而，尽管杰斐逊过分低估了英格兰，同时过分高估了法兰
西，他的声誉和受欢迎度却与日俱增。"我肯定会记得这一
点的，"亚当斯回忆道，"因为我对法国大革命的观点使我
遭到了在独立战争年代结识的所有朋友的冷遇，他们都倾向
于站在杰斐逊那边。我的观点使人们对我攻击谩骂，竭尽诋
毁之能事，但同时对杰斐逊先生赞颂有加。"

看起来，杰斐逊再一次成为理想化历史的主要受益人
了。这部分是因为他的自我欺骗能力能让他以绝对的真诚否

认其灵魂深处潜伏的虚荣心和野心，部分是因为塑造了他所有政治思想的道德范畴与历史写作所要求的浪漫化笔法完美契合。这些道德范畴是彻头彻尾的幻觉——比如，法国大革命并不是美国独立战争在欧洲大陆的翻版——这个事实，似乎并没有另一个事实重要：这些范畴确立了一种强大的、极具诱惑力的神话，这种神话比混乱的现实更有吸引力。两面手腕与自己性情的复杂结合让杰斐逊成了信仰意志的化身。他逐渐开始相信自己的意念，因此他并不是活在谎言之中，而是活在虚构之中。[24]

220

亚当斯已经开始认定自己正好就是杰斐逊的对立面。"没有人会为我建陵墓或者纪念雕像，"他无可奈何地写道，"没有人会为我撰写歌功颂德的传奇历史，或者说些谄媚颂扬的话语，让我能够以光彩夺目的面貌示于后人。而且，我也无法以我的真实面目示于后人。所有这些，除了最后一点之外，都是我所深恶痛绝的。"要直面不具吸引力的现实是需要时间的，亚当斯在整整嚷叫了十年之后才认识到这一点。现在，亚当斯因与拉什共同将绝望编织成喜剧而感到如释重负。然而，亚当斯认识到这一点也是自然而然之事，因为他将自己的整个职业生涯用来向所有人宣讲那种不吸引人的现实。如果说杰斐逊似乎注定要向人们讲述他们希望听到的甜言蜜语，那么亚当斯现在承认自己担负着与之相反的使命：将他们应当知道的东西告诉他们。[25]

这就是亚当斯在 1809 年听天由命却苦乐参半的心情，当时拉什还没有向他报告自己最为奇异的梦。他梦见亚当斯给杰斐逊写了一封短信，祝贺他最近离开了公共生活。杰斐逊也以同样的大度回应了亚当斯的宽宏大量。这两位伟大的政治家在最后几年中又恢复了通信，坦承他们各自都有错误与缺点，并交流了他们各自对美国独立战争的理解，最终修复了曾经辉煌的伟大友谊。接着这两个哲学王"几乎同时步入坟墓，他们都很长寿，一同享受着祖国对他们的感激和赞誉……在他们无数的功绩和荣誉之上，后人又加上了一点：他们既是对手，也是朋友"。[26]

亚当斯马上回了信。"又是一场梦！我对你做这样的梦没有反对意见，只不过这不是历史。或许它会是一种预言。"接着他以挖苦讽刺的态度开始陈述他与杰斐逊的关系，并宣称"我与我所了解的杰斐逊之间的友谊从来没有过哪怕极为短暂的中断"。不失时机地说了这个谎之后，亚当斯又滑稽地逞强起来："你应当记得，杰斐逊对我来说不过是个孩子。我比他至少年长十岁，在政治生活上比他至少年长二十岁。我敢说，我是他的政治导师，而且他整个政治生活中的全部善行都是我教给他的。"有谁会记自己学生的仇呢？另外，考虑到杰斐逊的晚辈地位，由杰斐逊来主动做出和解姿态，难道不是更合适吗？"若我收到他寄过来的信，"亚当斯最后尖刻地说道，"我肯定会确认我收到了这样一封信，并给他回信。"总而言之，杰斐逊必须先伸出和解之手。[27]

这种情况不会发生。拉什同时也与杰斐逊保持通信联络，以某种带有误导性的方式对杰斐逊说，亚当斯表示渴求

221

与他和解，而且所剩时日已经不多了。"我敢肯定，如果你
能够先做出表示，亚当斯先生的心一定会为之感动，"拉什
解释道，"现在他已经摇摇晃晃地走到了坟墓边上，他希望
倚靠在自己的革命朋友的肩膀上。"但是，杰斐逊不会上
钩，他认定这次如果与亚当斯通信，结果肯定会和上次与阿
比盖尔通信一样：当时他恢复友谊的努力遭到了阿比盖尔的
断然拒绝。现在是轮到亚当斯来消除隔阂的时候了。随后两
年的情形一直如此：这两位圣人都绕着圈子，像老迈的狗一
样在他们自己的土地边缘吠个不停，用鼻子嗅着和解的可能
性，但就是不愿意主动缩短他们之间的距离。[28]

　　1811 年二人之间的距离缩短了：当时爱德华·科尔斯
（杰斐逊的一个门徒）试图劝说他的导师采取一种更直接和
更坚定的废奴立场，结果证明这是徒劳无益的，于是他就到
昆西市拜访亚当斯。亚当斯放出话来让人知道，他与杰斐逊
先生的政治分歧从来没有影响过他对杰斐逊的友情。"我过
去一直都喜爱杰斐逊，"他告诉科尔斯，"而且依然喜爱
他。"当关于此次会面的消息传到杰斐逊耳朵里的时候（不
出亚当斯所料），杰斐逊就宣布自己已经转变了。"这对我
而言已经足够了。"他在给拉什的信中这样写道。他又补充
说，他知道亚当斯"从来都是一个诚实的人，而且许多情
况下都是一个伟大的人，只是在某些做出判断的时候有些仓
促并犯下错误"。后面这句转折将前面那句话缩小的隔阂又
扩大了一些。杰斐逊继续说道，"除了政治观点这个唯一例
外之外"，他总是看重亚当斯的判断——此时，他们之间的

隔阂就变成了不可逾越的鸿沟。因为这句话无异于说，教皇在其他方面是从来不会错的，不过在道德和宗教信仰问题上是个例外。[29]

在 1811 年圣诞节，亚当斯写信给拉什，说他完全清楚拉什正在好心充当他和杰斐逊的中间人。"我清楚知道，拉什，你正在恳求杰斐逊给我写信，就像你正在恳求我向他写信一样。"亚当斯还知道拉什会将自己的信编辑之后再发给杰斐逊，删去了其中可能具有冒犯性的段落。在这封圣诞节信件中，亚当斯回顾了他与杰斐逊的全部政治分歧，谈到了几个严重的争论（比如，"客籍法和煽动叛乱法案"、法国大革命、美国海军等），还轻松谈论了他们两人的差别（例如，亚当斯担任总统时每周只举行一次招待会，而杰斐逊总统的整个任期就是一个大招待会；杰斐逊认为自由偏爱直发，而亚当斯则认为卷发"和直发一样都是共和主义的"。）这就是亚当斯希望转达给杰斐逊的基调：依然对杰斐逊的原则和政策持有怀疑和异议，但是完全能够以幽默和外交家式的冷静来控制自己的对话；火依然在燃烧，但独立战争那一代人的大火山至少已经平息下来了。[30]

最终，走出决定性一步的是亚当斯。1812 年 1 月 1 日，一封简短但真诚的信从昆西市飞到蒙蒂塞洛，转达了一些关于亚当斯家庭的消息，并提到另外寄来的包着"两件家庭手工品"的包裹。拉什当时异常兴奋，而且完全相信他已经成功促成了一次伟大的和解。"我对你和你的老朋友杰斐逊之间的通信感到十分欣喜，"他带着胜利的骄傲向亚当斯

222

宣布，"我认为你和他是美国独立战争一北一南两大支柱。有人发表演说，有人撰写文章，有人投入战斗来推动独立战争，然而你和杰斐逊却为我们所有人而思考着。"亚当斯以祝贺的口吻回信，将自己的自豪掩盖在笑话面具和非常具有欺骗性的伪装之下："你的梦已经结束了……然而你的预言却已经实现了！你创造了奇迹！你让从来就没有相互仇恨的两大力量和解了……简而言之，拜你的魔法所赐，居住在昆西市和蒙蒂塞洛的两个强大的、颓败的君主，现在又复活了。"之后，亚当斯又故意以同样诙谐的口吻开始将他在昆西市的住所称为"蒙蒂奇洛"，他说它的意思是"非常小的山峰"，这样称呼的目的是尊重杰斐逊的"蒙蒂塞洛"，因为其意为"小山峰"。他坚持认为，拉什在让他和杰斐逊复合上实际并不需要做那么多。没有任何重大的、具有历史意义的东西处在危险之中。"它不过是一个水手遇见了自己失踪了二十五年的水手兄弟，"亚当斯开玩笑地说道，"于是打了一声招呼：'你最近如何，杰克？'"[31]

再没有什么东西比这更远离真实情况了。亚当斯生生不息的虚荣心，没错，现在已经得到了某种控制。但是，他对他们二人友谊出现过裂痕的否认（难道有过什么破裂和背叛吗？），明显是一种虚张声势的姿态。甚至在他们恢复通信往来初期，就已经暴露了他们掩藏在表面之下的紧张关系。杰斐逊原以为——这是合情合理的——所谓的"两件家庭手工品"指的是亚当斯家里自己织的两块布料，既是美国经济应对英格兰封锁的象征，也是对他们过去一起加入

223

美国独立运动的美好时光的恰当暗示。因此，杰斐逊在回信中就大谈特谈家庭手工业的好处，以及对 1760 年代抵制英货运动的美好回忆，可是最后他却发现亚当斯所谓的"家庭手工品"不过是一个隐喻而已。他送来的礼物原来是约翰·昆西·亚当斯最近完成的两卷本著作《论修辞与辩论》。

那么，为什么亚当斯最后会迈出这么重大的一步呢？这一步使他和杰斐逊在此后的十四年间一共写了 158 封信，它们被普遍认为代表着独立战争那一代人最高的智识水平，同时也是著名美国政治家通信中最令人难忘的信件。这些通信往来所依赖的友谊和信任实际上到 1812 年还尚未恢复。那么，到底是什么原因促使亚当斯将自己的手伸过昆西市和蒙蒂塞洛之间的裂缝，而且针对杰斐逊的每封信，亚当斯都会写两封以上的信来回应？

我们能够想到两个有所交叠却又相互冲突的答案。第一，两人之间还有许多事情没有了结，而且两人都认识到，他们对何为美国独立战争真义这一问题有着完全不同的结论。亚当斯认为，杰斐逊版本的历史尽管是误入歧途的，但注定要主导历史书籍。与杰斐逊恢复通信就使他有机会对杰斐逊的观点提出挑战，并且用几乎肯定也会成为历史资料的书面文字来提出挑战。亚当斯在早期一封信中写道："在各自向对方完全清楚解释了自己之前，你和我都不应当死去。"但是两个人都知道，他们不仅是在给对方写信，也是在给后代写信。[32]

224   第二，这种和解以及之后的通信让亚当斯可以与杰斐逊一道，成为独立战争这部历史剧最后一幕的明星。亚当斯在退休后的大部分时间中都对这种计谋谴责不已，认为这是对历史的巨大歪曲。然而，也是在同一时期，他对这种计谋能给愿以神秘姿态示于后人的任何人所带来的巨大好处，惊讶不已。只要他能克制自己，只要他可以说一些历史希望听到的话，只要他可以像一尊活雕像一样让自己融入这种历史模式之中，那么他就还有可能赢得通向不朽的门票。

    亚当斯和杰斐逊内心都知道他们各自所扮演的角色，而且清楚他们是一对已经退休、没有野心、无可争议的西塞罗式元老。我们可以从多个层次来解释他们在 1812～1826 年的对话，然而它们在现代之所以还有吸引力，主要是因为这种对话的挽歌式语调：两位伟人以老练的宁静回望着他们缔造的美国独立战争，传达他们对所有永恒话题的内心独白，超越二人的政治分歧进行对话，超越时代向我们说话。如果我们在内心勾勒出一幅图景来展示这种对话，那么杰斐逊肯定以他雕像般的姿态挺拔地站在那里，双臂习惯性地交叉在胸前，而比他矮得多的亚当斯则在他身边不停地踱来踱去，情绪紧张而动作丰富，仰着头对天空说个不停，偶尔停下脚步，抓住杰斐逊的衣领，向他表达一个不相关、不切题的观点。

    当然，这种虚构的场景马上就会招致我们的批评。（以亚当斯的话来说，这不是历史，而是神话传奇。）然而，出于几个原因，我们无法断然否定这种略带消遣意味的描述。
首先，他们之间的友谊确实恢复了，而且在通信往来的过程
中，他们也确实达成了和解。这方面的关键证据来得比较
晚，出现于1823年，当时杰斐逊就报纸上的一系列信件做
出了回应。这些信是亚当斯很早之前写的，它们将杰斐逊说
成一个口是心非的党派主义政客。"请放心，我亲爱的先
生，"杰斐逊写信给亚当斯，"我现在对那种试图将荆棘种
在年龄、价值和智慧之上，将毒麦种在两个已经交往了近半
个世纪的人之间的卑劣做法，已经不会有哪怕最肤浅的印象
了。恳求你也不要让你的心灵被破坏安宁的邪恶行为所打
扰，请你将之抛在脑后吧。"亚当斯当时异常欣喜。他坚持
要在早餐桌前将杰斐逊的来信大声念给所有家人听，并称
"这是写得最好的一封信……我期望收到的就是这样一封
信，只不过它比我所期望的表达还要好"。他以亚当斯式的
结尾结束了回信，说要"抵制政治家那种喜好抱怨的、焦
躁不安的情感迸发"。最后，他签下："J. A.。现在已经八
十九岁高龄了，他太胖了，因此不大可能再活多久了。"很
明显，这可不是什么精心安排的伎俩。以前的相互信任已经
完全恢复了。[33]

　　其次，这种对话是以几乎不可能的对等方式结束的，这
使得整个故事以及讲述故事的方式，笼罩在一种戏剧性的奇
特效果之下。拉什曾预言，这两位国家元老会达成和解，最
后"几乎同时"步入坟墓。然而，他们两个人离去的时间
比拉什所想的还要一致。（没有哪个严肃的小说家敢于设想

225

这样的结局。）实际上，他们在相隔不到五小时的时间内相继去世，那天是 1776 年向全世界宣布《独立宣言》的五十周年纪念日，而且他们去世的时刻几乎就是《独立宣言》被宣布的时刻。你可以称这是一个奇迹，是一个意外，或者说这是两颗强大的心灵刻意按照戏剧脚本规定的时间同时死去。无论如何，历史就这样发生了。

最后，他们之间的通信可以被看作两个端坐在奥林匹斯山上的神之间的漫长对话，因为他们都决心给人以这种印象。"年老之后的喋喋不休到底要将我带到哪里去呢？"杰斐逊带着修辞色彩地问道，"带到政治之中，可是我已经彻底离开了它……我已经放弃报纸，代之以塔西佗和修昔底德、牛顿和欧几里得；我发现自己现在更加幸福了。"亚当斯后来以展示自己的经典作品阅读史和文学天赋的方式回信道："我经常阅读修昔底德和塔西佗，而且是从很早就开始（这些作品的风格是那么典雅、深刻而迷人），现在我已经厌倦了它们。"接着，亚当斯开玩笑说："我的'老年絮叨多话'狠狠地报复了你的'老年喋喋不休'。"[34]

他们之间许多最令人难忘的通信没有任何刻意表演或做作的痕迹，因为有很多话题可以让这两位圣人安全谈论而不发生冲突，并且让他们充分展示自己的语言才能。毕竟，他们是那个时代最有成就的写信人；他们在漫长的职业生涯中已经在写字桌前形成了自己独特的行文风格，而且这种风格可以完美地表现他们不同的个性。因此，杰斐逊以华丽的方式描述了人的老化过程以及消殒。"但是我们这两台机器已

226

经运行了七十年或者八十年之久,"他这样恬淡地写道,
"而且我们必须认识到,这两台机器已经损耗很大,这一个
中轴,那一个轮子;现在一个齿轮,待会儿一个弹簧就会脱
落。不论我们能够怎样修补它们以再坚持一会儿,我们两个
人最后都会停止运转。"亚当斯以类似的方式回了信,不过
另外加了一些说明。"我有时候担心'我这台机器'不会足
够快地'停止运转',因为我最害怕的就是'死在后面'。"
这句话的意思是,他害怕自己变得年老糊涂,从而成为家庭
的负担。他接着开始"斥骂"杰斐逊,说他现在已经像老
头那样说话了。所有在《独立宣言》上签字的人中,"你是
最年轻的,而且在心力和体力上都是最具活力的",因此最
有可能成为最后的幸存者。就像家里最后一个上床睡觉的人
一样,杰斐逊必须负责将炉火熄灭,"并用壁炉中的灰盖住
木炭"。[35]

　　大部分现代读者通过阅读这些信件,能够充分感受到杰
斐逊的笔杆子才能,因此当他们发现亚当斯实际上更加善
辩,说出了一些最可引用的话时,未免会有些吃惊。例如,
在杰斐逊长篇叙述了北美大陆印第安人的起源之后,亚当斯
否认了有关这片大陆最初居民的所有理论:"我认为是一个
回头浪子在与他的女友欢闹嬉戏的过程中,搭乘海燕蛋壳船
来到了美利坚,自此将他们的恋情之果在这里散播开来。"
当杰斐逊认为应当发展一种本土语言,并认为它应该源于田
野乡间,而不是像塞缪尔·约翰逊这样的人编纂的英文词典
时,亚当斯的回信可谓火花四溅。在他看来,所有英国人编

纂的字典都是美国独立战争彻底摧毁的不列颠暴政的遗迹。
"我们不再受约翰逊编纂的词典的约束，"他宣称，"正如我
们已经不受英格兰教会法的约束一样。"塞缪尔·约翰逊有
什么权利来否定约翰·亚当斯拥有创造词汇的自由呢？他坚
持认为："就像这个学究式的犬儒学者兼僧侣一样，我同样
有权发明新单词。"[36]

就措辞而言，亚当斯的辛辣在二人通信中更加令人印象
深刻，这部分是因为亚当斯本人在这种交流的投入比杰斐逊
要多。他之所以写下了更多值得传诵的段落，是因为他写得
更多。当来自昆西市的信件洪水似乎要淹没蒙蒂塞洛时，他
为如此频繁、高产地写信而向杰斐逊道歉。杰斐逊反过来也
道歉说，他每年收到的信件超过 1.2 万封，而且所有信件都
要求他回复，因此要让他跟上亚当斯的步伐是很困难的。亚
当斯回信说，他收到的信件只是杰斐逊收到的一小部分，而
且他对大部分信都不会回复，这使得他可以将自己那日益衰
弱的精力集中在杰斐逊这边。

除了纯粹的信件数量之外，亚当斯的信中所表露出来的
活力反映了他更好斗也更敢于对抗的脾性。杰斐逊的风格是
流畅、抒情、抑扬顿挫而且节奏优美的。对他而言，词语就
像掠过纸面让自己冷静下来的微风。然而，亚当斯的风格却
是兴奋、跳跃、大喊大叫而且淘气顽皮的。对他来说，词语
就像被用来刺穿纸张或者在它们上方绚烂引爆的武器一样。
尽管亚当斯写出了许多广为传颂的警句式段落，然而他的风
格对于保持外交礼节来说，再糟糕不过了。杰斐逊则能够保

持克制，直到最后也坚持了自己的哲学王角色。如果一切由杰斐逊来设计，那么他们二人之间半神半人式的对话肯定能够完美诠释为后代表演一出舞台剧的核心要义。然而，尽管亚当斯也发誓要保持西塞罗式的平静心态，但从天性上来说，他没有能力扮演这种角色。对他而言，唯一有意义的对话就是辩论，最终他和杰斐逊的对话也变成了一种辩论。这一点是理解这次对话的历史意义的最佳途径。

亚当斯在一年多的时间中一直表现良好。不过也有一些小风暴，主要是他讥讽杰斐逊未能让国家为 1812 年的战争做好准备，特别是在建设海军上过于疏忽大意。建设强大的海军一直是亚当斯最大的心愿。杰斐逊永远都保持着外交风范，他从来没有明确承认亚当斯建立强大海军的观点是正确的。但当战争早期美国舰队在海上打赢了一些战斗时，杰斐逊客气地说："我们小规模海军所取得的胜利……更应该归功于你而不是其他大多数人，因为你是最早也是坚持提倡建立海防力量的人。"那些带有火药味的问题已经被过去的岁月尘封。两个人都知道，触动它们会让好不容易达成的和解又陷入危险之境。[37]

228

亚当斯第一次生气爆发是在 1813 年 6 月，而且在之后的六个月中不断地爆发。（亚当斯写了 36 封信，而杰斐逊只写了 5 封信。）使亚当斯爆发的导火线，是杰斐逊于 1801 年写给约瑟夫·普里斯特利的一封信被公开发表。约瑟夫·普里斯特利是英国科学家、著名的神学家。那封信中，杰斐逊顺便提到了亚当斯，说他思想落后，反对任何形式的进步，是"古董"而不是"现代人"。"你在那封写给普里斯特利博士的信中提到的你对我的看法，我表示完全不赞同，"亚当斯抗议道，"而且我强烈要求你提供证据。"杰斐逊察觉到亚当斯已经处在爆发边缘，并给他写了一封很长的回信。那封给普里斯特利的信是"一封秘密信件"，"我从来没有打算以它来扰乱公众的心神"。他提醒亚当斯，当时党派间战斗如火如荼，二人都曾过激地贬低对方。而且，当时他的真正指向是联邦党人，那些人将他关于政府的思想污蔑为危险的妄想。[38]

接着，杰斐逊做了一次至关重要的坦白，并说了几句类似道歉的话。亚当斯之所以成为批评的目标，是因为他是联邦党人的领袖。然而，杰斐逊从来都清楚，不能将老套的党派思路套在亚当斯头上。"我恰巧把你点了出来，尽管整封信表明我心中想的只是那些联邦党人，"杰斐逊这样解释道，"事实上，我亲爱的先生，我们从来都没有认为你是我们所指责的那些措施的始作俑者。这些措施被放在你名字的保护伞下，而我们当时确信他们这些人非常需要得到你的认可。"（请注意这里用了"我们"，相当于间接承认这是共和党有组织的一次运动。）实际上，亚当斯不过是恰巧出现在共和党的火力之中罢了，而这些火力本来是指向联邦党人的汉密尔顿派系。"因此，你将会极大地冤枉我，"杰斐逊最后说道，"如果你认定那些针对你之前的秘密敌人和现在的公开敌人的攻击，是对你的攻击。"[39]

　　杰斐逊的解释简直精巧机敏至极。这种解释将他们友谊的破裂归咎于汉密尔顿一派,杰斐逊很清楚亚当斯对这些人是深恶痛绝的;接着,他让亚当斯与他一起,至少是事后一起,站到那次辩论的共和党人一边。当然,亚当斯的问题是,他从来不愿意与任何党派站在一起。实际上,他从来都以道德楷模自居,认为自己是华盛顿那种半君主式的行政首脑,超越任何党派。杰斐逊这封信的明显(若说未明说的话)意思是,这种令人羡慕的姿态在美国政治生活中已经没有立身之所了。亚当斯让自己陷入了新情况下党派主义火力交锋之中。最重要的是,从友谊角度来说,杰斐逊承认他对亚当斯的幕后批评确实是一种刻意歪曲。尽管这并不能算作真正的道歉(实际上,是他无法控制的力量命令他做出了这种歪曲行为),但至少是一次重大的让步。

　　亚当斯的本能反应是,马上发射几轮能够阐明真相的炮弹,揭露杰斐逊对他担任总统期间的不实描述(这些不实之处已经被杰斐逊承认了)。亚当斯写道:"在这封信中,除了让你我满足之外,我没有其他什么想法。"他又补充说:"我的声誉在过去五十年中,已经成了公众嘲笑的对象,而且也将成为后代人嘲笑的对象,我已经认定我的声誉不过是一个小小的气泡,飘荡在夏日变幻无常的空气之中。"杰斐逊曾提到,"外侨和叛乱法"是两个党派相互憎恨的元凶。"由于你的名字要作为副总统出现在那些法律中,"亚当斯说道,"我的名字则是作为总统出现,因此,我不明白为什么你不应当像我那样对它们承担责任。"杰斐

229

逊用了"恐怖主义"这个词来表述 1790 年代末高度紧张的氛围。亚当斯于是疯狂地回忆起当时围住其住所的群众，抗议他向法国派遣和谈使团。"我毫不怀疑当时你已经熟睡在哲学的宁静中了，"亚当斯尖刻地写道，"可当时有 1 万人（甚至比这更多）正在费城街头游行……你认为到底什么是恐怖主义呢，杰斐逊先生？"杰斐逊将党派争斗的主要责任推到了汉密尔顿一派头上，然而亚当斯则认为双方应当各打五十大板。"两党都人为地挑起了恐怖行为，"他最后写道，"而且若我被当作一名证人传唤并宣誓作证的话，那么除了以这种粗俗的话——'将他们都装进袋子里，然后不停地摇晃袋子，看看谁能先出来'——来回答之外，我无法再给出更真诚的回答了。"不论对杰斐逊而言这看起来是多么不合时宜，约翰·亚当斯已经决定以藐视一切政党政治的态度步入坟墓。[40]

这是他们之间通信的决定性时刻。1813 年夏季，对话已经不再是两位国家元老之间的静态图景，而变成了对独立战争遗产的两种不同理解之间的竞争。所有以前不可讨论的话题现在都已经摆到桌面上来，因为他们之间的信任在一定程度上已经得以恢复。亚当斯灵魂的最佳引导者永远是阿比盖尔。7 月 15 日，她将一个短笺附在了丈夫的信中，这是自她九年前与杰斐逊关系破裂之后，第一次与杰斐逊通信。"已经有好些日子了，我都一直希望在我丈夫的信中找个地方附上一个老朋友的问候，"她这样写道，"自我们相识以来，不论经历了什么变化和曲折，我一直都珍视并保存着我们之间的友谊。我将永远是你真诚的阿·亚当斯。"阿比盖尔的话像以往一样，是最为可靠的信号。杰斐逊已经被宽恕了。二人之间的友谊尽管已经封存了很久，却从来没有完全死去。这种已经恢复过来的友爱和信任之感，已经使他们可以按照亚当斯之前的那句宣言行事了：在向对方完全清楚地解释了自己之前，你和我都不应当死去。[41]

　　尽管亚当斯确定了之后对话的基调，然而是杰斐逊在不经意间为对话提供了一个更大范围的框架，辩论就是在这种大框架下展开的。他实际上一直在修正自己在给普里斯特利的信中将亚当斯说成"古董"的不公正评价。现在他希望向世人表明，他同意亚当斯的观点：尽管科学的进步是无可争议的，然而某些政治原则却是永恒的真理，这种真理不仅古人明白，而且现代人也清楚。"现在搅动美利坚合众国的政治党派，亘古以来就已经存在了，"他这样写道，"而且事实上，辉格党和托利党这两个术语不仅适合于人类文明史，而且也适用于自然。这两个词指明了不同个体的不同脾性、特质和心灵。"这是不是杰斐逊在迂回曲折地表明，他和亚当斯实际上是在进行一种永恒的政治辩论呢？我们顺着这封长信往下看就会清楚，杰斐逊实际上是试图将他与亚当斯的友谊和最后一次对抗置于一个更大的背景之中，用更为客观的历史透镜来审视它们。[42]

　　按照杰斐逊的说法，亚当斯和杰斐逊过去是肩并肩地与亲英分子战斗，并且作为一个有活力的团队共同在欧洲为美国服务，接着又返回美国，共同在新的联邦政府中供职。之 231

后，那种经典的分化又出现了：

> 分歧又一次出现了，我们分裂成两个不同的政党，每一方都希望让政府沿着不同的方向前进。其中一个方向是加强最平民化的那个部门，另一个则是加强那些更贵族化的部门，并扩大它们的管辖权。在这里，你我第一次分裂了。而且，由于你我进入公共生活的时间比大部分人都要长，由于我们的名字对于国人来说更为熟悉，那个认为你的思想与他们一致的政党就将你的名字写在了最上方，另一个政党则出于同样的原因选择了我的名字……由于我们消极地成为公众讨论的对象，我们自己受了伤害（这一点你已经表达得淋漓尽致了）。而这些讨论，不论是关于人、事或者观点，都是两党以仇视、尖刻、不体面的方式进行的，目前为止还没有比这更恶劣的情况出现……对我而言，从政府第一次在世界上出现到目前为止，意见的不同以及政党的分歧就一直存在。这种不同与分歧目前已经将我们的国家在同一个问题上分裂成不同的派别，这种不同与分歧在未来也将永远存在——每个人都是根据自身的特质和所处的具体环境，来决定是站在多数人一边，还是少数人一边。[43]

这就是杰斐逊的经典看法。他质朴优美的叙述结构使这一点变得更加清楚了：亚当斯佩服杰斐逊让自己融入对未来历史学家来说具有无限吸引力的历史路线之中，是绝对正确的。

杰斐逊从来都是以二分法来看待这个世界：辉格党对托利党，现代人对古代人，美国对欧洲，乡村对城市，白人对黑人。我们可以继续列举下去，但均为非黑即白，没有任何其他中间形态。亚当斯所谓的喜剧实际上是一出情节剧。杰斐逊现在告诉亚当斯的那个版本则将联邦党人刻画成现代亲英的托利党人，是他们出卖了美国独立战争的巨大遗产，他们就是"少数"特权者的腐朽保护人，联合起来公然对抗杰斐逊领导的"多数"。

但是这怎么可能呢？甚至杰斐逊自己也承认亚当斯并不 232
契合这种严格的分析公式。"若你的目标和观点被误解了，"杰斐逊指出，"若其他人的措施和原则被错误地归咎于你的身上——我认为确实如此——那么你应当对它们做出解释，你应当为自己讨回公道。"一言以蔽之，若亚当斯有不同的话要说，若他从他们共同经历的历史旋涡中看到了不同的模式，那么他应当将之记录下来，留给后人去评判。[44]

当然，亚当斯过去十多年来试图做的正是这些。而且，正如我们已经看到的那样，他努力的成果是无数让人迷惑不解、充满痛苦的抗议，永无止境的长篇斥骂，以及受损自尊的无畏展示，所有这些都导向一个非常让人不安的结论：除了由伪装成历史学家的小说家虚构出来的模式之外，根本就没有什么其他模式。亚当斯那种与杰斐逊不同的叙述，在他用无数词语叠砌的云雾之中若隐若现。泾渭分明的辉格党和托利党与亚当斯对 1770 年代政治形势的理解是不相符的。根据他的猜测，大约有 1/3 到 1/2 的美国人对政治是漠不关心的，只知道随波逐流。1790 年代的分裂也与杰斐逊所言不同，因为那些支持和反对建立一个更为强大的联邦政府的人实际上都是辉格党人。毫无疑问，华盛顿和他都没有认为自己是独立事业的背叛者。他们认为联邦党人的计划是切实实现美国独立而不是背叛。杰斐逊对"少数"和"多数"的区分除了具有讽刺意义之外——只有少数弗吉尼亚人愿意触碰那个塑造了他们的生活、创造了他们的财富，并将一条漫长的阴影投射在他们神圣荣誉之上的禁忌话题——在波托马克河以南完全行不通。

然而，若隐若现的光芒能够做到一个完整故事所不能做到的。杰斐逊已经讲述了自己的故事。由于不存在能够与之比肩的、具有同样吸引力的故事，因此他的故事注定要主导历史书籍。亚当斯认为，杰斐逊的故事不是真实的，甚至怀疑是否存在什么真实的故事。但是既然 1813 年夏季杰斐逊已经将自己的故事如此优雅地摆在了他的面前，亚当斯终于有了一个可以集中强大火力进行攻击的目标。他知道自己在宏大叙事方面可谓无可救药。创作重大历史或者哲学著作所需的才能，他也没有。然而，他是一个天生的反对派，是一个天才的批判者，他的全部能量都体现在对其他人观念中的固定目标进行智识对抗上。杰斐逊现在已经成了他要奋力攻击的固定目标了。

与杰斐逊通信的对话方式也与他的天性完美契合，因为这种方式使话题可以突然出现，突然消失，然后又突然插进来，没有任何刻意安排的伪装。这种平等随意的交谈节奏与他内心时断时续的情绪波涛再契合不过了。因此，亚当斯与杰斐逊在 1813 年之后争辩的动态特性，是任何精心安排的体系都无法实现的。我们所能做的一切就是从中找出主要的争论点，找出主要的顺序结构，以理解这种辩论更为深刻的含义。同时，在整个过程当中，我们都清楚即使找到了连贯一致的顺序结构，它也不过是我们自己的一种建构。

他们在社会平等以及精英在领导和统治美国的作用方面一直存在重大争论，此种争论贯穿于他们 1813～1814 年的通信之中。虽然他俩从来没有明确说过，但是他们谈论的显然是他们自己和独立战争那一代其他显赫人物。杰斐逊那封关于"少数"与"多数"的长信，以及信中"人民权力还是贵族权力应占统治地位是一个永恒的政治问题"的论断引发了这场争论。连一向好斗的亚当斯也意识到这是一个雷区，因此他小心翼翼地从大家容易达成一致的一点开始讨论。"确实如此，"他对杰斐逊说道，"少数人与多数人的划分是一个和亚里士多德一样古老的问题。"而且在亚当斯看来，它们之间永不止息的冲突，正是现代人在政治方面还要多多请教于古人的主要原因。在建立起某种争论的共同基础之后，亚当斯转向一个曾常常使他陷入政治困境的方向——在创造历史方面，精英们的作用是必不可少的。他回忆道，三十年前当他和杰斐逊都在伦敦的时候，第一个鼓励他"写一点有关贵族政治的东西"的人，正是杰斐逊。"不久之后我就动笔了，而且自那以后我一直在写这个方面的文章。但我是如此不幸，以至于从来没有人能够真正了解我。"[45]

234   "你提到的贵族，"他对杰斐逊说，"偏偏是全部统治理论与实践中最难伺候的动物。"在《为美利坚合众国宪法辩护》一书中，亚当斯不惜用三卷的篇幅坚持不懈、不厌其烦地说明，政治权力总是会落入少数杰出个人和家族的掌控之中。无论是中世纪法国的封建贵族、伊丽莎白时代英格兰的贵族大土地所有者、新英格兰殖民地的商人阶层，还是弗吉尼亚切萨皮克的大种植园主家族，历史都无一例外地证明多数总是屈从于少数。为什么呢？"我认为这是万能的上帝在人类天性构造中的安排，并且让这种安排成为宇宙的一部分，"亚当斯回答道，"哲学家和政客可能对此嘟嘟囔囔、冷嘲热讽，但是他们永远不能摆脱它。他们的唯一办法是想办法控制它。"根据亚当斯简单明了的陈述，贵族之于社会正如激情之于人的个性，尽管易受规则的遏制，也可被巧妙地引导，却是不可能完全拆除的永久性装置。"你可能认为你能够清除它，"亚当斯警告说，"但是贵族就像潜水多时的水鸟再次起来时它的羽毛会更亮一样。"杰斐逊所有关于人类平等的赞歌，无非是一场骗局，这场骗局迎合了人类对一个不可能实现的梦想的强烈渴望。"精神与肉体的不平等，已被万能的上帝安排在了人类天性之中，"亚当斯郑重地说道，"因此，任何手段或者政策都不能使它们平等。"[46]

杰斐逊对亚当斯的回应主要是做出两种区分，这两种区分都明显指向更为乐观的方向。其一，他认同存在一种以

"美德和天分"为基础的"人间的天赋贵族"。另外也有一种人为的或者说"冒充建立在财富与出身之上的贵族,这些贵族没有丝毫的美德或天分"。他们之所以致力于在美国建立共和政体,不就是想选出天赋贵族,阻止虚假贵族的权势,从而"从谷壳中筛选出谷粒来"吗?而且在美国独立战争期间及之后,当以他和亚当斯为象征的"兄弟会"最终成为共和选举程序的受益者时,这所发生的一切不正是一种筛选过程吗?[47]

　　其二,杰斐逊认为,亚当斯关于贵族权力的描述是适用于欧洲的。在那里,封建特权、家族爵位和更为有限的经济机会,使等级制度得以维系。而在美国,没有什么封建侯爵,也没有什么家族盾形徽章,而且"只要愿意,人人都可能拥有土地,自创家业"。因此,美国不可能容忍虚假贵族的存在。杰斐逊指出(其实这是没有根据的),也许由于新英格兰仍保留封建主义残余,从而误导了亚当斯。马萨诸塞州和康涅狄格州仍苟延残喘着"某种对特定家族的尊敬,而这些家族几乎将政府公职变成由他们的家族成员世袭的职位"。而在弗吉尼亚州,独立战争期间就通过了废止长子继承制的法律。杰斐逊称"这些法律,由我自己起草,将斧头砍向了虚假贵族的根基",从而为发展以个人功绩和此时确实不完善的机会平等机制为基础的政治制度,扫清了道路。杰斐逊最后得体地给这封信结了尾。"现在,我已经就一个我们有分歧的问题陈述了自己的观点,"他说道,"这不是为了争辩,因为我们的年纪已经太大了,以至于都不能

235

再改变自己的观点——这些观点都是我们长期探索与反思的结果，而是为了你在以前的信中写的那句话：在向对方完全清楚地解释了自己之前，你和我都不应当死去。"[48]

　　亚当斯反驳了杰斐逊以上两个区分。欧洲确实受累于贵族传统和财富分配不均，美国没有达到如此程度。但是，除非你相信从欧洲迁入美国之后，人性会发生某种神秘的变异，或者相信美国独立战争带来了人性的根本转变，否则财富和权力竞争在美国同样会带来不平等的结果。"毕竟，"亚当斯说道，"只要存在财富，个人和家庭就会努力积聚财富……我还要强调，只要财富及积聚财富的理想被社会承认和接受，财富的积聚就会发生，并会像滚雪球一样越滚越大。"因此，杰斐逊关于美国无阶级的看法就是一个肥皂泡似的梦，因为问题的根源不在欧洲封建主义，而在于人性本身。就拿杰斐逊口中弗吉尼亚州的平等主义情形来说，"没有哪部喜剧比这更有趣了"。在这里，亚当斯将自己局限在切萨皮克地区仍占统治地位的种植园主阶级，而没有提及那里40%的人口遭受奴役的事实——一种可怕且不祥的封建残留。[49]

　　最后，亚当斯告诉杰斐逊："对我而言，你将贵族分为天赋贵族与虚假贵族是缺乏根据的。"在理论上，人们可能能够区分财富与天赋，但在实践和一切社会当中，它们紧密联系在一起、纠缠不清。"贵族的五大支柱，"他指出，"是美貌、财富、出身、天赋和美德。前三个支柱在任何时候都能够压倒后两个或其中的任何一个。"可是，根本就不存在

236

所谓前三个支柱压倒后两个的问题，因为杰斐逊所谓"虚假的"和"天赋的"品质在人性中是被混合在一起的，而且这种品质又融于社会之中，人们根本就不可能做出杰斐逊那种明确的区分。[50]

同一时期，在给约翰·泰勒——著名的弗吉尼亚州种植园主和政治思想家，当时他也对亚当斯的"贵族"观点提出了质疑——的信中，亚当斯让约翰·泰勒注意当下情形的讽刺意味。我这个新英格兰农场主兼制鞋商的儿子，却要受你这个拥有大量地产的奴隶主（大部分财产都是约翰·泰勒从他妻子那边继承而来的）的指控：你满脑子只有贵族思想。"如果你认为我这样说过于针对你个人了，"亚当斯向泰勒解释道，"那我承认也希望它是针对你个人的。因为这样对你来说更有冲击力。"尽管确切地说，杰斐逊的情况也是如此（他拥有约200个奴隶和1万英亩土地，其中很大一部分是从他岳父那里继承下来的），可是亚当斯从来没有如此直接地拿这个问题质问杰斐逊。（他最多不过是拿"蒙蒂塞洛"和"蒙蒂奇洛"之间的区别开玩笑。）亚当斯完全打算将杰斐逊看作发动并保全了美国独立战争的天赋贵族阶层中的一位国家缔造者。然而与弗吉尼亚王朝中的大多数人一样，他之所以成功挤入美国独立战争的精英阶层，并不仅仅因为他的天赋与美德。[51]

亚当斯不能彻底地看穿的和杰斐逊凭直觉理解的，是"贵族"这个词在独立战争后的美国政治文化中已成为一个"侮辱性词语"。纵使亚当斯的观点——精英在整个历史过

237　程中掌握了过大权力——是正确的，纵使美国独立战争那一代人之所以成功建立了一个共和政府，在很大程度上是因为一小群天才政治家在共和事业最早、最为脆弱的阶段掌控了权力，"共和贵族"与"共和国王"一样都是自相矛盾的短语。它违反了独立战争精神遗产的核心——人民是所有政治权力至高无上的根源。因此，拒绝精英身份、为"多数"而不是"少数"说话的政治精英，是可容许存在的唯一一类政治精英。共和党人在1790年代最先抓住了美国政治文化的这一基本事实。而与共和党人同属社会或经济精英阶层的联邦党人却败下阵来，因为他们没有抓住这一点。亚当斯可以至死都坚信，美国的共和主义实验之所以取得成功，就是因为它成功利用了最优秀、最杰出公民的才能和能量（这些公民就是以他和杰斐逊为代表的"兄弟会"）。但是，只要他将他们称为"贵族"，无论是天赋的贵族还是虚假的贵族，他似乎就是在公然蔑视共和精神本身。

另一个始于1815年并贯穿余下所有信件的争论，则与法国大革命有关。亚当斯喜欢在信中对别人提及这个话题，特别是本杰明·拉什，因为整个事件证实了他原来的担忧，而且正是这件事情在1790年代给他和杰斐逊的友谊带来了最初的裂痕，也是后来1800年总统选举中亚当斯遭受共和党人抨击的核心理由。然而，是杰斐逊最先在信中提起这个话题的，而且完全以一种和解的语调："你的预言……最终被证明比我的预言正确，但在对事实的具体估计上并不准确，因为这一系列的动荡所造成的不是100万人而可能是

800 万～1000 万人的毁灭。在 1789 年，我没有想到动乱会持续如此之久，更没有想到它会造成如此多的流血牺牲。"杰斐逊接着承认，亚当斯对法国大革命所持的批评态度，是他不受欢迎的主要根源。既然拿破仑最终被打败了——当时"滑铁卢"一词刚刚到达美国——而且结果已经特别清楚，因此杰斐逊可以大度地说，"因为那种你有理由抱怨的——而我又比任何其他人都更有机会深刻体悟到的——对信任的背叛"，亚当斯理应得到道歉。[52]

只有熟谙 1790 年代历史的人，才能够认识到杰斐逊在此做了一个多么大的让步和多么深刻的个人忏悔。亚当斯立即捕捉到了这一点。"我不知道如何回复你的信，"他写道，"但这是我收到的最好的安慰。"因为杰斐逊不仅承认他对法国大革命的乐观估计是错误的，而且他也承认为了削弱亚当斯的总统职权，共和党——包括他自己在内——确实利用法国大革命大耍手腕。杰斐逊正在努力修补那种被亚当斯家族合理看作背叛的"异常行为"。最终，他说了，对不起。[53]

亚当斯指出，杰斐逊之所以误解了法国大革命的意义（是真正误解了，并不是出于政治目的而利用法国大革命做文章），是因为一种错误的思考方式，这种思考方式被一个新法语单词恰当地表达出来：意识形态。是拿破仑让这个词流行起来的，而最初使用它的则是法国哲学家德崔希伯爵。杰斐逊读了他的许多著作，并对他佩服得五体投地。亚当斯坦言，他之所以对这个单词着迷，是因为"这个普遍原则，我们能够从我们不能理解的事情上获得快乐"。到底什么是

238

"意识形态"？他开玩笑地问道："它是否意味着白痴？精神失常科学？精神病学？谵妄之学？"按照亚当斯的解释，这个词是法国哲学家发明的，而且这个词不但成了他们那种乌托邦式思考方式的核心，也成了他们"蠢蛋学派"的主要信条。这个词指的是像完善人性、社会平等这样的理想和愿望；那些哲学家错误地相信，因为这些理想和愿望存于他们的脑海之中，所以它们是可以在这个世界上实现的。亚当斯声称，杰斐逊就是以这种法国式方式思考的，并将他想象中的诱人前景与历史条件所允许的非常有限的可能性混淆了。然而，对杰斐逊思想中幻想成分的批评者们，比如亚当斯，当在事实上暴露他们的幻想本性时，反过来却被指控为拒绝了理想本身。[54]

于是，"意识形态"给杰斐逊提供了一个政治上极具诱惑力的亲法政纲。这一政纲具有强大的理论优势，而不论在现实中它已被证明是多么错误。杰斐逊曾认为，法国代表了未来的发展潮流，而英国不过是过去的遗迹。"我为你推理时的雄辩和敏捷而折服，"亚当斯说道，"然而，我怀疑你的结论。"是英国，而不是法国，注定要成为 19 世纪欧洲的权力中心。亚当斯的预言成真了，尽管他和杰斐逊一样，怀疑英国打美国的算盘——这种怀疑是他们共同经历美国独立战争的永恒遗产。"从尚在摇篮时起，英国人就被教导要轻视、嘲弄、凌辱和污蔑我们。"亚当斯这样描述英国人，并以他最无情的、最现实的语气补充道："不列颠永远不是我们的朋友，直到有一天我们成为它的主人。"事实证明，亚当斯和杰斐逊都如此强烈地反对英国，以至于深陷其中不能自拔，从而没有预见英美两国会在整个维多利亚时代及此后的岁月中结成联盟。[55]

然而，他们都预料到北方和南方之间存在着迫在眉睫的地区对立危机——他们的合作所代表的正是南北合作。"将来捍卫联邦的困难，"亚当斯警告道，"恐怕将比你和我、我们的父辈兄弟建立联邦时遇到的困难还要大。"杰斐逊表示赞同，尽管这个话题触及了一切问题中最具爆炸性的一点——未被明确提及的奴隶制。纵使一向直率的亚当斯也承认，这是个禁忌话题，是双方共同确认的禁区的一部分。除了一次引人注目的例外情况，亚当斯和杰斐逊之间的对话，不仅深刻揭示了塑造美国独立战争历史的相互冲突的观念和意识，而且也象征着美国独立战争一代人对所有分歧中最刺眼的一个所采取的沉默政策。[56]

这个例外情况发生在 1819 年，当时《密苏里妥协案》的通过引发了激烈辩论。此前，亚当斯与杰斐逊不仅在通信中回避这个话题，而且他们也都曾宣称这是一个棘手的问题。"五十多年来它一直促使我思考，并带给我巨大的忧虑，"亚当斯在 1817 年承认道，"一卷对开本也不能容下我对这个问题的苦思冥想。而且，结尾就像开头时那样，我的读者和我自己依然不知道该如何解决它。"然而，杰斐逊则不断地强调他在 1805 年形成的有关回避这个话题的观点。"我一直非常谨慎地确保每一次公开行为或公开声明都回避那个话题，"他宣布并解释说废除奴隶制是下一代的任务，

240

"他们能采取进一步的行动，让它走向终结。"[57]

　　尽管国会在密苏里问题上的论争，从本质上看，是对是否将奴隶制扩展到全国的论争，但是沉默原则左右了整个众议院的意见交锋。众议院只将注意力集中于联邦权力与州权这一宪法问题上，而不是奴隶制问题本身。对杰斐逊来说，他对这个问题居然正在被讨论而感到愤慨。"但是，密苏里问题是一个会让国家分裂的问题，它会让我们因为发生叛乱而失去密苏里地区。而且，我们还会失去什么，这只有上帝才知道，"他向亚当斯如此抱怨道，"从邦克山战役到《巴黎条约》，我们从来没有面临过如此不祥的问题。"杰斐逊完全清楚，关于联邦权限问题的宪法论争仅仅是为了掩盖迫在眉睫的、更为深刻的问题而已，并这样对亚当斯说：

> 正如我们在那些不幸拥有了这些人口的州内所看到的，真正的问题是，我们的奴隶是否应当被赋予自由？因为如果国会有权规制各州居民在州内的社会地位，那么国会宣布所有奴隶都应该是自由的就不过是再一次行使这种权力而已。那么难道我们要……发动一场伯罗奔尼撒战争来决定谁更优吗？解决这个问题尚需时日：然而我不希望你或我能够看到答案。毫无疑问，他们会相互争夺好一会儿，从而给了我们离开人世的足够时间。[58]

亚当斯通常是那一群人中末日情绪较重的一个，然而这次他却表现出杰斐逊式较为乐观的姿态。"我希望找到某种和善的或别的方式，来解开这个错综复杂的结。"他这样建议道。他对和他通信的其他人则更加直截了当，尽管对杰斐逊并不如此。"黑人奴隶制是个非常巨大的罪恶，"他在给威廉·都铎的信中写道，"并且我完全反对允许奴隶制进入密苏里地区。"而且，他欢迎杰斐逊所憎恨的那种论争。"现在我们必须解决奴隶制的扩散问题，"他对自己的儿媳说道，"否则即使不导致分裂，也将磨灭我们的民族性，并种下灾祸的种子。"至于那个宪法问题，他认为联邦对西部地区的权力已经被一个明确的先例规定下来了。颇具讽刺意味的是，这个先例正是杰斐逊购买路易斯安那地区。⁵⁹

在接下来的四十年中，关于奴隶制及其向西部扩展问题的论争经常以争论建国者意图的形式表现出来。这两位毋庸置疑的建国元老都宣称他们对独立战争精神遗产中有关奴隶制的理解是根本不同的。杰斐逊的观点直接促成了后来被史蒂芬·道格拉斯信奉的"人民主权"原则、约翰·C. 卡尔霍恩的州权主张，以及最终南方邦联的成立。亚当斯的观点则直接导致亚伯拉罕·林肯形成了"国家被奴隶制分裂"的主张；使人们相信，废除奴隶制是美国独立战争那一代人遗留给后代的一个迫切需要解决的道德问题，也让北方联盟凭借内战中的胜利确立了联邦主权至上的信条。谈及奴隶制时，似乎没有任何单一的说法，有的只是一些相互矛盾的原初意图。

独立战争在这一点上最主要的精神遗产当然是回避和沉

241

默。杰斐逊之所以拼命反对就密苏里问题展开争论，正是因为它有悖于这一精神遗产。"在独立战争最黑暗的时刻，"他在 1820 年写道，"我的忧虑都不及我为此担忧之深切。"在他们就这个问题进行的最后交流中，亚当斯暗示自己也会遵守这种心照不宣的沉默法则，将担忧带入坟墓："我已经看到，奴隶制就像乌云一样笼罩着这个国家长达半个世纪之久……我可能会说我已看见黑人军队在空中来回行进，身上披着闪闪发亮的铠甲。我对这个现象感到如此恐惧，以至于我以前不断地对南方绅士们说我无法理解这个问题；我必须将它留给你们处理。我决定不赞成那种违背你们的判断而将任何措施强加在你们身上的做法。"无论是独立战争还是初生的共和国，若没有南方各州的支持，都不可能取得成功，因此亚当斯就只能听任弗吉尼亚人担任反奴运动的领袖。到了 1820 年，他们还是未能完成使命，杰斐逊自己就是这一失败最明显的象征。然而，亚当斯选择了继续遵守他保持沉默的誓言，至少他对杰斐逊是如此，从而让友谊超越了他在道德上的保留，并同时使昆西市与蒙蒂塞洛之间的对话，成为独立战争那一代留下来的那个最成问题的精神遗产的最后证明。[60]

1820 年之后，他们之间的通信已经失去了争论的锋芒，重新回到那种挽歌似的、静物画般的模式。1819 年发生了最后一次小风波，当时报纸上登载了据称是北卡罗来纳州梅克伦堡县一小群市民于 1775 年 5 月起草的一份文件，而且该文件的语言风格与后来杰斐逊起草的《独立宣言》十分相似。亚当斯让杰斐逊注意这一情况，并指出他要是早知道这件事就好了："我本可以在《独立宣言》发表前的十五个月，让这份文件在大陆会议中不停地回响。"没有别的事比这件事更能触动杰斐逊的内心了，因为其"《独立宣言》之父"的身份是让他流芳千古的主要功绩。他迅速给亚当斯回了信，并坚决认为"那份文件完全是伪造的"。同时他强烈要求亚当斯对之保持怀疑，"直到有确切且严肃的证据证明它是真实的"。亚当斯很快向杰斐逊保证他现在相信"梅克伦堡文件不过是杜撰之物"。然而，他在同别人通信中的说法却与此相反。"若说梅克伦堡文件和杰斐逊的《独立宣言》之间不存在什么渊源的话，"他调侃地说，"现在我可能马上就会相信，我眼前这一簇美丽的绣球花不过是一件偶然的作品。"[61]

亚当斯从梅克伦堡事件中获得了巨大的满足，而他之所以如此，并不是因为他相信杰斐逊是一个剽窃者，而是因为他认为将整个重心都置于一个人、一个时刻和一个文件上的做法，扭曲了美国独立战争的真实历史。尽管《梅克伦堡宣言》后来被证实是伪造的，但它还是准确反映了亚当斯的判断力——有许多舞台或者剧院正在上演着独立运动剧目，而且除了 1776 年 7 月 4 日那天之外，还出现了其他许多高潮。在自传中，他选择了将 1776 年 5 月 15 日认定为最具决定性意义的时刻，因为正是这一天大陆会议通过了每个州都需要制定新宪法的决议。（巧合的是，正是亚当斯起草

并推动大陆会议通过了这一决议。）在亚当斯看来，这一决
243　议才真正具有决定性意义，因为它创立了独立又中立的美国
政府体系。它也意味着，独立战争是对植根于旧殖民地经验
的新政治原则的积极且负责任的承诺，而不仅仅是脱离英格
兰的消极声明和与过去的彻底决裂，这似乎是杰斐逊的
《独立宣言》想要说明的。根据亚当斯的观点，这个决议之
所以成功，就是因为它与过去的联系；而这种联系，在杰斐
逊看来，则意味着它完全不是真正意义上的革命。[62]

　　尽管针对《梅克伦堡宣言》的简单交流触及了这些重
要的意见分歧，然而外交式对话还是阻碍了他们开诚布公。
到 1820 年，亚当斯也停止他那种振聋发聩的方式，采用了
杰斐逊式温和的两面派姿态，宁愿冒虚伪之险，也不愿失去
友谊。尽管他的文章依旧辛辣，但爆炸般的直率已经偃旗息
鼓，尤其是在 1818 年 10 月阿比盖尔逝世之后。（当她躺在
床上弥留之际，亚当斯保持了镇静，但对身边的亲戚说：
"我希望我能够躺在她身旁与她一起死去。"）杰斐逊总是声
称，每一代人都不可能超越他们的天年而继续徜徉人间，几
乎每个人都有将自己埋于地下、为下一代人扫清道路的道德
义务。如今两位元老似乎都意识到他们已经活过了天年。回
首一生，杰斐逊写道："就像视察战场一样，所有人，所有
人都死了；唯独我们自己仍徘徊在新一代中，而我们不了解
这一代，这一代也不了解我们。"[63]

　　人生的沧桑变迁又一次开始挤掉那些更具争论性的话
题。"不听使唤的手腕和手指让写信变得缓慢又费力，"杰

斐逊抱怨道，"但给你写信时，我就沉湎于对久远时光的回忆，那时我们年轻、健康，能从一切事物中获得快乐，于是我就忘了残废般的手给写信带来的不便，写起来流畅又欢快。我一度忘了我们正处于生命的冬天，忘了我们的鬓发已经雪白，只能思考如何保持身体温暖，如何打发我们那如重负一般的时光，直到死神用仁慈的手将我们都带走的那一刻。"亚当斯表示赞同，他认为对过去的回忆是他们所遗留下来的一切，而且他喜欢只回忆那些美好的旧时光。"我怀着一种狂喜回忆那些黄金般的日子，那时弗吉尼亚和马萨诸塞就像兄弟一样一起生活和行动，"他回忆着并以颇为亲密的口吻结束了这封信，"只要我还有一口气，我就是你的朋友。"[64]

他们谈到来世，与其说是一个面见上帝的机会，毋宁说是他们与"兄弟会"成员交谈的机会。正如杰斐逊所说："也许我们能够再次相遇……与我们的旧同僚相遇，并从他们那里收到赞扬的印玺。"亚当斯同样认为，天堂重聚会让他们嘲笑各自人性中的荒诞和弱点，尽管他只有在富兰克林对自己的罪行做了适当忏悔之后，才会同这个伟人谈话。天堂只是一个隐喻而已。有据可查的是，亚当斯认为对生命永恒的信仰比生命是否永恒更重要。"若被揭示或者被证实没有来世的话，"他告知一个朋友，"我给每个男人、女人和孩子的建议就是，在我们还能自主决定自己的生活时，去吸食鸦片。"或者如他对杰斐逊所说："（若没有来生）即使我们曾遭受朋友的失信，我们也要永不知情。"他俩将赌注压

244

在来世，将自己的信件准备好留给后世，因为他们知道，他们的不朽只有在那里才可能成真。而且两个人都认为，他们写给对方的信正是这一最后安排的顶石。[65]

毫无疑问，两位元老之间的情感纽带被修复了，最终友谊也恢复了。他们用不着再摆出伙伴的姿态了；或者换言之，他们摆出的姿态反映了他们内心对彼此的亲密感。从某种意义上讲，感情的弥合之所以出现，是因为他们垂暮之年的通信使两位圣人得以直面和讨论对他们共同经历和创造的历史的不同看法。杰斐逊做出了不少修正和一些至关重要的让步。在最后一次宣泄中，亚当斯则火药味十足地、激动地表达了对杰斐逊式历史建构的强烈反对。人们可能愿意相信，而且这也是有一定依据的：他俩都在对方身上看到自己在智识和气质上的不足之处；实际上，他们具有互补性；只有当两个人结合在一起时，美国独立战争历史的碎片才能够拼合起来，形成一个整体。但更世俗的事实是，他们从来都没有正视，也从来没有充分解决他们之间所有的政治分歧；他们只是命长，从而超越了这种分歧。

刚开始通信时，亚当斯对杰斐逊还有强烈的憎恨之感，因为杰斐逊在他当总统期间，发起了对他的诽谤。到1823年，整个诽谤丑闻已经成了一种怀旧的笑话。亚当斯在报纸上读到，杰斐逊编辑了"一本杂志，里面收集了许多诽谤、中伤和诋毁你的报道和宣传手册"。这是一个富有灵感的主意，亚当斯觉得要是他先想到这个主意该多好："这辈子我是一个多么傻的人啊！而且我的孩子们和孙子们是多么笨的人啊！我们中没有一个人曾想到，要做一本类似的集子。若我们想到了的话，我相信我做的集子可能比你做的更为精彩。"杰斐逊很遗憾地告诉亚当斯，那则传闻不是真的，他并没有编辑这样一本关于诽谤的集子。然而，若他真这样做了，"它当然不可能是简单的一卷本了，而应该是一部百科全书"。[66]

他们已然成了活着的纪念物了！1824 年，法国人马奎斯·德·拉法耶特——美国独立的一位重要支持者——最后一次访问美国。蒙蒂塞洛与昆西是他此次访问的必经之地。每到一处（他们的）重聚都会吸引众多的围观者，其中有人声称看到了两个鬼魂跨越时代飘然而至，这是他们为了当代人的福祉而最后一次显灵。美国雕刻家约翰·亨利·布罗维尔（John Henri Browere）也拜访了这两位圣人，并要求他俩坐姿端正，以便从他们面部套取模型，目的是为了设计并制造逼真的头像——制造偶像的现实头像。（杰斐逊发现，这个要不间断地将石膏般热热的液体从头上浇下去的过程，是如此不舒服，以至于他发誓要"和各种半身像以及肖像永别"。）他向亚当斯的最后道别，也表达出那种觉得自己如同活雕像般的奇怪感觉。他将写给亚当斯的最后一封信，交给了他的孙子托马斯·杰斐逊·伦道夫，当时他正在去往波士顿的途中，会在昆西市停留。"像其他年轻人一样，他希望在暮年的冬夜，能够对他身边的人讲述自己从生前的英雄岁月学到了什么，以及他有幸目睹了哪位著名的阿尔戈式英雄。"对大多数出生于 1820 年代的美国人来说，美国独立战争早已作为神圣的历史时刻而被人们铭记许久，那个时候的许多英雄人物已经享受了面见上帝的特权。因此，当想到他们之中还有少数几个人健在，真是一件令人尴尬的事情。[67]

　　然而，他们确实健在。并且在美国独立五十周年纪念日来临之际，邀请函从四面八方雪片般地飞向蒙蒂塞洛与昆西市，人们邀请这两位元老与世人共同分享他们拥有的与美国独立战争有关的全部智慧和经历。虽然正患有严重的肠道功能紊乱（最后证明这是致命的），杰斐逊还是倾尽全力，为生命中最后一次富有激情和雄辩的演讲做准备。几天来他忙于起草一封致华盛顿市美国独立日纪念活动筹备委员会的信，不断删删改改，认真程度不亚于当年起草《独立宣言》。

　　让他感到遗憾的是，由于身体状况不断恶化，他不能亲自参加庆祝活动，无法加入"那一小帮人，当时与我们在一起的那群杰出人士中还健在的人"。（《独立宣言》的签署人中只有三人健在：亚当斯、杰斐逊和马里兰州的查尔斯·卡罗尔。）于是，他提供了关于"那群杰出人士"事迹的杰斐逊式描述：

　　　　愿它在整个世界，我相信必将如此，（先是在一些地区，随后在另一些地区，最终将在整个世界），成为一个警世号角：唤醒世人打碎一切枷锁——僧侣式的无知和迷信使他们甘愿置身于这些枷锁之中，并呼吁世人夺取自治的幸福与安全……所有眼睛都已经看到或正在看到人的权利。科学之光的全面播散，已经让人人都明白了这样一个简单的真理：人类的大多数并非生来就背负着马鞍，而人类之中穿着马靴、配着马刺、准备驾驭大多数的少数幸运者，也并非上天选定的。对别人来说，这些都是对未来保持希望的依据所在；而对我们自己来说，则要让这一天不断唤醒我们对这些权利的回忆，并让我们对它们保持永不衰减的热爱与忠诚。[68]

这是一种典型的杰斐逊式视角。这种视角认为，美国独立战争就像一次爆炸，它使美国脱离了英国，脱离了欧洲，也脱离了过去的自己；而且，美国独立战争打响了注定要席卷全世界的摆脱压迫、争取自由的全球性斗争的第一枪。在他的表述中，所有形式的权威若不是源于其自身内部，就注定要受到指责，注定要处于永远的守势。美国独立战争不仅将英王和英国议会的暴政拒之门外，它还公开反对一切手握任何强权的政治机构，包括 1790 年代由联邦主义者建立的联邦政府。

这一声明中催人上进的豪言壮语并非杰斐逊首创。"背负着马鞍"和"穿着马靴、配着马刺、准备驾驭大多数的少数幸运者"是从理查德·兰波（Richard Rumbold）上校——一位 1685 年被判犯有叛国罪的清教徒军人——所发表的一篇著名演说中摘取出来的，当时他是在绞刑架上进行演说的。杰斐逊有好几本英国历史书，这些书都转载了兰波的演说。（或许作为将死之人，像兰波一样，杰斐逊认为他完全

247

有权声称这些豪言壮语是他自己独创的。）然而，借来的雄辩文辞只是杰斐逊本来就很具感染力的演说的一个小方面而已。总而言之，它将问题置于极其崇高的高度：在那里，所有答案都是不证自明的，而且根本不需要做出什么真正的选择。这正是这篇演说散发着令人陶醉的魅力的根源所在。杰斐逊的伟大设想浮现了。它超越了纠缠不清的具体细节，激励着人们前进，就好像是美国独立战争的大爆炸理论一样，现在它将自然而然地、不可避免地传播到整个世界，它已不再为任何人所怀疑，而且也不再被操控在哪个人的手中。[69]

亚当斯也收到了来自联邦和州委员会关于独立五十周年纪念活动的邀请函。直到最后，他都有些不情愿，而且还一度抵触；他坚持认为，7月4号不是真正的独立日，确切地说没有什么正确的独立日。《独立宣言》的通过，只是一件没有任何重大历史意义的装饰性事件。当昆西市的一个代表团前来拜访他，并邀请他为当地庆典说几句话时，他却敷衍了事。"我将让你们独立到永远。"他回答道。当被要求对这句话做具体解释时，他拒绝了。"无可奉告。"他坚决地说道。

最后，亚当斯家族的几个朋友，终于从这个在其他方面颇饶舌多嘴的元老身上，得到了一点回报。他承认，美国独立战争时代已成为"人类编年史上一个值得纪念的新开始"，但是它的意义还有待评判。他不确定由建国一代确立的共和原则能否在外国土地上生根发芽。无论是欧洲还是拉丁美洲都没有做好这种准备。即使在美国国内，那些原则的命运也成问题。他警告说，美国"注定要在未来历史中留下最光彩或最黑暗的一页，这取决于一点：那种最终将会被凡俗心灵塑造的政治制度，到底是被正确利用了，还是被滥用了"。当被要求为子孙后代摆个姿态时，他却选择了丢给他们一个挑战。[70]

确切地说，亚当斯的观点是与杰斐逊相反的。它缺乏杰斐逊式叙述所具有的激情雄辩和乐观，这是因为亚当斯的观点是建立在其漫长职业生涯中逐渐内化的偶然感之上。对亚当斯来说，美国独立战争依然是一个实验，就好像一艘船扬帆驶入了其他船从未成功穿过的未知海域一样。没有地图或者航海图来指导共和政府如何从民意中获得权威与合法性：民意这种模糊不清的权力之源，就像海洋中的波涛一般起伏不断、变幻莫测。而他是首航船员中的一员，甚至最后也曾掌舵，因此他和其他船员一样，比大多数人都更清楚地知道，这艘船好几次都差点被撞毁、沉没。而且，在整个1790年代，船员们一直都在就什么才是正确的航线这个问题激烈地争论。杰斐逊似乎认为，一旦船在英国码头起锚并卸下了欧洲行李，它就会自动驶进康庄航道。亚当斯认为他比杰斐逊知道的更多，而且他将带着这样的信念走向坟墓，即一个按照联邦主义模式建立起来的握有实权的联邦政府，是他们沿最初航线行进而取得的一项成就，而不是对这种航线的背叛。若没有一个权力强大的中央政府来驾驶这艘依然脆弱的美利坚合众国巨轮，新一代船员必然会驾着这艘巨轮，撞上那个巨大的奴隶制暗礁，最后沉没。这一暗礁正如

248

死神一般地潜伏在不远处，甚至杰斐逊也承认，这是"一个会让国家分裂的问题"。

杰斐逊那种更为祥和的历史观点，正如亚当斯所预料的，在历史书中取得了胜利，而且在生命的最后时刻依然是杰斐逊得到了神助。所有人，不论是当时还是现在的人，都毫不怀疑地认为这是上帝之声。1826 年 7 月 3 日傍晚，杰斐逊陷入了昏迷。他对围在床边的医生和家人说的最后几句可辨听的话表明，他希望以戏剧性的方式安排好他离开人世的时间。"今天是 7 月 4 号吗？"那天不是 7 月 4 号，但是他一直处于半昏迷状态，久久不肯离去。直到那个魔术般的 7 月 4 日午后不久，他才撒手人寰。同一天早上，亚当斯突然病倒在自己最钟爱的书椅上。他几乎是在杰斐逊离开人世的那一刻陷入昏迷的。死亡很快就来临了，大约是在那天下午五点半。昏迷期间有短暂的一瞬，他醒了过来，暗示再也没有什么能够延缓这不可避免的最后一刻，但很明显他在努力地拖延。他想对他的老朋友说最后几句话，以示他最后的敬意："托马斯·杰斐逊成了最后的幸存者"，或者按照另外一种说法，"托马斯·杰斐逊仍然活着"。不管是哪种说法，就那一刻而言，他错了。然而，对整个时代而言，他无疑是正确的。[71]

注　释

　　我在下面所做的注释，采用了一种比通常的学术引用规则更为合理的方式。如果对我参考过的所有书籍和文章都进行详细引用，相关注释的长度可能和本书正文一样长。我认为这不合理，读者也不需要这么多注释，是掉书袋的一种表现。我对本书正文中做了引用的全部一手资料，以及在我看来非常重要、对我有重大启发意义的二手资料，都进行了注释。有些棘手的是，这本书是我过去三十年披览有关建国年代历史文献的结晶。如果将全部相关学术著作都列出来，单子不仅会非常长，而且也并不能全面反映这些著作对我对这一历史时期的解读所产生的学术影响。作为一个不完全的弥补方案，我在下面添加了相关注释，并对有关资料源加上了自己的评论，这使得这些注释看起来像是一个有关参考文献的介绍性文字。

缩写词

Adams	*The Microfilm Edition of the Adams Papers*, 608 reels (Boston, 1954–1959).
AHR	*American Historical Review.*
Boyd	Julian P. Boyd et al., eds., *The Papers of Thomas Jefferson*, 26 vols. to date (Princeton, 1950–).
Cappon	Lester G. Cappon, ed., *The Adams-Jefferson Letters: The Complete Correspondence Between Thomas Jefferson and Abigail and John Adams,* 2 vols. (Chapel Hill, 1959).
Fitzpatrick	John C. Fitzpatrick, ed., *Writings of George Washington*, 39 vols. (Washington, D.C., 1931–1939).

Paul Leicester Ford, ed., *The Writings of Thomas Jefferson,* 10 vols. (New York, 1892–1899).

JAH	*Journal of American History.*
JER	*Journal of the Early Republic.*
JSH	*Journal of Southern History.*
NEQ	*New England Quarterly.*
Rutland	Robert A. Rutland et al., *The Papers of James Madison,* 22 vols. to date (Charlottesville, 1962–).
Smith	James Morton Smith, ed., *The Republic of Letters: The Correspondence Between Thomas Jefferson and James Madison, 1776–1826,* 3 vols. (New York, 1995).
Spur	John A. Schutz and Douglass Adair, eds., *The Spur of Fame: Dialogues of John Adams and Benjamin Rush, 1805–1813* (San Marino, 1966).
Syrett	Harold Syrett, ed., *The Papers of Alexander Hamilton,* 26 vols. (New York, 1974–1992).
VMHB	*Virginia Magazine of History and Biography.*
WMQ	*William and Mary Quarterly,* 3d ser.
Works	Charles Francis Adams, ed., *The Works of John Adams, Second President of the United States,* 10 vols. (Boston, 1850–1856).
Writings	George Washington, *Writings,* John Rhodehamel, ed., Library of America (New York, 1997).

前　言

1. Adams to Nathan Webb, 12 October 1755, *Works*, vol. 1, 23 – 34; Adams to Abigail Adams, 2 June 1776, Lyman Butterfield, ed. , *Adams Family Correspondence*, 3 vols. (Cambridge, 1963), vol. 2, 3; Adams to Benjamin Rush, 21 May 1807, Spur, 89.

2. Francis Fukuyama, *The End of History and the Last Man* (New York, 1993).

3. Benjamin Rush to Adams, 20 July 1811, Spur, 183.

4. Ira Gruber, *The Home Brothers and the American Revolution*

（Willaimsburg, 1972）；Kevin Phillips, *The Cousins' War*: *Religion*, *Politics*, *and the Triumph of Anglo-America*（New York, 1999）, 291 - 299.

5. *Writings*, 517.

6. 有关共和理念（一种坚决反对权力集中的理念）的影响深远的一项研究，见 Bernard Bailyn, *Ideological Origins of the American Revolution*（Cambridge, 1967）；对1780年代的经典研究，见 Gordon Wood, *The Creation of the American Republic*（Chapel Hill, 1969）；对1790年代的经典研究，见 Lance Banning, *The Jeffersonian Persuasion*: *Evolution of the Party Ideology*（Ithaca, N. Y., 1978）。

7. Adams to Benjamin Rush, 10 July 1812, Spur, 231 - 232.

8. T. H. Breen, "Ideology and Nationalism on the Eve of the American Revolution: Revisions Once More in Need of Revising," *JAH 84*（June 1997）; 13 - 39; John Murrin, "A Roof Without Walls: The Dilemma of American National Identity," in Richard Beeman, Stephen Botein, Edward Carter, eds. , *Beyond Confederation*: *Origins of the Constitution and American National Identity*（Chapel Hill, 1987）, 334 - 38.

9. Jefferson to William Fleming, 1 July 1776, Boyd, vol. 1, 411 - 12; U. S. Bureau of Census, *First Census*（Baltimore, 1966）, 6 - 8.

10. Laurel Thatcher Ulrich, *A Midwife's Tale*: *The Life of*

Martha Ballard Based on Her Diary, *1785 – 1812*（New York, 1990）; Robert E. Desrochers, Jr., "'Not Fade Away': The Narrative of Venture Smith, an African American in the Early Republic," *JAH 84*（June 1997）: 40 – 66. 另外一个研究路径是研究"底层"政治文化，也就是研究在公共仪式中本地人的态度是如何被塑造的。从这个角度研究民族主义兴起的一个最佳范例是 David Waldstreicher, *In the Midst of Perpetual Fêtes: The Making of American Nationalism*, *1776 – 1820*（Chapel Hill, 1997）。

11. Mercy Otis Warren, *History of the Rise*, *Progress*, *and Termination of the American Revolution*, 3 vols.（Boston, 1805）; John Marshall, *The Life of George Washington*, 5 vols.（Philadelphia, 1804 – 1807）.

12. 我这种有关美国独立战争的辩论实际上是一种循环论证的想法，受到了 Francois Furet 对法国大革命的类似分析的影响: *Interpreting the French Revolution*, trans. Elburg Foster（Cambridge, England, 1981）。

13. Martin Smelser, "The Federalist Period as an Age of Passion," American Quarterly 10（Winter 1958）: 391 – 419; 参见 John R. Howe, Jr., "Republican Thought and the Political Violence of the 1790s," *American Quarterly* 19（Summer 1967）: 147 – 165.

14. 有关怀特海的观点，根据佩里·米勒的论文集，是他在与佩里·米勒的一次谈话中提出的，见 Perry Miller, *Nature's Nation*（Cambridge，1967），3 - 4。若想对签署了《独立宣言》和宪法的九十九人有一个大概了解，请见 Richard D. Brown，"The Founding Fathers of 1776 and 1787：A Collective View,"*WMQ* 33（July 1976）：465 - 480.

15. Douglass Adair，"Fame and the Founding Fathers," in Trevor Colbourn，ed.，*Fame and the Founding Fathers*：*Essays by Douglass Adair*（New York，1974），3 - 26.

第一章　决斗

1. 对此次决斗最具原创性的最新解读，见 Joanne Freeman，"Duelling as Politics：Reinterpreting the Burr - Hamilton Duel,"*WMQ* 53（April 1996）：289 - 318。对该次决斗最完整的叙述，见 W. J. Rorabaugh，"The Political Duel in the Early Republic,"*JER* 15（Spring 1995）：1 - 23。所有伯尔和汉密尔顿的传记作家都记载了这次决斗。有关该次决斗的公认的文件汇编见 Harold C. Syrett 和 Jean G. Cooke，eds.，*Interview at Weehawken*（Middletown，Conn.，1960）。有关这次决斗的权威资料汇编，见 Syrett，vol. 26，235 - 349。

2. 获得普遍认可的伯尔传记见 Milton Lomask，*Aaron Burr*，2 vols.（New York，1979 - 1982）。依据一手资料而颇有

助益的传记则见 James Parton，*The Life and Times of Aaron Burr*（*New York*，1864）。

3. 几部有关汉密尔顿的优秀传记。获得普遍认可的传记见 Broadus Mitchell，*Alenxander Hamilton*，2 vols.（New York，1957 – 1962）。就可读性而言，John C. Miller，*Alexander Hamilton and the Growth of the New Nation*（New York，1964）非常不错，Richard Brookhiser，*Alexander Hamilton*，*American*（New York，1999）同样如此。最尖锐深刻的传记则是 Jacob Earnest Cooke，*Alexander Hamilton*：*A Biography*（New York，1979）。对此次决斗可靠的较早记录，见 Nathan Schachner，*Alexander Hamilton*（New York，1946）。

4. "Statement on Impending Duel with Aaron Burr，" Syrett，vol. 26，278 – 281.

5. Parton，*The Life and Times of Aaron Burr*，349 – 355，对决斗地点在决斗发生五十年之后的场景进行了细致描述。

6. 有关决斗作为一种制度的历史，我发现最有帮助的文献如下：Edward L. Ayers，*Vengeance and Justice*：*Crime and Punishment in the 19th Century American South*（New York，1984）；V. G. Kiernan，*The Dual in European History*：*Honor and the Reign of Aristocracy*（Oxford，1986）；Lorenzo Sabine，*Notes on Duels and Dueling ...*（Boston，1855）；Bertram Wyatt – Brown，*Southern Honor*：*Ethics and Behavior in the Old South*（New York，1982）。

7. Merril Lindsay, "Pistols Shed Light on Famed Duel," *Smithsonian*, November 1971, 94 – 98；参见 Virginius Dabney, "The Mystery of the Hamilton – Burr Duel," *New York*, March 29, 1976, 37 –41。

8. Syrett,vol. 26, 306 –308.

9. David Hosack to William Coleman, 17 August 1804, ibid. , 344 –347.

10. Joint Statement by William P. Van Ness and Nathaniel Pendelton on the Duel Between Alexander Hamilton and Aaron Burr, 17 July 1804, ibid. , 333 –336.

11. Benjamin Moore to Coleman, 12 July 1804, ibid. , 314 – 317.

12. Ibid. , 322 –329.

13. William Coleman, *A Collection of the Facts and Documents, Relative to the Death of Major – General Hamilton* (New York, 1804)，回顾了当时的新闻报道及对汉密尔顿的一些颂词。我还查阅了 1804 年 7 月和 8 月 James Cheetham 在 *American Citizen* 上对伯尔的攻击文章，以及同时期为伯尔辩护的 *Morning Chronicle* 上的评论文章。有关伯尔对汉密尔顿进行伏击的蜡像，则取材于 Parton, *The Life and Times of Aaron Burr*, 616。

14. 见 Ven Ness 和 Pendelton 的通信往来，以及 "Joint Statement"，Syrett, vol. 26, 329 –336。

15. 见前注提及的相关文件及笔记，35 –340。

16. 学术界普遍接受了汉密尔顿对此次决斗的描述，主要
是因为这种描述充斥着当代文献，还因为这种描述是
符合汉密尔顿关于手枪还处在上膛状态之话的唯一版
本。尽管我们无法做到绝对准确，但两声枪响之间的
"时间间隔"问题，则是汉密尔顿版本面临的一个无法
逾越的问题。因此，尽管在任何意义上，这将永远是
一个谜，本书对这一事件的叙述，应该是最合理的，
也最符合律师所谓的"多数证据的指向"原则。而且，
本书的描述也保留了汉密尔顿最在意的事情，即他自
己所说的不愿意向伯尔开枪这一点。有为伯尔辩护的
另一叙述版本，则不同意本书的叙述，见 Samuel Engle
Burr, *The Burr – Hamilton Duel and Related Matters*（San
Antonio, 1971）。

17. Burr to Van Ness, 9 July 1804, Syrett, vol. 26, 295 – 296.
有关瞄准但目的是为了让对方受伤而不是要对方命的传统，
见 Hamilton Cochrane, *Noted American Duels and Hostile
Encounters*（Philadelphia, 1963）; Don C. Seitz, *Famous
American Duels*（New York, 1919）; 以及 Evarts B. Greene,
"The Code of Honor in Colonial and Revolutionary Times,
with Special Reference to New England," *Publications of the
Colonial Society of Massachusetts* 26 (1927): 367 – 368。

18. Charles D. Cooper to Philip Schuyler, 23 April 1804,
Syrett, vol. 26, 243 – 246; 参见 Burr to Hamilton, 18
June 1804, ibid., 241 – 243。

19. Hamilton to Burr, 20 June 1804, ibid., 247 – 249.

20. Burr to Hamilton, 21, 22 June 1804, ibid., 249 – 250, 255.

21. Burr to Van Ness, 25 June 1804; "Instructions to Van Ness," 22 – 23 June 1804; Van Ness to Pendleton, 26 June 1804, ibid., 256 – 269.

22. Burr to Van Ness, 25 June 1804, ibid., 265.

23. Pendleton to Van Ness, 26 June 1804, ibid., 270 – 271.

24. Burr to Van Ness, 26 June 1804; Van Ness to Pendleton, 27 June 1804, ibid., 266 – 267, 272 – 273. 伦道夫的话记载于 Syrett 和 Cooke, eds., *Interview at Weehawken*, 171。

25. Burr's "Instructions to Van Ness", 26 June 1804; Van Ness to Pendleton, 27 June 1804, ibid., 266 – 267, 272 – 273.

26. Mary – Jo Kline, ed., *Political Correspondence and Public Papers of Aaron Burr* 2 vols. (Princeton, 1983), vol. 2, 876 – 883, 对伯尔及这次决斗有一些评论。Parton, *The Life and Times of Aaron Burr*, 352 – 353, 对伯尔当时对此次决斗的心态进行了描述。

27. Douglass Adair, "What Was Hamilton's 'Favorite Song'?" *WMQ* 12 (April 1955): 298 – 307, 记载了特朗布尔的观察，以及汉密尔顿可能唱的歌。

28. 见 Syrett, vol. 26, 292 – 293 中的编者评论；Hamilton to James A. Hamilton, June 1804, ibid., 281 – 282。

29. Ibid., 279 – 281.

30. Ibid., 280.

31. Anthony Merry to Lord Harroby, 6 August 1804, Kline, ed. , *Burr Papers*, vol. 2, 891 – 893.

32. Ayers, *Vengeance and Justice*, 8 – 15, 275; Bertram Wyatt – Brown, "Andrew Jackson's Honor," *JER* 17 (1997): 7 – 8; Kenneth S. Greenberg, "The Nose, the lie, and the Duel in the Antebellum South," *AHR* 95 (1990): 57 – 74.

33. Henry Adams, *History of the United States of America During the Administrations of Thomas Jefferson and James Madison*, 2 vols. (New York, 1986), vol. 1, 429 – 430.

34. 这里对此种政治敌对的描述，参考了多种资料，但最简明扼要的总结见 Syrett, vol. 26, 238 – 239。

35. Syrett 及 Cooke, eds. , *Interview at Weehawken*, 16 – 17.

36. Hamilton to Oliver Wolcott, Jr. , 16 December 1800, Syrett, vol. 25, 257 – 258.

37. 对伯尔在 1801 年总统选举中的所作所为最有利解释，见 Lomask, Aaron Burr, vol. 2. 268 – 295, 不过，尽管作者认为伯尔没有犯什么罪，但也没有确信伯尔是无辜的。

38. 对伯尔性格简明扼要、公平同时也提出质疑的描述，见 Stanley Elkins and Eric McKitrick, *The Age of Federalism: The Early American Republic, 1787 – 1800* (New York, 1993), 743 – 746。

39. Adams, *History*, vol. 1, 409 – 430; 参见 Henry Adams, ed. , *Documents Relating to New England Federalsim, 1800 – 1815* (Boston, 1905), 46 – 63, 107 – 330, 338 – 365。

40. Hamilton to Theodore Sedgwick, 10 July 1804, Syrett, vol. 26, 309；参见编者的详细评论，310。

41. 有关这个时期美国政治内在脆弱性的最佳著作，是 James Roger Sharp, *American Politics in the Early Republic*: *The New Nation in Crisis* (New Haven, 1993)。

42. 这里提到的案例是 People v. Croswell，是在 1804 年庭审辩论的，在这个案例中汉密尔顿为 *The Wasp* 的编辑辩护，这份报纸发表了针对亚当斯、杰斐逊和华盛顿的诽谤性言论。汉密尔顿的辩论意见是（尽管下级法院的判决违反了这个原则）：如果说的是事实，则这是对诽谤指控的合法辩护理由。汉密尔顿输了，但纽约州议会颁布了一项有关诽谤罪的法律，该法律将汉密尔顿的观点纳入其中。有关对该事件的描述，见 Cooke, *Alexander Hamilton*, 359。

43. John R. Howe, Jr., "Republican Thought and the Political Violance of the 1790s," *American Quarterly* 19 (Spring 1967): 148 – 165 是有关共和国早期政治生态脆弱性的最佳论文。在 Elkins and McKitrick, *The Age of Federalism* 这一权威政治文化历史著作中，这一点也是主要线索之一，特别是 3 – 50 页。

44. 对伯尔暗淡政治前景的描述，见 Lomask, *Aaron Burr*, vol. 1, 302；有关汉密尔顿的政治前景，见 Cooke, *Alexander Hamilton*, 238. 见 Adams, ed., *Documents*, 167 中对约翰·昆西·亚当斯原话的记载。霍姆斯的话，

则见 Leonard Levy, ed., *American Constitutional Law*: *Historical Essays* (New York, 1966), 57。

第二章　晚宴

1. 见 Boyd, vol. 17, 205 – 207 中杰斐逊对晚宴的描述。三篇学术论文则对如何解读此次晚宴进行了论述：Jacob E. Cooke, "The Compromise of 1790", *WMQ* 27 (1970): 523 – 545; Kenneth Bowling, "Dinner at Jefferson's: A Note on Jacob E. Cooke's 'The Compromise of 1790,'" *WMQ* 28 (1971): 629 – 648; Norman K. Risjord, "The Compromise of 1790: New Evidence on the Dinner Table Bargain," *WMQ* 33 (1976): 309 – 314.

2. New York Journal, 27 July 1790, 载于 Boyd, vol. 17, 182。

3. Jefferson to James Monroe, 20 June 1790, Boyd, vol. 16, 536 – 538. 参见 Monroe to Jefferson, 3 July 1790, ibid., 596 – 597。

4. Boyd, vol. 17, 207.

5. 有关麦迪逊是一个重要政治思想家的观点，见 Lance Banning, *The Sacred Fire of Liberty*: *James Madison and the Founding of the Federal Republic* (Ithaca, N. Y., 1995); Drew McCoy, *The Last of the Fathers*: *James Madison and the Republican Legacy* (Cambridge, 1989); 及 Marvin Meyers, ed., *The Mind of the Founder*: *Sources of the*

Political Thought of James Madison（Hanover，N. H. 1981）。

6. 有关麦迪逊 1780 年代职业生涯最深入、最简洁的描述，见 Smith，vol. 1，204 – 661 中对他与杰斐逊通信的介绍性叙述。

7. Irving Brant，*James Madison*，6 vols.（Indianapolis，1941 – 1961）是公认的麦迪逊传记。参见 Ralph Ketcham，*James Madison：A Biography*（New York 1971），及 Jack N. Rakove，*James Madison and the Creation of the American Republic*（Glenviw，Ill. ，1990）。这些话摘自 Madison to Jared Sparks，1 June 1831，Gaillard Hunt，ed. ，*The Writings of James Madison*，10 vols.（New York，1890 – 1910），vol. 9，460。

8. 摘自 McCoy，*The Last of the Fathers*，xiii。

9. Adrienne Koch，*Jefferson and Madison：The Great Collaboration*（New York，1950）.

10. *Hamilton to Madison*，12 October 1789，Rutland，vol. 12，434 – 435；有关杰斐逊在巴黎期间对宪法的看法，见 Joseph J. Ellis，*American Sphinx：The Character of Thomas Jefferson*（New York，1997），97 – 105。

11. 有关杰斐逊这种每一代人均是自己主权者的观点的权威作品，见 Herbert E. Sloan，*Principle and Interest：Thomas Jefferson and the Problem of Debt*（New York，1995）。

12. 另一个比较好的对麦迪逊谈话的描述，见 Stanley Elkins and

Eric McKitrick, *The Age of Federalism: The Early American Republic, 1787－1800* (New York, 1993), 77－92。

13. *Report Relative to a Provision for the Support of Public Credit*, in Syrett, vol. 6, 52－168, 其中对汉密尔顿计划的主要内容进行了颇有助益的介绍。

14. 见麦迪逊 1790 年 2 月 11 日在众议院的演讲, in Rutland, vol. 13, 34－39; 参见 Madison to Jefferson, 24 January 1790, ibid. 3－4. Benjamin Rush to Madison, 18 February 1790, ibid., 45－47。

15. Ibid., 36－37, 47－56, 58－59.

16. Ibid., 60－62, 65－66, 81－82, 163－174 记载了麦迪逊反对债务接管的主要演说。

17. Madison to Jefferson, 8 March 1790; Madison to Edmund Randolph, 21 March 1790; Madison to Henry Lee, 13 April 1790, ibid., 95, 110, 147－148.

18. Lee to Madison, 4 March, 3 April 1790, ibid., 87－91, 136－137.

19. Madison to Edmund Pendelton, 2 May 1790; George Nicholas to Madison, 3 May 1790; Edward Carrington to Madison, 7 April 1790, ibid., 184－185, 187, 142.

20. Madison to Jefferson, 17 April 1790, ibid., 151.

21. 这里对汉密尔顿性格的描述，与我参考了多种传记之后形成的观点一致。不安全感这一主题，是贯穿 Jacob Ernest Cooke, *Alexander Hamilton: A Biography* (New

York，1979），v – vi 的主线。

22. 无数历史学家和传记作家对此进行了反复描述。在所有
    传记中，我发现 Forrest McDonald，*Alexander Hamilton*
    （New York，1979），117 – 188 对这些主题进行了最具
    开创性的描述，而 Cooke，*Alexander Hamilton*，73 – 84
    则是最为可靠合理的。*Report on the Public Credit* 的背
    景，则在 Syrett，vol. 6，51 – 65 中进行了简明扼要的合
    理描述。

23. 有关汉密尔顿反对"歧视"的论述，见 Syrett，vol. 6，
    70 – 78，以及该书中的编者评论，ibid.，58 – 59。

24. Ibid.，70，80 – 82.

25. 有关"修补篱笆"的言论，见 Cooke，Alexander Hamilton，
    94。本书这里及后续段落中做出的解释，主要参考了一
    些公认的作品。我所见过的最具影响力的二次描述，是
    Jacob E Cooke，ed.，*The Reports of Alexander Hamilton*，
    vii – xxiii，以及 Elkins and McKitrick，*The Age of
    Federalism*，93 – 136. 后者还讨论了汉密尔顿"预测"
    能力，即作者认为具有预测经济趋势的能力。我这里想
    说的是，汉密尔顿"预测"的前景，很大程度上是他个
    人独特性格的投射。

26. Madison to Lee，13 April 1790，Rutland，vol. 22，147 – 148.

27. Hamilton to Lee，1 December 1789，Syrett，vi，i；
    Hamilton to William Duer，4 – 7 April 1790，ibid.，346 –
    347，编者对杜尔的辞职及其犯了偷窃罪的无可争辩的

事实进行了描述。我们现在估计，被他以个人目的挪用的联邦资金有 30 万美元。

28. Bruce A. Ragsdale, *A Planter's Republic*：*The Search for Economic Independence in Revolutionary Virginia* （Madison，1994）对弗吉尼亚农场主的经济困境做了最好的研究。更早一些但依旧有益的研究包括 T. H. Breen, *Tobacco Culture*：*The Mentality of the Great Tidewater Planters on the Eve of the American Revolution* （Princeton，1985），以及 Norman Risjord, *Chesapeake Politics，1781 – 1800* （New York，1978），84 – 123。有关杰斐逊的经济处境以及给他带来的心理影响，见 Sloan, *Principle and Interst*，86 – 124。

29. 有关这年春天杰斐逊的处境，见 Jefferson to Thomas Mann Randolph, 9 May 1790, Boyd, vol. 16，416. 华盛顿的健康问题，见 Jefferson to Randolph, 16 May 1790；Jefferson to William Short, 27 May 1790, ibid. , 429，444. 杰斐逊主要关注的是他的 *Report on Weights and Measures*, ibid. , 602 – 675。

30. 有关杰斐逊在巴黎的时光，见 Dumas Malone, *Jefferson and His Time*, 6 vols. （Boston，1948 – 1981），vol. 2，and Ellis, *American Sphinx*，64 – 117。此处引用文字记载于 Jefferson to Francis Hopkinson, 13 March 1789, Boyd, vol. 14，650。

31. Pauline Maier, *American Scripture*：*Making the Declaration*

of Independence (New York, 1997), 154 – 208.

32. Jefferson to Randolph, 18 April 1790; Jefferson to Lee, 26 April 1790; Jefferson to Randolph, 30 May 1790; Jefferson to George Mason, 13 June 1790, Boyd, vol. 16, 351, 385 – 386, 449, 493.

33. Kenneth Bowling, *The Creation of Washington*, *D. C.*: *The Ida and Location of the American Capital* (Fairfax, ∕ va. , 1991), x – xi, 148.

34. Ibid. , 129 – 138, 161 – 181.

35. Madison to Pendleton, 20 June 1790, Rutland, vol. 13, 252 – 253; Richard Peters to Jefferson, 20 June 1790, Boyd, vol. 16, 539.

36. Rutland,vol. 12, 369 – 370, 396, 416 – 417 中记载麦迪逊在众议院的演说。

37. Bowling,*The Creation of Washington*, 190 – 191. 我非常崇拜 C. M. Harris 的 " Wahsington's Gamble, L'Enfant's Dream: Politics, Design, and the Founding of the National Capital," *WMQ* 56 (July 1999): 527 – 564, 但我看到时已经晚了, 不再有机会改变本书中的叙述。

38. Ibid. , 106 – 126, 164 – 166.

39. Madison to Pendleton, 20 June 1790, Rutland, vol. 13, 252 – 253.

40. Risjord, "The Compromise of 1790," 309; Bowling, *The Creation of Washington*, 179 – 185; Rutland, vol. 13, 243 –

246 中的编者评论。

41. Cooke, "The Compromise of 1790," 523 – 545 强调两个问题——债务接管问题和首都选址问题——之间是没有直接关联的。他认为，相关交易是在杰斐逊家那次晚宴之前的多次会议中达成的。我的观点是，最后这次晚宴敲定了交易，就弗吉尼亚债务问题达成了协议。如果不将首都选址问题联系在一起，不论是杰斐逊还是麦迪逊，都不会愿意就弗吉尼亚债务问题达成协议。

42. Jefferson to George Gilmer, 27 June, 25 July 1790, Boyd, vol. 16, 269, 575. 有关州及联邦债务问题的公认著作是 E. James. Ferguson, *The Power of the Purse*：*A History of American Public Finance* (Chapel Hill, 1961)。William G. Anderson, *Price of Liberty*：*the Public Debt of the American Revolution* (Charlottesville, 1983) 则进行了一些细节更正。

43. Daily Advertiser 中的原话，收录于 Boyd, vol. 17, 452, 460。参见 Bowling, *The Creation of Washington*, 201。

44. "Jefferson's Report to Washington on Meeting Held at Georgetown," 14 September 1790, Boyd, vol. 17, 461 – 462.

45. Thomas Lee Shippen to William Shippen, 15 September 1790, ibid., 464 – 465 记载了杰斐逊 9 月在这一地区逗留的情况。Jefferson to Washington, 17 September 1790, ibid., 466 – 467 记载了这次弗农山庄谈话。"Memorandum on the Residence Act," 29 August 1790, Rutland, vol. 13,

294 - 296 记录了麦迪逊赞同与其争论不如着手测量的战略是一个更好选择的观点。Bowling, *The Creation of Washington*, 212 - 213 则记载了华盛顿在这一地区持有土地的情况。

46. Jefferson to Washington, 27 October 1790, Boyd, vol. 17, 643 - 644; 麦迪逊在众议院的演说, 见 Rutland, vol. 12, 264 - 266。

47. John Harvie, Jr. to Jefferson, 3 August 1790, Boyd, vol. 17, 296; Carrington to Madison, 24 December 1790, Rutland, vol. 13, 331 - 332 中记载了这里引述的弗吉尼亚决议的相关文字。

48. Federal Gazette, 20 November 1790, 在 Boyd, vol. 17, 459 中引述。

49. "Conjectures About the New Constitution," 17 - 30 September 1787, Syrett, vol. 6, 59; Hamilton to John Jay, 13 November 13790, Syrett, vol. 7, 149 - 150.

50. 三本学术著作以不同方式讨论了这个主题: Richard Buel, Jr. , *Securing the Revolution*: *Ideology in American Politics, 1789 - 1815* (Ithaca, N. Y. 1972); Roger Sharp, *American Politics in the Early Republic*: *The New Nation in Crisis* (*New Haven, 1993*) 对宪法妥协的临时性进行了特别好的阐释; Elkins and McKitrick, *The Age of Federalism*, 则对这个问题进行了全面探究。

51. Adams to Francis Venderkemp, 24 November 1818,

Adams, reel 122.

52. 有关 1790 年代华盛顿特区建设情况，见 Bob Arnebeck，*Through a Fiery Trial*：*Building Washington*，*1790 – 1800*（Lanham，Md.，1991）。James Sterling Young，*The Washington Community*，*1800 – 1828*（New York，1966）则对新首都选址对政治生态的影响，进行了卓有成效的分析。

53. Elkins and McKitrick，*The Age of Federalism*，163 – 193 对将新首都设立在某个乡村地区对国家及文化的影响，进行了深入思考。

第三章　沉默

1. Linda Grant De Pauw et al.，*Documentary History of the First Federal Congress of the United States*，15 vols.（Baltimore，1972），vol. 12，277 – 87. 有关贵格会请愿的辩论则在对该时期的描述中顺带提及。例如，可参见 Stanley Elkins and Eric McKitrick，*The Age of Federalism*：*The Early American Republic*，*1787 – 1800*（New York，1993），151 – 152. Richard S. Newman，"Prelude to the Gag Rule：Southern Reaction to Antislavery Petitions in the First Federal Congress," *JER* 17（1996）则对这个问题进行了最全面、最具学术价值的最新探讨。参见 Howard Ohline，"Slavery，Economics，and Congressional Politics," *JSH* 46（1980）：

355 – 360。

2. First Congress, vol. 12, 287 – 288.

3. Ibid. , 289 – 290.

4. First Congress, vol. 3, 294. 请愿书全文，请见 Alfred Zilversmit, *The First Emancipation*：*The Abolition of Slavery in the North*（Chicago, 1967）, 159 – 160。

5. 后文马上会对这个问题进行更为深入的讨论。就目前而言，关于这个问题的最佳作品是 Donald L. Robinson, *Slavery in the Structure of American Politics*（New York, 1971）, 201 – 247; David Brion Davis, *The Problem of Slavery in the Age of Revolution*（Ithaca, N. Y. , 1975）, 122 – 131; Duncan J. MacLeod, *Slavery*, *Race and the American Revolution*（Cambridge, 1974）, 37 – 39; Paul Finkelman, *Slavery and the Founders*：*Race and Liberty in the Age of Jefferson*（London, 1996）, 1 – 33。参见 Sylvia R. Frey, *Water from the Rock*：*Black Resistance in a Revolutionary Age*（Princeton, 1991）。

6. First Congress, vol. 12, 296.

7. Ibid. , 307 – 308.

8. Ibid. , 308 – 310.

9. Ibid. , 297 – 298. 根据当时多份报纸的记载以及 Congressional Register 中的官方记载，First Congress 中记载了这个辩论的多个版本。这些不同版本的基本内容都是一样的，只是长度和细节不同而已。

10. Ibid. , 308.

11. Ibid. , 296 – 297, 307.

12. Ibid. , 298 – 299, 305 – 306.

13. Ibid. , 311.

14. Ibid. , 312.

15. First Congress, vol. 3, 295 – 296.

16. Gary B. Nash, *Race and Revolution* (Madison, 1990), 3 – 24 对独立战争年代进行了最有力的新解放主义解读。所有有关这个问题的主要文献，都强调了革命理念所激发的美好预期：Davis, *The Problem of Slavery in the Age of Revolution*, 48 – 55；Robinson, *Slavery in the Structure of American Politics*, 98 – 130；Winthrop Jordan, *White Over Black：American Attitudes Toward the Negro*, 550 – 1812 (Chapel Hill, 1968), 269 – 314。有关《独立宣言》准宗教力量的论述，见 Pauline Maier, *American Scripture：Making the Declaration of Independence* (New York, 1997)。参见相关论文，这些论文收录于 Ira Berlin and Ronald Hoffman, eds. , *Slavery and Freedom in the Age of the American Revolution* (Charlottesville, 1983)。

17. Robinson,*Slavery in the Structure of American Politics*, 124 – 129；MacLeod, *Slavery, Race and the American Revolution*, 21 – 29；Quaker Petition to the Continental Congress, 4 October 1783, Record Group 360, National Archives, Washington, D. C. 这一时期废奴运动文献的最佳汇编，

则是 Roger Burns, ed., *Am I not a Man and a Brother: The Antislavery Crusade of Revolutionary America, 1688 – 1788* (New York, 1977), 397 – 490。有关奴隶制这一制度的权威著作，则是 Philip Morgan, *Slave Counterpoint: Black Culture in the Eighteenth – Century Chesapeake and Low Country* (Chapel Hill, 1998)。

18. Zilversmit, The First Emancipation, 109 – 138.

19. Robert McColley, *Slavery in Jeffersonian Virginia* (Urbana, Ill., 1964), 141 – 162. 有关杰斐逊早期领导作用，见 Joseph J. Ellis, *American Sphinx: The Character of Thomas Jefferson* (New York, 1997), 144 – 146。

20. 这里，我努力调和有关奴隶制问题的文献。Davis, *The Problem of Slavery in the Age of Revolution* 是这方面的基本文献，它在处理这个问题的矛盾及理论与现实脱节方面，至今给人以深刻印象。有关革命理念的激进影响方面的最有力理论，则见 Gordon S. Wood, *The Radicalism of the American Revolution* (New York, 1992)，这部著作强调了平等主义理念通过潜移默化的方式取胜，从而最终建立了一个托克维尔在 1830 年代所描述的民主社会。然而，如果我们以奴隶制来作为独立战争革命理念的试金石，就会发现，独立战争的革命遗产并不那么激进。这方面最好的论述，见 William W. Freehling, "The Founding Fathers, Conditional Antislavery, and the Nonradicalism of the American Revolution," 载于 William

W. Freehling, ed., *The Reinterpretation of American History: Slavery and the Civil War* (New York, 1994), 76 – 84。

21. 麦迪逊这番话，是在 1787 年 6 月 28 日的制宪会议辩论中说的，收录于 Max Farrand, ed., *The Records of the Federal Convention of 1787*, 4 vols. (New Haven, 1937), vol. 1, 486 – 487. 当代对奴隶制在制宪会议上的地位的最简明研究，则是 Finkelman, *Slavery and the Founders*, 1 – 33. 开创性的学术研究则是 Staughton Lynd, ed., *Class Conflict, Slavery and the United States Constitution: Ten Essays* (Indianopolis, 1867)。根据 "最初意图" 来对这个问题进行最全面分析的则是 Jack N. Rakove, *Original Meanings: Politics and Ideas in the Making of the Constitution* (New York, 1996), 58, 70 – 74, 90 – 93。

22. Records, vol, 2, 21 – 223, 364 – 365, 396 – 403.

23. Records, vol. 1, 605; vol. 2, 306.

24. Finkelman, *Slavery and the Founders*, 34 – 57 强调了《西北条例》内在的模糊性。另一个较为乐观的分析，则是 William W. Freehling, "The Founding Fathers and Slavery," *AHR* 77 (1972): 81 – 93. 参见 Peter Onuf, "From Constitution of Higher Law: The Reinterpretation of the Northwest Ordinance," *Ohio History*, 94 (1985): 5 – 33。

25. Finkelman, *Slavery and the Founders*, 19 – 31; Rakove, *Original Meanings*, 85 – 89.

26. Jonathan Elliot, ed., *The Debates in the Several Sate Conventions on the Adoption of the Federal Constitution*, 5 vols. (Philadelphia, 1896), vol. 2, 41, 149, 484.

27. Elliot, ed., *Debates*, vol. 4, 286.

28. McColley, *Slavery and Jeffersonian Virginia*, 120, 163 – 190. 有关麦迪逊在 3/5 这个条款上的意见，见 Clinton Rossiter, ed., *The Federalist Papers* (New York, 1961), 338 – 339。

29. Elliot, ed., *Debates*, vol. 3, 273, 452 – 453, 598 – 599. 对宪法在奴隶制问题上的模棱两可这一问题在更大背景内进行分析，见 William Wiecek, *The Sources of Antislavery Constitutionalism in America, 1760 – 1840* (Ithaca, N. Y., 1977)。

30. First Congress, vol. 12, 649 – 662.

31. 这是一个很大胆的主张，但是建立在证据之上（后文将马上分析），而且与下述学术研究一致：Larry Tise, *Proslavery: A History of the Defense of Slavery in America, 1701 – 1840* (Athens, Ga., 1987)。

32. *First Congress*, vol. 12, 719 – 721, 725 – 735.

33. Ibid., 750 – 761.

34. Tise, *Proslavery*, 97 – 123 主张即使是"积极的善"这种观点，也是美国南部腹地在独立战争年代立场的一部分。我不大认同这一点，虽然南部腹地确实主张，相较于贫穷的自由和在非洲生活，非洲人确实更愿意选择当奴隶。然而，独立战争年代没有提出的主张是，南部奴隶生活境况要比北部工厂内奴隶的生活境况好一些，因为这从历史上看是不大可能的，因为当时工厂还没有出现。18 世纪末赞同奴隶制的观点，我相信，更站得住脚。例如，请见 Eric R. Papenfuse, *The Evils of Necessity*: *Robert Goodloe Harper and the Moral Dilemma of Slavery* (Philadelphia, 1997), 及 John P. Kaminski, ed., *A Necessary Evil? Slavery and the Debate Over the Constitution* (Madison, 1994)。

35. 这个时期有关应建立一个独特种族意识形态的最优雅论调，见 Barbara Jeanne Fields, "Slavery, Race and Ideology in the United States of America," *New Left Review* 181 (1990): 95 – 118。种族主义态度和信念是长期存在的这一观点的权威论述，见 Jordan, *White Over Black*。我这里试图说明的是，在这个时期之前，一个逻辑连贯或明确的种族主义意识形态是没有必要的，因为奴隶制已经将盎格鲁－撒克逊白人更优越这一观念制度化了，使得一个明确或系统的种族主义意识形态没有存在的必要。正如美国历史上最为恶劣的种族主义立法出现在 19 世纪末废除奴隶制之后一样，奴隶制在 18 世纪受到威胁的时候，最强有力的种族主义言论才开始浮现。但作为所有正式辩论和立法基础的潜在价值观，一直都是存在的。有关美国国徽的种族主义含义讨论，请见 Robinson, *Slavery in the Structure of American Politics*, 135。

36. 这段有关"革命年代"的话，摘自 Davis, *The Problem of Slavery in the Age of Revolution*, 306。一方面，Davis 的著作，在分析独立战争之后的奴隶制命运方面，依旧是最为系统的著作。另一方面，由于它将五十年作为一个时间单位整体讨论，这使得这个时期的发展变化，被纳入更大的整体之中，从而不可避免地使整个探讨失去了应有的章法。认为应有一项国家废奴计划的主张，见 Nash, *Race and Revolution*，该书强调这是一个历史机会，但并没有过于强调应抓住该机会的具体日期。它忽略了任何废奴计划所要面临的强大反对力量，进而提出了一个颇为奇怪的主张：当时废奴失败的主要责任承担者，甚至是罪魁祸首，就是北方。本书中的主张，我认为是无可争议的，废奴的关键是弗吉尼亚州。

37. 费尔法克斯和塔克的计划，收录于 Nash, *Race and Revolution*，146 – 165。对弗吉尼亚州流传出来的逐步解放黑人奴隶计划的每一个要点进行的最好分析，见 Jordan, *White Over Black*，555 – 567。

38. Robinson, *Slavery in the Structure of American Politics*，6 – 8 提出了最具体的经济估计以及最清晰的负面判断，其结论是"奴隶制不可能在建国阶段的政治进程中被废除"。Nash, *Race and Revolutions*，5 – 6，20，则没有提出奴隶解放是可行的经济证据，但假定未能采取解放奴隶的措施是由于道德上或政治上的原因，并强调北方没有发挥领导力，从而暗示解放奴隶的经济代价并不是不可克服的。Freehling, "The Founding Fathers, Conditional Antislavery, and the Nonradicalism of the American Revolution," 76 – 84 则采取了一种较为谨慎的、中立的立场，它没有进行经济分析，但提出政治、经济、种族因素结合在一起，限制了选项，并基本上使得奴隶制会存续下去。有关杰斐逊从废奴运动先锋倒退到废奴运动拖后腿者的论述，见 Ellis, *American Sphinx*, 146 – 152。

39. 例如，塔克计划只会解放二十八岁以上的女奴，之后当他们的孩子到达相同年龄时，也会获得解放。（纽约州和新泽西州通过的逐步解放法案有类似的规定，主要是为了处理奴隶解放的影响及相关成本。）塔克强调他的解放奴隶计划是逐步实现，从而对于当代人来说，基本是零成本。他没有明确说明补偿的具体水平，我自己的估计是大约五千万美元，当然，这不过是我的一个合理猜测罢了。无论如何，我进行这种估计的目的是为了让大家理解，当时相关计划所带来的现实经济代价。或许应该建立一个数额逐步减少的补贴计划，从而鼓励奴隶主在法定期限之内尽早解放奴隶。

40. Freehling, "The Founding Fathers, Conditional Antislavery, and the Nonradicalism of the American Revolution," 83 则更有力地提出了相同观点："从来都不存在不论肤色、种族、性别的社会秩序，不仅在这里没有，其他地方也没有。"

41. P. J. Staudenraus, *The African Colonization Movement, 1816 – 1865*（New York, 1961）是这方面的权威。参见

George M. Fredrickson, *The Black Image in the White Mind: The Debate on Afro-American Character and Destiny, 1817-1914* (New York, 1971)。在当时的全部主要政治家中，麦迪逊对返回非洲这一选项进行了最多的思考。有关这一思想的总结，请见 Drew McCoy, *The Last of the Fathers: James Madison and the Republican Legacy* (Cambridge, 1989), 279-283。

42. 最好的富兰克林传记，依旧是 Carl Van Doren, *Benjamin Franklin* (New York, 1938)。当代最好的传记则是 Esmond Wright, *Franklin of Philadelphia* (Cambridge, 1986)。有关富兰克林作为科学家的贡献，请见 I. Bernad Cohen, *Science and the Founding Fathers* (New York, 1995), 135-195。试图抹杀富兰克林历史功绩的经典著作是，D. H. Lawrance, *Studies in Classic American Literature* (New York, 1924), 15-27。有关富兰克林不断变化的历史形象，请见 Nian-Sheng Huang, *Benjamin Franklin in American Thought and Culture* (Philadelphia, 1994)。有关富兰克林性格的深入分析，见 Robert Middlekauf, *Benjamin Franklin and His Enemies* (Berkeley, 1996)。这些学术作品不过是冰山一角。有关杰斐逊将富兰克林排在华盛顿后面，其他人都是"二等人物"的观点，请见 Jefferson to William Carmichael, 12 August 1788, Boyd, vol. 13, 502。

43. 富兰克林在费城政界的早期经历，将 William Hanna,

Benjamin Franklin and Pennsylvania Politics（Stanford, 1964）。在英国生活的时光，请见 Verner W. Crane, *Benjamin Franklin's Letters to the Press, 1758 – 1775*（Chapel Hill, 1950）。他在巴黎的生活时光，请见 Claude-Ann Lopez, *Mon Cher Papa: Franklin and the Ladies of Paris*（New Haven, 1990）。

44. *Records*, vol. 3, 361 记载了富兰克林向制宪会议提交的废奴请愿书。登什·考克斯当时是宾夕法尼亚州废奴协会的成员，他敦促富兰克林撤回请愿书，理由是"这不是一个恰当的时机和地点，会阻碍废奴运动"（摘自 Davis, *The Problem of Slavery in the Age of Revolution*, 321）。

45. Albert H. Smyth, ed., *The Writings of Benjamin Franklin*, 10 vols.（New York, 1907）, vol. 10, 87 – 91.

46. *First Congress*, vol. 12, 809 – 810, 812 – 822, 825 – 827.

47. 在所有认为沉默是最高领导形式的主要政治家中，华盛顿是最令人着迷的，这部分是因为他是最大的奴隶主（他的几个庄园总共有三百多个奴隶），部分是因为他，或许也只有他，有能力改变政治语境，如果他选择这么做的话。华盛顿的话摘自 Washington to John Mercer, 9 September 1786, John C. Fitzpatrick, ed., *The Writings of George Washington*, 39 vols.（Washington, D. C., 1931 – 1944）, vol. 29, 5。参见 Fritz Hirschfeld, *George Washington and Slavery: A Documentary Portrayal*（St. Louis, 1997）。

有关与华盛顿文集的编辑就这一问题的对话，请见 Sarah Booth Conroy, *Washington Post*, February 16, 1998。当然，华盛顿是约翰·亚当所谓有"沉默天赋"的那一代中最为突出的人物。事后来看，这可能是我们希望他这种天赋不发生作用的唯一场合。

48. Madison to Edmund Randolph, 21 March 1790; Madison to Benjamin Rush, 20 March 1790, Rutland, vol. 13, 109 – 110.

49. Madison to Rush, 20 March 1790; Thomas Pleasants, Jr., to Madison, 10 July 1790; Madison to Robert Pleasants, 30 October 1791, Rutland, vol. 13, 109, 271, vol. 14, 117. 参见 McColley, *Slavery in Jeffersonian Virginia*, 182。

50. Madison to Rush, 20 March 1790, Rutland, vol. 13, 109. 对麦迪逊在奴隶制问题上一贯模棱两可的立场的最精确分析，见 McCoy, *The Last of the Fathers*, 217 – 322。

51. Madison to Randolph, 21 March 1790, Rutland, vol. 13, 110.

52. First Congress, vol. 12, 832 – 844. John Pemberton to James Pemberton, 16 March 1790, 收录于 Nash, *Race and Revolution*, 41。

53. *First Congress*, vol. 3, 338 – 339 记载了就该委员会报告进行辩论及投票的情况。

54. Ibid., 340 – 341.

55. Ibid., 341 有该决议的最终版本。麦迪逊的话，见 *First Congress*, vol. 12, 842. 华盛顿的话则记载于 Washington to

David Stuart, 28 March 1790, Fitzpatrick, vol. 31, 28 – 30。

56. 见 1792 年请愿书，收录于 *Annals of Congress*, 2d Congress, 2d Session, 728 – 731。韦伯斯特的话，见 Daniel Webster to John Bolton, 17 May 1833, Charles Wiltse, ed. , *The Papers of Daniel Webster*, 7 vols. (Hanover, N. H. , 1974 – 1986), vol. 3, 252 – 253。

57. *First Congress*, vol. 3, 375.

第四章 告别

1. 关于华盛顿的神化，有三本著作进行了系统研究：Marcus Cunliffe, *George Washington, Man and Monument* (Boston, 1958); Paul Longmore, *The Invention of George Washington* (Berkeley, 1988); Barry Schwartz, *The Making of an American Symbol* (New York, 1987)。

2. Longmore, *The Invention*, 24; Schwartz, *The Making of an American Symbol*, 127; Richard Brookhiser, *Founding Father: Rediscovering George Washington* (New York, 1996), 22 – 23.

3. Albert H. Symbol, ed. , *The Writings of Benjamin Franklin*, 10 vols. (New York, 1907), vol. 10, 111 – 112.

4. Jefferson to Washington, 23 May 1792, Boyd, vol. 22, 123; Schwartz, *The Making of an American Symbol*, 38 – 39; Gary Wills, *Cincinnatus: George Washington and the*

Enlightenment （New York， 1984）.

5. Victor H. Paltsits， ed. ， *Washington's Farewell Address* （New York， 1935）， 2 – 3.

6. Matthew Spalding and Patrick J. Garrity， *A Sacred Union of Citizens：George Washington's Farewell Address and the American Character* （Lanham， Md. ， 1996） 是最新、最全面的一本研究著作。相关历史学研究，请见 Burton J. Kaufman， *Washington's Farewell Address：The View from the Twentieth Century* （Chicago， 1969）。Stanley Elkins and Eric McKitrick， *The Age of Federalism：The Early American Republic， 1787 – 1800* （New York， 1993）， 489 – 528 对华盛顿退休对 1790 年代政治文化的重大影响，进行了深入分析。

7. Spalding and Garrity， *A Sacred Union*， 45 – 48；Paltsits， ed. ， *Washington's Farewell Adress*， 308 – 309.

8. Syrett，vol. 20， 169 – 173 对汉密尔顿的角色进行了优秀的分析；Paltsits， ed. ， *Washington's Farewell Address*， 30 – 31；Smith， vol. 2， 940 记载了艾姆斯的话；Madison to Monroe， 14 May 1796， vol. 2， 941. James Thomas Flexner， *George Washington：Anguish and Farewell， 1793 – 1799* （Boston， 1972）， 292 – 307。

9. John Adams to Abigail Adams， 14 January 1797， 收录于 Smith， vol. 2， 895. 有关杰斐逊版本的西塞罗式姿态，见 Joseph J. Ellis， *American Sphinx：The Character of Thomas Jefferson* （New York， 1997）， 139 – 141。

10. Schwartz, *The Making of an American Symbol*, 18 – 19 对华盛顿的身体特征进行了很好说明，而且还提到了拉什的话。Brookhiser, *Founding Father*, 114 – 115 也对华盛顿的身体特征进行了很好的说明。Mantle Fielding, *Gilbert Stuart's Portraits of Washington* (Philadelphia, 1933), 77 – 80 则是当代对有敏锐艺术视觉的艺术家所描绘的华盛顿身体特征的最优秀分析。Washington to Robert Lewis, 26 June 1796, Fitzpatrick, vol. 35, 99, 华盛顿说自己已经衰老了。

11. Adams to Benjamin Rush, 22 April 1812, Alexander Biddle, ed. , *Old Family Letters* (Philadelphia, 1892), 161 – 173, 375 – 381 则记载了亚当斯对华盛顿的评论，以及华盛顿 "沉默的天赋"。

12. 杰斐逊的话在他自己的 "Anas" 之中，收录于 Ford, vol. 1, 168。同理，见 Jefferson to Madison, 9 June 1793, Smith, vol. 2, 780 – 782. 有关华盛顿身体已经衰老的证据，见 Flexner, *George Washington*, 156 – 157。

13. Aurora, 17 October 1796.

14. Ibid. , 6 March 1796; Schwartz, *The Making of an American Symbol*, 68, 99; John Keane, *Tom Paine*: *A Political Life* (Boston, 1995), 430 – 452.

15. Washington to David Humphreys, 12 June 1796, Fitzpatrick, vol. 35, 91 – 92.

16. 该段报纸评论，收录于 Douglas S. Freeman, *George*

Washington: *A Biography*, 7 vols. （New York, 1948 – 1957）, vol. 7, 321。有关华盛顿的君主做派，请着重参考 Schwartz, *The Making of an American Symbol*, 48 – 61。

17. 那个年代中，对华盛顿的独特而又高度矛盾的地位，有最深刻理解的人，非亚当斯莫属。亚当斯认识到有一个核心领导对于联邦政府保持团结的绝对重要性，同时又认识到将华盛顿神化为超人，是危险的。亚当斯在退休之后给本杰明·拉什的信中，对这个问题进行了明确的探讨。见 Spur, 185 – 186。

18. 对华盛顿告别演说不同解读的最好总结，见 Arthur A. Markowitz, "Washington's Farewell and the Historians," *Pennsylvania Magazine of History and Biography*, 94 （1970）: 173 – 191。着重参见 Felix Gilbert, *To the Farewell Address*: *Ideas of Early American Foreign Policy* （Princeton, 1961）。

19. Wills, *Cincinnatus*, 3 – 16 中对华盛顿强烈的告别情绪进行了深入描述。

20. 有关他在军队有关退休的演说，以及后续在国会有关退休的演说，见 Writings, 542 – 545, 547 – 550。乔治三世的话，见 Wills, *Cincinnatus*, 13。

21. 关于这个问题的两本优秀著作是 Don Higginbotham, *George Washington and the American Military Tradition* （Athens, Ga., 1985）, 以及 Charles Royster, *A Revolutionary People at War*: *The Continental Army and American Character*

（Chapel Hill，1979）。

22. Washington to John Barrister, 21 April 1778, Fitzpatrick, vol. 6, 107 – 108.

23. 对安德鲁执行死刑是华盛顿在独立战争年代做出的最不受欢迎的决定，并因此引发了言辞激烈的通信。见 Writings, 387 – 390。

24. Washington to Henry Laurens, 14 November 1778, Fitzpatrick, vol. 13, 254 – 257. 这一观点的重要性在 Edmund S. Morgan 有关华盛顿生平的文章 *The Meaning of Idenpendence* （New York，1976），47 – 48 中被强调。

25. Writings, 516 – 517.

26. Ibid. , 517.

27. Isaiah Berlin, *The Hedgehog and the Fox: An Essay on Tolstoy's View of History* （London，1954）.

28. Washington to Humphreys, 3 March 1794, Fitzpatrick, vol. 32, 398 – 399.

29. Writings, 840; Washington to Charles Carroll, 1 May 1796, Fitzpatrick, vol. 37, 29 – 31.

30. Lawrence Kaplan, *Entangling Alliances with None: American Foreign Policy inthe Age of Jefferson* （Kent, Ohio, 1987） 强调了美国政治领袖们的共识。Elkins and McKitrick, *The Age of Federalism*，375 – 450 则认为政党争执是当时深刻分裂的一种严肃表达方式。我比较赞同这种观点。

31. 有三本学术著作非常重要：Samuel Flagg Bemis, *Jay's Treaty: A Study in Commerce and Diplomacy* (New Haven, 1962); Jerald A. Combs, *The Jay Treaty: Political Background of the Founding Fathers* (Berkeley, 1970); Elkins and McKitrick, *The Age of Federalism*, 375 –450。

32. Smith, vol. 2, 882 – 883; Adams to William Cunningham, 15 October 1808, *Correspondence Between the Honorable John Adams... and William Cunningham*, Esq. (Boston, 1823), 34; Washington to Edmund Randolph, 31 July 1795, Fitzpatrick, vol. 34, 266.

33. Madison to Jefferson, 4 April 1796, Smith, vol. 2, 929 – 930; Jefferson to Edward Rutledge, 30 November 1795, Ford, vol. 7, 39 –40.

34. Smith, vol. 2, 887 – 888; Jefferson to Monroe, 21 March 1796, Ford, vol. 7, 67 –68.

35. Jefferson to Madison, 27 March 1796; Madison to Jefferson, 9 May 1796, Smith, vol. 2, 928, 937; Jefferson to Monroe, 12 June 1796, Ford, vol. 7, 80. 杰斐逊对《杰伊条约》获得通过的原因的分析是非常精确的，但华盛顿的影响尽管非常重要，也得益于关心获得西部土地的议员的态度转变。英国从军事堡垒中退出的承诺，实际上是为了执行《巴黎条约》（1783 年）中的承诺。这是造成这种转变的重要原因。同样重要的是有关《平克尼条约》的消息，在这个条约中，西班牙获得了进入密西西比河的许可，这使得在美国大西部内陆地区建立居住区并开展商业的可能性大大增加了。

36. 有关杰斐逊更为完整的分析，见 Ellis, *American Sphinx*，特别是 151 – 152 页。

37. 这是杰斐逊在他的"Anas"中采取的阴谋论，这本书是杰斐逊在退休期间收集并拟最终出版的各种奇闻轶事和谣言的合集。有关奇闻轶事，见 Ford, vol. 1, 168 – 178. 对"Anas"的最佳分析，见 Joanne Freeman, "Slander, Poison, Whispers and Fame: Jefferson 'Anas' and Political Gossip in Early Republic," *JER* 15 (1995): 25 – 58。杰斐逊最能说明问题的话，包括他所说的"他们都住在城里面"，见 "Notes on Professor Ebeling's Letter of July 30, 1785," Ford, vo. 7, 44 – 49。

38. 有关威士忌暴动，见 Thomas P. Slaughter, *The Whiskey Rebellion* (New York, 1986)。有关华盛顿对这次暴动的反应，见 Richard H. Kohn, "The Washington Administration's Decision to Crush the Whiskey Rebellion," *JAH* 59 (1972): 567 – 574。

39. Jefferson to Mann Page, 30 August 1795, Ford, vol. 7, 24 – 25. 参见 Jefferson to Monroe, 26 May 1795, Ford, vol. 7, 16 – 17; Jefferson to Madison, 30 October 1794, Smith, vol. 2, 858。对杰斐逊阴谋论进行的分析是 Lance Banning, *The Jeffersonian Persuasion: Evolution of a Party Ideology* (Ithaca, N. Y., 1978)。

40. Jefferson to Phillip Mazzei, 24 April 1796, Ford, vol. 7, 72 – 78. 这封信最终在 1797 年 3 月 14 日纽约的一份报纸 *The Minerva* 上发表了。发表之后，弗农山庄和蒙蒂塞洛之间的通信终止了。

41. 摘自 Jefferson to Tench Coxe, 1 June 1795, Ford, vol. 7, 22。

42. Jefferson to Coxe, 1 May 1794; Jefferson to William Short, 3 January 1793, Ford, vol. 6, 507 – 508, 153 – 156.

43. Jefferson to Monroe, 16 July 1796, Ford, vol. 7, 89.

44. Washington to Jefferson, 6 July 1794, *Writings*, 951 – 954. 有关支持杰斐逊一方的叙述，见 Dumas Malone, *Jefferson and His Times*, 6 vols. (Boston, 1948 – 1981), vol. 3, 307 – 311。

45. 有关门罗作为驻法公使的行为的最佳分析，见 Elkins and McKitrick, *The Age of Federalism*, 497 – 504。华盛顿试图理解门罗的有关通信包括：Washington to Hamilton, 26 June 1796, Syrett, vol. 20, 239; Washington to Secretary of State, 25 July and 27 July, 1796; Washington to Monroe, 26 August 1796, Fitzpatrick, vol. 35, 155, 157, 187 – 190。有关门罗支持法国扣押美国货物的评论，请见 Fitzpatrick, vol. 35, 155, 157, 187 – 190, 请见 Syrett, vol. 20, 227。

46. 对伦道夫在当代学术研究中彻底失败的总结，见 Elkins and McKitrick, *The Age of Federalism*, 424 – 431。还可参见两个比较早但有助益的记述：W. C. Ford, "Edmund

Randolph on the British Treaty, 1795," *AHR* 12（1907）：587 – 599；Moncure D. Conway, *Omitted Chapters in the History Disclosed in the Life and Papers of Edmund Randolph*（New York, 1988）。

47. 与这一事件有关的通信包括：Randolph to Washington, 20, 29, 31 July 1795；Washington to Randolph, 22 July, 3 August 1795, Fitzpatrick, vol. 34, 244 – 255；参见 Washington to Hamilton, 29 July 1795, Syrett, vol. 18, 525. 伦道夫的声名在 Irving Brant, "Edmund Randolph. Not Guilty！" *WMQ* 7（1950）：179 – 198 中得到了过度辩护。

48. 有关作者是谁的争论，见 Spalding and Garrity, *A Sacred Union*, 55 – 58。

49. Paltsits, ed. , *Washington's Farewell Address*, 160 – 163, 212 – 217, 227.

50. Ibid. , 14 – 15, 241 – 243. 这个故事比较好的总结见 Spalding and Garrity, *A Sacred Uninion*, 46 – 49。

51. Paltsits, ed. , *Washington's Farewell Address*, 242.

52. Ibid. , 246 – 247；华盛顿发给汉密尔顿的第一稿收录于 ibid. , 164 – 173。

53. Ibid. , 249 – 250.

54. Ibid. , 250 – 253, 257. 参见 Syrett, vol. 20, 265 – 268, 292 – 293。

55. Washington to Hamilton, 25 August 1796, Syrett, vol. 20, 307 – 309. 相关段落版本收录于 ibid. , 294 – 303。有关

华盛顿编辑和修改的过程，见 Spalding and Garrity, *A Sacred Union*, 53 – 54。

56. *Writings*, 968.

57. Ibid., 974 – 975.

58. Paltsits, ed., Washington's Farewell Address, 260.

59. Ibid., 172.

60. Ibid., 252 – 253.

61. Ibid., 258 – 259.

62. Ibid., 245 – 257；Writings, 972.

63. 华盛顿第八个年度演说，见 *Writings*, 978 – 985。汉密尔顿的草稿，见 Syrett, vol. 20, 382 – 388。

64. Flexner, *George Washington*, 324 – 327, 以及 Elkins and McKitrick, *The Age of Federalism*, 495 – 496 特别强调了华盛顿的国家主义理念。有些历史学家认为这不过是汉密尔顿的作品，因此在他最后一个总统年度演说中，倒向了汉密尔顿派别。在我看来，这种解读只见树木、不见森林。实际上华盛顿并不需要汉密尔顿在这些问题上给他什么指示，而且他有自己的理由认为联邦政府作为一个独立机构应有更大的权力。核心理由是，联邦政府需要弥补他离开所带来的真空。即使是杰斐逊，他在1801年当选总统之后的主要目标就是瓦解而不是强化联邦政府和政策，也在第一任期内发现，华盛顿的预测（尽管当时华盛顿已经过世）依旧对政治生态有着影响。即便是19世纪早期杰斐逊获得了胜利，而联邦党人作为一个全国性力量被挫败，华盛顿的核心理念依旧存续下来，因为没有这种理念，美国作为一个国家将不复存在。我认为，如果华盛顿复活的话，他在 1861 年会站在林肯和联邦政府一边。

65. Paltsits, ed., *Washngton's Farewell Address*, 252 – 253.

66. 研究这个问题的专著（尽管不那么充分），是 Fritz Hirschfeld, *George Washington and Slavery*：*A Documentary Portrayal*（St. Louis, 1997）。另一个对华盛顿作为奴隶主地位的有益讨论，见 Flexner, *George Washington*, 432 – 448。当代作品中对这个问题进行了最深入探讨的则是 Robert E. Dalzell, Jr. and Lee Baldwin Dalzell, *George Washington's Mount Vernon*：*At Home in Revolutionary America*（New York, 1998）, 112, 211 – 219。

67. Writings, 956 – 957.

68. Ibid., 957 – 960.

69. Paltsits, ed., *Washington's Farewell Address*, 261 – 262；William Duane, *A Letter to George Washington…Containing Strictures of His Address*（Philadelphia, 1786）, 11 – 12；*Aurora*, 17 October 1796；Washington to Benjamin Walker, 12 January 1797, Fitzpatrick, vol. 35, 363 – 365.

70. Washington to Citizens of Alexandria, 23 March 1797, Fitzpatrick, vol. 35, 423.

71. 华盛顿对弗吉尼亚州政治现状的担忧，在 Washington to Patrick Henry, 9 October 1795, ibid., 335 中体现得最

为清楚。他对退休后共和党人在弗吉尼亚州的看法，则体现在 Washington to Henry Knox, 2 March 1797, Writings, 986 – 987, 以及 Washington to Lafayette, 25 December 1798, Fitzpatrick, vol. 37, 66 中。杰斐逊当时对华盛顿的观点同样是批判性的：“总统在泡沫马上就要破裂的时候撒手不干，留给其他人努力让泡沫不破裂，对他来说真是幸运啊……他将继续拥有一贯的好运气，就是收获别人努力获得的果实，并将他自己的错误留给其他人。”见 Jefferson to Madison, 8 January 1797, Smith, vol. 2., 955 以及 Malone, Jefferson and His Times, vol. 3, 307 – 311。作者试图对二者之间的分歧轻描淡写。有关华盛顿在首都建设中的作用，以及他考虑国家而不是弗吉尼亚的利益，见 C. M. Harris, "Washington's Gamble, L'Enfant's Dream：Politics, Design, and the Founding of the National Capital," *WMQ* 56（July 1999）：527 – 564。

72. Flexner, George Washington, 456 – 462.

第五章　合作

1. Merrill Peterson, *Adams and Jefferson：A Revolutionary Dialogue*（Oxford, 1978）从杰斐逊的角度来看待二人合作。我自己对亚当斯 – 杰斐逊的伙伴关系进行了两种解读：*Passionate Sage：The Character and Legacy of John*

Adams (New York, 1993), 113 – 142；以及 *American Sphinx: The Character of Thomas Jefferson* (New York, 1997), 235 –251。

2. Abigail Adams to Jefferson, 6 June 1785, Cappon, vol. 1, 28.

3. 有关亚当斯职业生涯的概要介绍，取材于下列传记：Gilbert Chinard, *Honest John Adams* (Boston, 1933); Page Smith, *John Adams*, 2 vols. (New York, 1962); Peter Shaw, *The Character of John Adams* (Chapel Hill, 1976)。从历史角度描述他公共职业生涯最好的一卷本传记，见 John Ferling, *John Adams: A Life* (Knoxville, Tenn., 1992)。有关亚当斯脾性的精准分析，见 Bernard Bailyn, *Faces of Revolution: Personalities and Themes in the Struggle for American Independence* (New York, 1990), 3 – 21；以及 Edmund S. Morgan, "John Adams and the Puritan Tradition," *NEQ* 34 (1961): 518 – 529。对亚当斯这位政治思想家最新、最全面的研究，见 C. Bradley Thompson, *John Adams and the Spirit of Liberty* (Lawrence, Kans., 1998)。

4. Adams to Abigail Adams, 19 December 1793, Charles Francis Adams, ed., *Letters of John Adams, Addressed to His Wife*, 2 vols. (Boston, 1841), vol. 2, 133。没有著作对亚当斯当副总统期间有令人满意的记述。Ferling, *John Adams*, 185 – 217 是全部传记作品中最完整的。参见 Linda Dudek Guerror, *John Adams's Vice – Presidency*

1789 – 97: *The Neglected Man in the Forgotten Office*（New York，1982）。

5. Adams to Abigail Adams，19 December 1793，12 March 1794，Adams，reel 377；Adams to Thomas Brand – Hollis，19 February 1792，Adams，reel 375.

6. 请见亚当斯和阿比盖尔之间的通信，特别是 1794 ~ 1796 年的通信，Adams，reels，378 – 381. Adams to Benjamin Rush，4 April 1790，Alexander Biddle，ed.，*Old Family Letters*（Philadelphia，1892），168 – 170。

7. Adams to Ebenezer Stokes，20 March 1790，Adams，reel 115.

8. James H. Hutson，"John Adams's Title Campaign，" *NEQ* 41（1968）：30 – 39；Jefferson to Madison，29 July 1789，Boyd，vol. 15，315 – 316.

9. Adams to William Tudor，28 June 1789；Adams to Rush，5 July 1789，Adams，reel 115.

10. 对体现在《与戴维拉对话集》中亚当斯思想的分析，见 Ellis，*Passionate Sage*，143 – 173 以及 Thompson，John Adams，149 – 173. 有关将亚当斯当作一个君主主义者的新闻报道，见 Dumas Malone，*Jefferson and His Times*，6 vols.（Boston，1948 – 1981），vol. 3，238 – 285。

11. 《与戴维拉对话集》最早是三十一篇文章构成的一个系列，从 1790 年 4 月开始发表在《美利坚合众国公报》上。Jefferson to Washington，8 May 1791，Ford，vol. 5，328 – 330；参见 Jefferson 在 "Anas" 中的记载，见

Ford, vol. 1, 166 – 167; Jefferson to Adams, 30 August 1791; Adams to Jefferson, 39 July 1791, Cappon, vol. 1, 245 – 250。

12. Jefferson to Adams, 30 August 1791, Cappon, vol. 1, 250. 有关杰斐逊后来对这个事情的回忆，他在回忆中强调了亚当斯是共和事业的背叛者这一点，见 Jefferson to William Short, 3 Janury 1825, Ford, vol. 10, 328 – 335。杰斐逊和亚当斯说的是一回事，和所有其他人说的完全是另一回事。

13. Adams to Abigail Adams, 3 February 1793, Adams, reel 376.

14. 有关亚当斯强烈反对法国大革命的介绍，见 Ellis, *Passionate Sage*, 91 – 98. 有关杰斐逊为什么支持法国大革命的分析，见 Adams to Abigail Adams, 3 February, 26 December 1793, Adams, reel 376。

15. Adams to Abigail Adams, 6 January 1794, Adams, reel 377.

16. Adams to John Quincy Adams, 3 January 1794, ibid.

17. 有关杰斐逊和麦迪逊合作的研究著作，是 Adrienne Koch, *Jefferson and Madison: The Great Collaboration* (New York, 1950)。 Madison to Jefferson, 5 October 1794, Smith, vol. 2, 857.

18. Jefferson to Madison, 5 October 1794, 27 April 1795, Smith, vol. 2, 857, 897 – 898; Jefferson to Adams, 25 April 1794, Cappon, vol. 1, 254; Jefferson to Washington, 14 May 1794, Ford, vol. 6, 509 – 510. 这些不过是关于

这个主题的大量通信中很小一部分而已。

19. Malone, *Jefferson and His Times*, vol. 3, 276 – 283 中对伯尔的来访以及弗吉尼亚当时政治环境有深入分析。见 Ellis, *American Sphinx*, 121 – 133, 其中有杰斐逊一方面能够隐居在蒙蒂塞洛, 另一方面又能够暗地发动总统选举攻势的分析。

20. Madison to Monroe, 26 February 1796, Smith, vol. 2, 940 – 941; Jefferson to Archibald Stuart, 4 January 1797, Ford, vol. 7 103.

21. 关于阿比盖尔·亚当斯非常有用的当代传记有三本: Charles W. Akers, *Abigail Adams*: *An American Woman* (Boston, 1980); Lynne Withey, *Dearest Friend*: *A Life of Abigail Adams* (New York, 1981); Phyllis Lee Levin, *Abigail Adams*: *A Biography* (New York, 1987)。尽管没有对她的一生进行介绍, 但对其性格的最好分析是 Edith B. Gelles, *Portia*: *The World of Abigail Adams* (Bloomington, IL, 1992)。相关引文引自 Adams to Abigail Adams, 5 December, 16 December 1794, Adams, reel 378; Abigail Adams to Adams, 5 January 1795, Adams, reel 379。

22. Adams to Abigail Adams, 2 December 1793, 12 March 1794; Abigail Adams, 6 December 1794, *Adams*, reel 378.

23. Abigail Adams to Adams, 4 January 1795; Adams to John Quincy Adams, 25 August 1795, *Adams*, reel 379.

24. Adams to Abigail Adams, 2, 6 December 1794, *Adams*, reel 378; Abigail Adams to Adams, 10 April 1796, *Adams*, reel 381.

25. Adams to Abigail Adams, 10 February 1796, *Adams*, reel 381.

26. Adams to Abigail Adams, 14 February 1796, *Adams*, ibid.

27. Abigail Adams to Adams, 21 January, 20 February 1796; Adams to Abigail Adams, 15, 19 March 1796, ibid.

28. Adams to Abigail Adams, 7 January 1796, ibid.; Abigail to Adams, 31 December 1796, 1 January 1797, *Adams*, reel 382.

29. Adams to Abigail Adams, 8 April, 8, 12 December 1796, *Adams*, reels 381, 382.

30. Jefferson to Madison, 1 January 1797, Smith, vol. 2, 953; Jefferson to Stuart, 4 January 1797, Ford, vol. 7, 102 – 103; Abigail Adams to Adams, 31 December 1796, *Adams*, reel 382.

31. Jefferson to Madison, 22 January 1797, Smith, vol. 2, 959 – 960; Abigail Adams to Adams, 15 January 1797, *Adams*, reel 382.

32. Fisher Ames to Rufus King, 24 September 1800, Charles R. King, ed., *The Life and Correspondence of Rufus King*, 6 vols. (New York, 1895), vol. 3, 304; Adams to Elbridge Gerry, 20 February 1797, *Adams*, reel 117.

33. Madison to Jefferson, 22 January 1797, Smith, vol. 2, 961.

34. Adams to Abigail Adams, 15 March 1797, *Adams*, reel 382.

35. Jefferson to Edward Rutledge, 27 Demceber 1796, Ford, vol. 7, 93 – 95; Jefferson to Thomas Mann Randolph, 28 November 1796, 收录于 Malone, *Jefferson and His Times*, vol. 3, 290 – 291; Jefferson to Madison, 16 January 1797, Smith, vol. 2, 958 – 959。

36. Jefferson to Madison, 8 January 1797, Smith, vol. 2, 955; Merrill D. Peterson, *Visitors to Monticello* (Charlottesville, 1989), 31.

37. Jefferson to Adams, 28 December 1796, Smith, vol. 2, 954 – 955.

38. Madison to Jefferson, 15 January 1797, ibid., 956 – 958.

39. Jefferson to Madison, 30 January 1797, ibid., 962 – 963.

40. Ford, vol. 1, 272 – 273; Smith, vol. 2, 966 – 997.

41. Adams to Abigail Adams, 9, 17, 27 March 1797, *Adams*, reel 383.

42. 这是我根据下列作品总结的：Stephen G. Kurtz, *The Presidency of John Adams: The Collapse of Federalism, 1795 – 1800* (Philadelphia, 1957); Manning Dauer, *The Adams Federalists* (Baltimore, 1953); Ralph A. Brown, *The Presidency of John Adams* (Lawrence, KS, 1975)。有关美国政治上这一段错综复杂的历史时期的最权威作品，见 Stanley Elkins and Eric McKitrick, *The Age of*

Federalism：*The Early American Republic*，*1787 - 1800*（New York，1993），513 - 528。

43. Jefferson to Rutledge，24 June 1797，Ford，vol. 7，154 - 155；Jefferson to John Wise，12 February 1798；Jefferson to Martha Jefferson Randolph，17 May 1798，Smith，vol. 2，996，1063.

44. Adams to John Quincy Adams，3 November 1797，*Adams*，reel 117.

45. Abigail Adams to Cotton Tufts，8 June 1798，*Adams*，reel 392；Smith，John Adams，vol. 2，933.

46. Adams to John Quincy Adams，2 June 1797，*Adams*，reel 119.

47. Abigail Adams to Marcy Cranch，20 March 1798，Stewart Mitchell，ed. ，*New Letters of Abigail Adams*，*1788 - 1801*（Boston，1947），146 - 147.

48. Smith，John Adams，vol. 2，937.

49. Ibid，958；Abigail Adams to William Smith，20，30 March 1798，*Adams*，reel 392；Smith，vol. 2，1010.

50. 关于"外侨和叛乱法"研究的作品是 James Morton Smith，*Freedom's Letters*：*The Alien and Sedition Laws and American Civil Liberties*（Ithaca，N. Y. ，1956）。在亚当斯的传记作品中，Smith，*John Adams*，vol. 2，957 - 978 倾向于为亚当斯辩护，认为对公民自由的威胁没有那么严重；Ferling，*John Adams*，365 - 368 则认为这个事件是亚当斯的一个重大失误。Elkins and McKitrick，*The*

Age of Federalism，590 – 593 中，则保持了一种平衡分析，并强调我们不能将当今的公民自由观念强加在那个还在朝一个广泛的第一修正案的路途上摸索前进的时代。这种警告，我认为在历史学上（如果不是在政治学上）是正确的，尤其值得强调。有关如何犯下这种以当今标准衡量过去的错误的很好例子，可见 Richard Rosenfeld, *American Aurora*：*A Democratic – Republican Returns*（New York，1997）。

51. Abigail Adams to Mercy Otis Warren, 25 April 1798，收录于 Ferling, *John Adams*，365；Abigail Adams to Cranch, 26 April 1798, Mitchell, ed. , *New Letters*，165；Smith, vol. 2，1003 – 1005。

52. Richard Welch, Theodore Segwick, *Federalist*, *A Political Portrait*（Middletown, Conn. , 1965），185 – 186；Syrett, vol. 22，494 – 495；Abigail Adams to Adams, 3 March 1799, *Adams*, reel 393.

53. Adams to Abigail Adams, 31 December 1798, 1 January 1799；Abigail Adams to Adams, 27 February 1799, *Adams*, reels 392, 393.

54. Abigail Adams to Elizabeth Peabody, 7 April 1799, *Adams*, reel 393.

55. Adams to James McHenry, 22 October 1798, *Adams*, reel 119. 研究新军威胁的公认作品是 Richard W. Kohn, *Eagle and Sword*：*The Beginnings of the Military*

Establishment in America（New York, 1975）。参见 Syrett, vol. 22, 452 – 454。

56. Abigail Adams to William Smith, 7 July 1798, *Adams*, reel 392.

57. Jefferson to Madison, 2, 21, 22 March 1798, Smith, vol. 2, 1024, 1029.

58. Madison to Jefferson, 18 February 1798, ibid. , 1021.

59. Jefferson to Madison, 6 April 1798; Madison to Jefferson, 15 April 1798, 13, 20 May 1798, ibid. , 1002, 1036 – 1038, 1048 – 1049, 1051.

60. Jefferson to Madison, 24 May 1798, 3 January, 19, 26 February 1799, ibid. , 1053, 1056, 1085, 1086.

61. 有关卡伦德的职业生涯，参见 Michael Durey, *With the Hammer of Truth*: *James Thomas Callender and America's Early National Heroes*（Charlottesville, 1990）。Jefferson to Monroe, 26 May 1801, 15 July 1802, Ford, vol. 8, 57 – 58, 164 – 168. 有关共和党人试图抹黑亚当斯的最好研究，见 C. O. Lerche, Jr. , "Jefferson and the Election of 1800: A Case Study in the Political Smear," *WMQ* 8（1948）: 467 – 491。

62. Jefferson to Monroe, 5 April 1798, Ford, vol. 7, 233; Madison to Jefferson, 18 February 1798; Theodore Sedgwick to Rufus King, 9 April 1798, Smith, vol. 2, 997, 1021.

63. 杰斐逊起草的《肯塔基决议案》，收录于 Smith, vol. 2,
    1080 – 1084。该决议之前的介绍性文字，ibid., 1063 –
    1075，清楚完整地说明了当时的环境。前一种更同情杰
    斐逊的说法，见 Adrienne Koch and Harry Ammon, "The
    Virginia and Kentucky Resolutions: An Episode in
    Jefferson's and Madison's Defense of Civil Liberties," *WMQ*
    5 (1945): 170 – 189。

64. Smith, vol. 2, 1108 – 1112; 参见 Rutland, vol. 17, 199 –
    206, 303 – 307 中的编者分析。

65. Jefferson to Madison, 23 August 1799. Smith, vol. 2,
    1118 – 1119; Jefferson to Wilson Cary Nicholas, 5
    September 1799, Ford, vol. 7, 389 – 392. 有关麦迪逊对杰
    斐逊的影响以及两个人努力超越宪法裂痕的精妙分析，见
    Drew R. McCoy, *The Last of the Fathers: James Madison and
    the Republican Legacy* (Cambridge, 1989)。参见 Leonard
    Levy, *The Emergency of a Free Press* (New York, 1985),
    315 – 325。

66. Madison to Jefferson, 4 April 1800, Smith, vol. 2, 1131 –
    1132. 有关《惩治叛乱法》的执行，见 Smith, *Freedom's
    Letters*, 176 – 187。

67. Smith, *Freedom's Letters*, 270 – 274; Elkins and McKitrick,
    The Age of Federalism, 694 – 713; Ellis, *American Sphinx*,
    217 – 219. 有关杰斐逊是萨利一个孩子的父亲的科学证据，
    公布在 *Nature*, November 1998, 27 – 28 上。还可见 Eric

S. Lander and Joseph J. Ellis, "DNA Analysis: Founding Father", *Nature*, November 1998, 13 – 14 中的分析。

68. Jefferson to John Breckenridge, 29 January 1800, Ford, vol. 7, 417 – 418; Jefferson to Madison, 4 March 1800, Smith, vol. 2, 1128 – 1130. 杰斐逊眼中的选举情况，请见 Daniel Sisson, *The American Revolution of 1800* (New York, 1974)。

69. Ferling, *John Adams*, 403 – 404; Abigail Adams to Cranch, 5 May 1800, Mitchell, ed., *New Letters*, 251, 265.

70. Syrett, vol. 25, 178 – 202 收录了汉密尔顿的宣传册以及亚当斯及其他联邦党人因此而进行的通信。

71. Jefferson to Levi Lincoln, 25 October 1802, Ford, vol. 8, 175 – 176; 还可见 Elkins and McKitrick, *The Age of Federalism*, 750 – 754 中的结论性分析。

72. 亚当斯的第一段话，摘自 Zoltan Haraszti, *John Adams and the Prophets of Progress* (Cambridge, 1953), 57; Adams to Thomas Boylston Adams, 24, 26 January 1801, *Adams*, reel 400; Ferling, *John Adams*, 405 – 413 则对亚当斯对于辞职意味着什么做了很好的总结。

73. Adams to Gerry, 30 December 1800, *Adams*, reel 399. 这是一个非常精简的有关众议院在杰斐逊和伯尔之间投票的介绍。现在公认的是 Elkins and McKitrick, *The Age of Federalism*, 743 – 750。

74. Jefferson to Madison, 19 December 1800, Smith, vol. 2,

1154，对杰斐逊有关文明的预期进行了说明。我在 *Passionate Sage*，19 - 25 中更详细介绍了亚当斯总统任期最后岁月的情况。

第六章　友谊

1. Adams to Samuel Dexter, 23 March 1801; Adams to Benjamin Stoddert, 31 March 1801, *Works*, vol. 10, 580 - 582.

2. Abigail Adams to Thomas Boylston Adams, 12 July 1801, *Adams*, reel 400; Adams to Francis Vanderkemp, 25 January 1806, Adams, reel 118.

3. Adams to William Cranch, 23 May 1801, *Adams*, reel 118; Adams to Benjamin Waterhouse, 29 October 1805, Worthington C. Ford, ed., *Statesman and Friend: The Correspondence of John Adams and Benjamin Waterhouse, 1784 - 1822* (Boston, 1927), 31.

4. Abigail Adams to Jefferson, 20 May 1804, Cappon, vol. 1, 268 - 269.

5. Jefferson to Abigail Adams, 14 June 1804, ibid., 270 - 271.

6. Abigail Adams to Jefferson, 1 July 1804, ibid., 271 - 274.

7. Jefferson to Abigail Adams, 22 July, 11 September 1804, ibid., 274 - 276, 279 - 280.

8. Abigail Adams to Jefferson, 25 October 1804, ibid., 280 - 282.

9. Jefferson to Francis Hopkinson, 13 March 1789, Boyd,

vol. 14, 650.

10. Adams postscript, 19 November 1804, Cappon, vol. 1, 282.

11. Adams to Benjamin Rush, 18 April 1808, Spur, 107.

12. Adams to Rush, 30 September 1805, Alexander Biddle, ed., *Old Family Letters* (Philadelphia, 1892), 86; Lyman H. Butterfield, ed., *The Diary and Autobiography of John Adams*, 4 vols. (Cambridge, 1961), vol. 3, 335 – 336; Adams to Rush, 21 June 1811, Spur, 182.

13. 我对亚当斯早年生涯进行了更详细的介绍，见 *Passionate Sage*：*The Character and Legacy of John Adams* (New York, 1993), 57 – 83. Mercy Otis Warren to Adams, 7, 15 August 1807, Charles Francis Adams, ed., *Correspondence Between John Adams and Mercy Otis Warren*, 收录于 *Collections of the Massachusetts Historical Society*, vol. 4 (1878), 422 – 423, 449; Adams to William Cunningham, 22 February, 31 July 1809, *Correspondence Between the Honorable John Adams ... and William Cunningham, Esq.* (Boston, 1823), 93, 151; Adams to Nicholas Boylston, 3 November 1819, *Adams*, reel 124.

14. Adams to Rush, 23 July 1806, Spur, 61.

15. Rush to Adams, 23 March 1805; Adams to Rush, 29 November 1812, ibid., 25, 254 – 255.

16. Adams to Rush, 22 December 1806, ibid., 72 – 73.

17. Adams to Rush, 17 August 1812, Biddle, ed. , *Old Family Letters*, 420.

18. Adams to Rush, 12 June, 17 August 1812, Spur, 225, 242.

19. Adams to Rush, 20 June 1808, 14 November 1812, ibid. , 110, 252.

20. Adams to Rush, 30 September 1805, 14 March 1809, 21 June 1811, 11 November 1807, 8 January, 14 May 1812, Spur, 34 – 42, 97 – 99, 181, 204, 216 – 217.

21. Ellis, *Passionate Sage*, 143 – 173; Adams to Rush, 27 September 1809, Spur, 155; John Ferling and Lewis Braverman, "John Adams's Health Reconsidered," *WMQ* 55 (1998): 83 – 104.

22. Adams to Cunningham, 16 January 1804, *Correspondence Between the Honorable John Adams…and William Cunningham, Esq.* , 7 – 9; Adams to Rush, 18 April 1808, Spur, 107 – 108.

23. Adams to Rush, September 1807, Spur, 93.

24. Adams to Rush, 10 October 1808, ibid. , 122 – 123.

25. Adams to Rush, 23 March 1809, ibid. , 139.

26. Rush to Adams, 16 October 1809, ibid. , 156 – 157.

27. Adams to Rush, 25 October 1809, ibid. , 158 – 159.

28. Rush to Jefferson, 2 January 1811, 记载于 Spur, 157 – 158。

29. Jefferson to Rush, 5 December 1811, Ford, vol. 9, 300.

参见 Lyman H. Butterfield, "The Dream of Benjamin

Rush: The Reconciliation of John Adams and Thomas Jefferson," *Yale Review* 40 (1950 – 1951): 297 – 319.

30. Adams to Rush, 25 December 1811, Spur, 200 – 202.

31. Adams to Jefferson, 1 January 1812, Cappon, vol. 2, 290; Adams to Rush, 10 February 1812, *Adams*, reel 118; Rush to Adams, 17 February 1812, Spur, 211; 有关"舵手兄弟"的话，载于 Donald Stewart and George Clark, "Misanthrope or Humanitarian? John Adams in Retirement," *NEQ* 28 (1955): 132。

32. 这段话摘自 Adams to Jefferson, 15 July 1813, Cappon, vol. 2, 357. 我在之前两本著作中探讨了杰斐逊和亚当斯的通信，从亚当斯角度的是 *Passionate Sage*, 113 – 142；从杰斐逊角度的是 *American Sphinx: The Character of Thomas Jefferson* (New York, 1997), 281 – 300。我在这里则试图将两个人的角度结合起来，并将二人通信作为独立战争年代人物对自己的所作所为自我认识的顶点来对待。

33. Jefferson to Adams, 12 October 1823; Adams to Jefferson, 10 November 1823, Cappon, vol. 2, 600 – 602. 通常，一封信从昆西邮寄到蒙蒂塞洛需要一周到十天的时间。两个人都对信能够这么快到达感到惊讶，将这看作进步的表现，而且是不同于他们自己所处时代的"新时代"已经到来的标志。

34. Jefferson to Adams, 21 January 1812; Adams to Jefferson,

3 February 1812, ibid. , 291 – 292, 295.

35. Jefferson to Adams, 5 July 1814; Adams to Jefferson, 16 July 1814, ibid. , 430 – 431, 435.

36. Jefferson to Adams, 11 June 1812; Adams to Jefferson 11 June 1813; Jefferson to Adams, 12 September 1820, ibid. , 305 – 307, 328, 566 – 567. 亚当斯对塞缪尔·约翰逊的评论，摘自他与凯瑟琳·拉什在 1815 年 2 月 23 日的通信，*Adams*, reel, 118.

37. Adams to Jefferson, 1 May 1812; Jefferson to Adams, 27 May 1813, Cappon, vol. 2, 301, 324.

38. Adams to Jefferson, 10 June 1813; Jefferson to Adams, 15 June 1813, ibid. , 326 – 327, 331 – 332.

39. Jefferson to Adams, 15 June 1813, ibid. , 331 – 332.

40. Adams to Jefferson, 14, 25, 28, 30 June 1813, ibid. , 329 – 330, 333 – 335, 338 – 340, 346 – 348.

41. Adams to Jefferson, 15 July 1813, ibid. , 358.

42. Jefferson to Adams, 27 June 1813, ibid. , 335 – 336.

43. Jefferson to Adams, 27 June 1813, ibid. , 336 – 338.

44. Jefferson to Adams, 27 June 1813, ibid. , 337.

45. Adams to Jefferson, 9 July 1813, ibid. , 350 – 352.

46. Adams to Jefferson, 9, 13 July, 14 August, 19 December 1813, ibid. , 351 – 352, 355, 365, 409.

47. Jefferson to Adams, 28 October 1813, ibid. , 387 – 392.

48. Jefferson to Adams, 24 January 1814, ibid. , 421 – 425.

49. Adams to Jefferson, 15 November 1813, 16 July 1814, ibid. , 397 – 402, 438.

50. Adams to Jefferson, 15 September, 15 November 1813, ibid. 371 – 372, 376, 398.

51. Works,vol. 6, 461 – 462.

52. Jefferson to Adams, 11 January 1816, Cappon, vol. 2, 458 – 461.

53. Adams to Jefferson, 2 February 1816, ibid. , 461 – 462.

54. Adams to Jefferson, 16 December 1816, ibid. , 500 – 501.

55. Adams to Jefferson, 16 December 1816, ibid. , 501 – 503.

56. Adams to Jefferson, 2 February 1816, ibid. , 462.

57. Adams to Reverend Coleman, 13 January 1817, *Adams*, reel 124; Jefferson to George Logan, 11 May 1805, Ford, vol. 9, 141.

58. Jefferson to Adams, 10 December 1819, 20 January 1821, Cappon, vol. 2, 448 – 450, 569 – 570. 杰斐逊对密苏里危机的极端反应，对于比较偏向于他的传记作者来说是一个很大的问题。见 Dumas Malone, *Jefferson and His Times*, 6 vols. (Boston, 1948 – 1981), vol. 6, 328 – 344。更为综合的批判分析，包括 Robert Shalhope, "Thomas Jefferson's Republicanism and Antebellum Southern Thought," *JSH* 72 (1976): 529 – 556, 以及 Donald

S. Fehrenbacher,"The Missouri Controversy and the Sources of Southern Separatism,"*Southern Review* 14（1978）：653 - 667。我自己的评价则见 *American Sphinx*, 314 - 334。

59. Adams to Jefferson, 23 November 1819, Cappon, vol. 2, 547 - 548; Adams to William Tudor, 20 November 1819; Adams to Louisa Catherine Adams, 29 January 1820, *Adams*, reel 124.

60. Jefferson to John Holmes, 22 April 1820, Ford, vo. 10, 157 - 158; Adams to Jefferson, 3 February 1821, Cappon, vol. 2, 571 - 572. 如果人们严格对待这种代际观点的话，亚当斯一家提供了一个这种不成文规范的范例。约翰·亚当斯一直保持着沉默和回避的姿态，而他儿子约翰·昆西·亚当斯则成为废奴运动的领袖。另外，约翰·昆西·亚当斯的领导是建立在他父亲对这种种族隔离的默许以及他个人的如下强烈感觉之上：南部，尤其是弗吉尼亚，没有在这个交易中遵守诺言。

61. Adams to Jefferson, 22 June 1819; Jefferson to Adams, 9 July 1819; Adams to Jefferson, 21 July 1819, Cappon, vol. 2, 542 - 546; Adams to Vanderkemp, 21 August 1819, *Adams*, reel 124. 最近对梅克伦堡事件最好的研究，见 Pauline Maier, *American Scripture*：*Making the Declaration of Independence*（New York, 1997）, 172 - 177.

62. Butterfield, ed. , *The Diary and Autobiography*, vol. 3,

335 – 352.

63. 阿比盖尔临终场景，见 Paul C. Nagel，*Descent from Glory*：
Four Generations of the John Adams Family（New York，
1983），129 – 130；Jefferson to Adams，1 June 1822，
Cappon，vol. 2，578 – 579。

64. Jefferson to Adams，12 October 1823；Adams to Jefferson，
25 February 1825，Cappon，vol. 2，599 – 601，610.

65. Jefferson to Adams，11 April 1823；Adams to Jefferson，
25 February 1825，ibid.，591 – 594，610；Adams to
Vanderkemp，27 Demceber 1816，*Works*，vol. 10，235.

66. Adams to Jefferson，10 February 1823；Jefferson to
Adams，25 February 1823，Cappon，vol. 2，587 – 589.

67. Bennett Nolan，ed.，*Lafayette in America*：*Day by Day*
（Baltimore，1934），247 – 257；Jefferson to Madison，18
October 1825，Smith，vol. 2，1942 对布罗维尔的来访有
记述。Jefferson to Adams，25 March 1826，Cappon，
vol. 2，613 – 614.

68. Jefferson to Roger C. Weightman，24 June 1826，Ford，
vol. 10，390 – 392. 有增删记录的手写稿，收录于 Ellis，
Passionate Sage，207。

69. Douglass Adair，"Rumbold's Dying Speech，1685，and
Jefferson's Last Words on Democracy，1826，" 收录于
Trevor Colbourn，ed.，*Fame and the Founding Fathers*：
Essays by Douglass Adair（New York，1974），192 – 202。

70. Adams to John Whitney, 7 June 1826, *Works*, vol. 10, 416 – 417; Lyman H. Butterfield, "The Jubilee of Independence, July 4, 1826," *VMHB* 61 (1953): 119 – 140.

71. Sarah N. Randolph, *The Domestic Life of Thomas Jefferson* (Charlottesville, 1978), 422 – 432 中记载了杰斐逊最后时光以及留言; 参见 Ellis, *American Sphinx*, 280 – 281, 昆西那边的弥留场景, 见 Eliza Quincy, *Memoirs of the Life of Eliza S. M. Quincy* (Boston, 1861); 参见 Ellis, *Passionate Sage*, 209 – 210。

索　引

press, the, 187
Priestley, Joseph, 228
Proclamation of Neutrality (1793), 135
property rights, 91
Prospect Before Us, The (Callender), 198

Quakers, 81, 97, 110, 117

Randolph, Edmund, 60, 66, 96, 146–7
Randolph, John, 35
Randolph, Thomas Jefferson, 245
recovery of public debt, *see* assumption of
　　state debts by the federal government;
　　funding of the domestic debt
Report on the Public Credit (Hamilton), 54,
　　55, 60–1, 62, 63
republican paradigm, 6
Republicans, 162
　Alien and Sedition Acts and, 190–1
　ideological warfare, 186–7
　interpretation of revolutionary era and the
　　early republic, 13–14
　Jefferson's leadership role, 183
　partisan campaign against Adams
　　presidency, 195–201, 228–30
　political elitism and, 237
　presidential election of 1796, 173
　rise to political domination, 202–4
　Washington, rejection of, 160–1
residency issue
　congressional debate, 69–71, 72
　diffusion's victory over consolidation,
　　79–80
　as executive concern following
　　congressional passage, 74–6
　federal government's transition to
　　permanent location, 205
　Philadelphia's status as likely permanent
　　capital, 74, 76
　Potomac site, case for, 70–2
　Virginia-writ-large myth and, 78–9
　Washington's site selection, 75
　see also Compromise of 1790
revolutionary era and the early republic
　American nationhood, origins of, 10
　assets of the new nation, 10–11

common themes regarding revolutionary
　　generation, 17–18
constitutional settlement, importance of,
　　8–10
dissolution of American nation, potential
　　for, 8
historical perspective for understanding,
　　6–8
ideological debate over, 13–15, 145–6
institutionalization of ongoing national
　　debate, 15–16
liabilities of the new nation, 11
as most crucial period in American
　　history, 11–12
nonviolent conflict within revolutionary
　　generation, 39–40
paradox of, 7–8
political cacophony of, 16
political leaders' central role, 12–13
see also American Revolution
Reynolds, Maria, 198
Rights of Man, The (Paine), 139, 169
Roman Republic, 6
Roosevelt, Franklin Delano, 122
Rumbold, Col. Richard, 246–7
Rush, Benjamin, 4–5, 114, 124, 167, 168, 180,
　　183, 188, 213, 237
　Adams-Jefferson reconciliation, 218, 220–2
　Adams's correspondence with, 214–22
　funding of the domestic debt, 56
Rutledge, John, 92–3

Schuyler, Philip, 40
Scott, Thomas, 84, 86
Scott, William, 112–13
seal for the United States, 101
secession
　assumption issue and, 77, 80
　Federalist conspiracy, 44
　Jefferson's advocacy of, 200–1
　slavery debate and, 93, 97, 105, 115
Sectional Compromise, 94, 95, 98, 111
Sedgwick, Theodore, 191–2
Senate, 69, 137
　oratory in, 174
　president pro tem position, 166–7
　slavery debate, 113

图书在版编目（CIP）数据

奠基者：独立战争那一代/（美）埃利斯（Ellis，J.J.）著；
邓海平，邓友平译.—北京：社会科学文献出版社，2016.1
（2018.1 重印）

ISBN 978-7-5097-8326-9

Ⅰ.①奠…　Ⅱ.①埃…　②邓…　③邓…　Ⅲ.①政治人物-生平
事迹-美国-近代　Ⅳ.①K837.127=41

中国版本图书馆 CIP 数据核字（2015）第 261656 号

奠基者：独立战争那一代

著　　者 / 〔美〕约瑟夫·J.埃利斯
译　　者 / 邓海平　邓友平

出 版 人 / 谢寿光
项目统筹 / 段其刚　董风云
责任编辑 / 张金勇　周方茹

出　　版 社会科学文献出版社·甲骨文工作室（010）59366551
　　　　　地址：北京市北三环中路甲 29 号院华龙大厦　邮编：100029
　　　　　网址：www.ssap.com.cn
发　　行 市场营销中心（010）59367081　59367018
印　　装 三河市东方印刷有限公司

规　　格 / 开本：889mm×1194mm　1/32
　　　　　印张：13.875　插页：0.875　字数：276 千字
版　　次 / 2016 年 1 月第 1 版　2018 年 1 月第 5 次印刷
书　　号 / ISBN 978-7-5097-8326-9
著作权合同
登记号 　 / 图字 01-2014-2444 号
定　　价 / 56.00 元

本书如有印装质量问题，请与读者服务中心（010-59367028）联系